Crónicas del cáncer

Crónicas del cáncer

Desentrañando el misterio
más profundo de la medicina

George Johnson

Traducción de
Carlos Milla e Isabel Ferrer

Rocaeditorial

Título original: *The Cancer Chronicles: Unlocking Medicine's Deepest Mystery*

© 2013 by George Johnson

Traducción publicada en acuerdo con Alfred A. Knopf,
un sello de Knopf Doubleday Group, de Random House LLC.

Primera edición: octubre de 2014

© de la traducción: Carlos Milla e Isabel Ferrer
© de esta edición: Roca Editorial de Libros, S. L.
Av. Marquès de l'Argentera 17, pral.
08003 Barcelona
info@rocaeditorial.com
www.rocaeditorial.com

Impreso por LIBERDÚPLEX, s.l.u.
Crta. BV-2249, km 7,4, Pol. Ind. Torrentfondo
Sant Llorenç d'Hortons (Barcelona)

ISBN: 978-84-9918-773-0
Depósito legal: B-16.057-2014
Código IBIC: MJCL; PDZ

RE87730

Para las hijas de Joe:
Jennifer, Joanna, Jessica y Emmy.
Y para su mujer, Mary Ann

«Jamás debemos sentirnos desarmados: la naturaleza es inmensa y compleja, pero no impermeable a la inteligencia; debemos rodearla, horadarla y sondearla, buscando el resquicio o creándolo.»

PRIMO LEVI, *La tabla periódica*

Índice

13

Nota del autor

$\mathcal{H}$ace unos años, por razones que quedarán claras en estas páginas, me sentí impulsado a averiguar todo lo posible sobre la ciencia del cáncer. ¿Hasta qué punto podía yo, un lego en la materia, escritor de temas científicos desde hacía mucho tiempo, más a gusto con los contornos bien definidos de la cosmología y la física, alcanzar a entender este terreno pantanoso, amorfo y en continuo cambio? Imaginaba el campo que se extendía ante mí como una selva tropical ilimitada cuya extensión y diversidad jamás podrían abarcarse en un solo libro o siquiera en una sola mente. Buscaría un acceso en los lindes y penetraría en ella, abriéndome camino a machetazos, dejándome guiar por la curiosidad en mi exploración, hasta salir años después por el otro extremo, con una mayor comprensión de lo que sabemos y no sabemos sobre el cáncer. Pero me encontraría con más de una sorpresa.

Muchas personas me ayudaron en el proceso. Deseo expresar mi agradecimiento en primer lugar a los científicos que me dedicaron tanto tiempo, concediéndome entrevistas, contestando a mis emails, revisando el manuscrito en parte o íntegramente: David Agus, Arthur Aufderheide, Robert Austin, John Baron, José Baselga, Ron Blakey, Timothy Bromage, Dan Chure, Tom Curran, Paul Davies, Amanda Nickles Fader, William Field, Andy Futreal, Rebecca Goldin, Anne Grauer, Mel Greaves, Seymour Grufferman, Brian Henderson, Richard Hill, Daniel Hillis, Elizabeth Jacobs, Scott Kern, Robert Kruszinsky, Mitchell Lazar, Jay Lubin,

David Lyden, Franziska Michor, Jeremy Nicholson, Elio Riboli, Kenneth Rothman, Bruce Rothschild, Chris Stringer, Bert Vogelstein, Robert Weinberg, Tim White y Michael Zimmerman. Consulté asimismo más de quinientos artículos y libros sobre el cáncer y asistí a docenas de conferencias. Casi todas las fuentes aparecen citadas como referencias en mis notas finales, junto con información interesante que no llegó al texto principal. George Demetri y Margaret Foti tuvieron la amabilidad de autorizarme a asistir a un taller privado en Boston organizado por la Asociación Americana para la Investigación del Cáncer (AACR, por su sigla en inglés). Les doy las gracias tanto a ellos como al personal de la AACR, incluidos Mark Mendenhall y Jeremy Moore, que me acogieron en la fascinante reunión anual de la organización en Florida. También estoy agradecido a Keystone Symposia y la Sociedad para la Biología del Desarrollo por darme cabida en algunos de sus actos.

Justo cuando empezaba a flaquear, David Corcoran, de *The New York Times*, me encargó con gran entusiasmo dos de mis primeros textos, y posteriormente los publicó. Expreso mi gratitud a él y a sus colegas —Christie Aschwanden, Siri Carpenter, Jennie Duschek, Jeanne Erdmann, Dan Fagin, Louisa Gilder, Amy Harmon, Erika Check Hayden, Kendall Powell, Julie Rehmeyer, Lara Santoro, Gary Taubes y Margaret Wertheim— por sus reacciones ante el manuscrito y sus consejos.

Varios ex alumnos recientes del Taller de Escritura sobre Temas Científicos de Santa Fe leyeron primeras versiones, aportando su buen juicio y sus conocimientos: April Gocha, Cristina Russo, Natalie Webb, Shannon Weiman y Celerino Abad-Zapatero. Bonnie Lee La Madeleine y Mara Vatz ayudaron en la investigación bibliográfica y la interminable verificación de datos. El manuscrito estuvo en continua fluctuación, y cualquier error que haya llegado a la fase final es mío. Este será el séptimo libro que publico con Jon Segal, mi editor en Knopf, y el cuarto con Will Sulkin en Jonathan Cape y Bodley Head en Londres. Doy las gracias a ellos y sus colegas —incluidos Victoria Pearson, Joey McGarvey, Meghan Houser y Amy Ryan, una correctora magnífica—, así como a Esther Newberg, mi agente casi desde el principio.

Vaya mi especial agradecimiento a Cormac McCarthy, que leyó una primera versión del libro, y a Jessica Reed, cuya sensibilidad literaria y aliento fueron una inspiración. Más de una vez mi amiga Lisa Chong leyó el libro entero frase a frase, página a página, ayudándome a dar el toque final.

Por último, expreso mi más profunda gratitud a Nancy Maret y la familia de mi hermano, Joe Johnson, quienes me permitieron contar su historia.

17

«Ahora me pregunto, no obstante, si la continuada presencia de la música en torno a mí no contribuyó de manera importante a mi idea de que el cáncer es algo con sus propios derechos. Ahora parece un disparate describirlo así, pero entonces tenía a menudo la sensación de que el tumor formaba parte de mí en igual medida que el hígado o los pulmones y podía poner de manifiesto sus necesidades de espacio y sustento. Solo albergaba la esperanza de que no necesitara todo mi cuerpo.»

REYNOLDS PRICE, *A Whole New Life*

* * *

«Antes se conocía a la tuberculosis como «consunción», porque consume. Disolvía un pulmón o un hueso. El cáncer en cambio produce. Es de una productividad monstruosa.»

JOHN GUNTHER, *Muerte, no te enorgullezcas*

1

Cáncer jurásico

$\mathcal{M}$ientras cruzaba un tramo seco y solitario de la ruta prehistórica conocida como Diamante de los Dinosaurios, intenté imaginar el aspecto de la zona occidental de Colorado —un páramo de cañones rocosos y mesetas cubiertas de salvia— hace 150 millones de años, a finales del Jurásico. Norteamérica se separaba de Europa y Asia: las tres unidas formaban un supercontinente primordial llamado Laurasia. Esa enorme masa de tierra, más llana que hoy día, se desplazaba hacia el norte varios centímetros al año y navegaba como un buque por las aguas de lo que los geógrafos denominarían Trópico de Cáncer. Denver, ahora a una altitud de casi dos mil metros, estaba entonces casi al nivel del mar y aproximadamente tan al sur como se hallan en la actualidad las Bahamas. Pese a la extrema sequedad del clima, una red de pequeños ríos que comunicaba lagos y pantanos poco profundos cubría parte del territorio y abundaba la vegetación. No existían la hierba ni las flores —aún no había llegado su momento en la evolución—, sino solo una extraña mezcla de coníferas combinada con ginkgos, helechos gigantes, cícadas y cola de caballo. Descomunales termiteros se alzaban a una altura de diez metros. Por este mundo que parecía salido de un libro de Seuss, desfilaron ruidosamente y chapotearon los *Stegosaurus, Allosaurus, Brachiosaurus, Barosaurus* y *Seismosaurus*, y ahora, mientras yo viajaba desde Grand Junction hasta una población llamada Dinosaur, sus huesos se hallaban enterrados muy por debajo de mí.

De vez en cuando se ven afloramientos del pasado jurásico —bandas sedimentarias de vivos colores que forman un tesoro paleontológico llamado Formación de Morrison— que han quedado al descubierto a causa de la erosión, los levantamientos sísmicos o alguna excavación realizada por el departamento de obras públicas. Yo sabía qué debía buscar por las fotografías que había visto: capas desmigajadas de sedimentos rojizos, grisáceos, violáceos y a veces verdosos, cascotes geológicos amontonados a lo largo de siete millones de años.

Justo al sur de la localidad de Fruita, a orillas del río Colorado, subí a pie a lo alto del monte Dinosaur, y en el ascenso me detuve un momento a coger un trozo de lutita de Morrison, violácea, que había caído cerca del sendero. Cuando la hice girar entre mis dedos, se desintegró como la masa seca de una galleta. Al otro lado del monte encontré una excavación donde, en 1901, un paleontólogo llamado Elmer Riggs extrajo seis toneladas de huesos que habían pertenecido a un *Apatosaurus* (el nombre correcto de lo que casi todos llamamos «brontosaurio»). Vivo y totalmente hidratado, este reptil de más de veinte metros de longitud debía de pesar unas treinta toneladas. Riggs revistió los huesos con escayola para protegerlos, los transportó en un pontón al otro lado del Colorado y luego los envió por tren al Field Museum de Chicago, donde se volvieron a montar para su exhibición.

Más al norte, ya en Dinosaur (339 habitantes), donde el bulevar Brontosaurus se cruza con la autopista Stegosaurus, paré en un mirador y vi teñirse de rojo las bandas de Morrison en un cañón por efecto del sol poniente. Pero fue un poco más al oeste, a orillas del río Green, en los confines occidentales del Monumento Nacional al Dinosaurio, donde vi la muestra más hermosa: una pared rocosa de color gris verdoso que se degradaba primero en morado y luego en marrón. Ciertamente parecía helado napolitano derretido, como me había dicho la mujer de la oficina de información del parque.

En algún lugar de esta zona se descubrió un hueso de dinosaurio que presenta lo que tal vez sea el caso de cáncer más antiguo conocido. Después de la muerte del dinosaurio, ya fuera como consecuencia del tumor o de alguna otra cosa, sus órganos fueron devorados por depredadores o se descompusieron rápidamente. Pero el esqueleto —al menos un fragmento de él— quedó sepultado gradualmente bajo la tierra y la arena arrastradas por el viento. Al cabo de un tiempo, un lago en expansión o un sinuoso torrente cubrieron los restos, estableciéndose así las condiciones para la fosilización. Molécula a molécula, los minerales de los huesos fueron sustituidos lentamente por los minerales disueltos en el agua. Minúsculas cavidades se llenaron y petrificaron. Varias eras después, los dinosaurios ya se habían extinguido y su mundo había desaparecido bajo lagos y desiertos y océanos, pero ese hueso fosilizado, revestido de roca sedimentaria, se conservó a lo largo del tiempo.

Eso sucedía muy rara vez. La mayoría de los huesos se desintegraban sin llegar a fosilizarse, y de los pocos que perduraban el tiempo suficiente para petrificarse solo una mínima parte permanece enterrada. El espécimen, ahora conservado en el Museo Carnegie de Historia Natural de Pittsburgh con la etiqueta CM 72656, era un superviviente. Desenterrado por un impetuoso río o sacado a la luz por las fuerzas tectónicas, afloró de algún modo a la superficie de nuestro mundo, donde ciento cincuenta millones de años después de la muerte del animal lo descubrió un geólogo aficionado anónimo. Se cortó una sección transversal con una sierra para piedra y luego se pulió. Después de pasar por Dios sabe cuántas manos humanas, el fósil acabó en una tienda de minerales de Colorado, donde captó la atención de un médico que creía reconocer un caso de cáncer de hueso en cuanto lo veía.

Se llamaba Raymond G. Bunge, profesor de urología en la facultad de medicina de la Universidad de Iowa. A principios de la década de 1990 telefoneó a la facultad de geología de este mismo centro universitario para preguntar si alguien podía evaluar unos cuantos especímenes destacados de su colección. La operadora de la centralita le pasó la llamada a Brian Witzke, quien poco después, un día frío de otoño, fue en bicicleta a casa del médico. Allí Bunge le mostró un atractivo fragmento de hueso de dinosaurio fosilizado de doce centímetros de grosor. Visto de frente, el fósil medía 16,5×24 centímetros. Alojada en su núcleo se observaba una intrusión, ahora cristalizada, que había crecido hasta casi traspasar la capa exterior del hueso. Bunge sospechó que se trataba de un osteosarcoma; conocía los daños que el cáncer puede ocasionar en esqueletos humanos,

23

sobre todo en los de niños. De forma oval y algo mayor que una pelota de tenis un poco aplastada, el tumor se había convertido con el paso de los milenios en un ágata.

El fragmento era demasiado pequeño para que Witzke identificara el tipo de hueso o la especie de dinosaurio, pero sí pudo proporcionar un diagnóstico geológico. El color marrón rojizo y el centro agatizado indicaban que procedía de la Formación de Morrison. Bunge recordó que había comprado el souvenir en algún lugar del oeste de Colorado —los trozos bruñidos de hueso de dinosaurio fosilizado eran de las piezas preferidas entre los coleccionistas—, pero no recordaba el sitio exacto. Entregó la piedra al geólogo y le pidió que solicitara una opinión experta.

Surgieron otros proyectos, y al final el fósil quedó casi olvidado encima de un archivador en el despacho de Witzke, hasta que un día se lo envió a Bruce Rothschild, un reumatólogo del Centro de Artritis de Ohio Nororiental que había ampliado su área de interés y ahora también se dedicaba al estudio de las enfermedades óseas de los dinosaurios. Este nunca había visto una muestra de cáncer prehistórico tan nítida y tan antigua. El siguiente paso fue determinar la clase de cáncer.

El tumor, como se vio, no presentaba los márgenes mal definidos ni el aspecto de piel de cebolla, en múltiples capas, de un osteosarcoma, la clase de cáncer que Bunge había sospechado, ni el aspecto de otro tumor maligno conocido como sarcoma de Ewing. Rothschild también descartó con relativa certeza el mieloma, un cáncer de las células plasmáticas por efecto del cual da la impresión de que el hueso tiene múltiples perforaciones. El hecho de que el tumor, en su corrosivo camino hacia el exterior, hubiera dejado intacta una fina capa de hueso era razón para excluir el mieloma múltiple, más invasivo. Toda enfermedad del esqueleto deja una huella clara, y Rothschild descartó las posibilidades una por una: «las marcas superficiales de la leucemia, solitarias y propensas a fusionarse», «el aspecto expansivo de burbuja de jabón de los quistes óseos aneurísmicos», «las calcificaciones epifiseales "como palomitas de maíz" características del condroblastoma», «el aspecto de "cristal molido" de la displasia fibrosa».

Para un lego en la materia que lea las observaciones de

Rothschild, la jerga médica quedaría en algún punto entre traslúcida y opaca, palabras que adquieren una lúgubre familiaridad solo cuando uno se esfuerza en comprender la repentina irrupción del cáncer. Lo que queda claro desde el principio es la certidumbre con que un especialista en la oscura disciplina de la patología de dinosaurios puede proporcionar un diagnóstico verosímil de un tumor de hace ciento cincuenta millones de años. Rothschild descartó a continuación las «lesiones de contorno esclerótico propias de la gota», las «zonas de reabsorción características de la tuberculosis» y los «rasgos escleróticos de las lesiones gomatosas de la treponematosis». Quistes óseos unicamerales, encondromas, osteoblastomas, fibromas condromixoides, osteoma osteoide, granuloma eosinofílico... ¿quién habría dicho que pueden estropearse tantas cosas dentro de lo que parece un hueso sólido? Ninguna de estas opciones eran candidatas posibles. A ojos de Rothschild, la lesión presentaba señales de cáncer con metástasis, el más letal: un cáncer que se había originado en células de otra parte del cuerpo del dinosaurio y había emigrado hasta establecer una colonia en el esqueleto.

En las publicaciones especializadas existían referencias dispersas a otros tumores de dinosaurio: osteomas (grupos de células óseas en extremo ávidas que crecen más allá de sus límites legítimos) y hemangiomas (derrames anormales de vasos sanguíneos que pueden producirse dentro del tejido esponjoso del interior del hueso). Como el cáncer, estos tumores benignos son una especie de neoplasma (del término griego «nuevo crecimiento»), células que han aprendido a eludir los mecanismos de control y equilibrio del cuerpo y actúan con voluntad propia. Las células de un tumor benigno se multiplican con relativa lentitud y no han adquirido la facultad de invadir tejido circundante o metastatizarse. No son necesariamente inocuas. En ocasiones un tumor benigno puede ejercer una presión peligrosa contra un órgano o un vaso sanguíneo, o segregar hormonas destructivas. Y algunos pueden volverse cancerosos —estos son muy poco comunes—. Pero ver tumores malignos en dinosaurios era especialmente raro. Durante un tiempo se creyó que un crecimiento en forma de coliflor en la extremidad delantera de un *Allosaurus* era un condrosarcoma; pero

Rothschild, tras un detenido examen, determinó que era solo una fractura ya soldada que se había infectado. El fósil de Bunge, en cambio, sí era un cáncer auténtico. En un artículo escueto, de quinientas palabras, escrito en colaboración con Witzke y otro colega y publicado en *The Lancet* en 1999, llegó a una audaz conclusión: «Esta observación sitúa los orígenes del cáncer metastásico a mediados del mesozoico [la era de los dinosaurios], como mínimo, y es la muestra más antigua conocida del registro fósil».

Yo había oído hablar por primera vez del fósil de Raymond Bunge a principios del verano en que empecé a adentrarme en la bibliografía sobre la ciencia del cáncer. Hay algo de fascinante, a su horrenda manera, en cómo una sola célula puede separarse de la manada y empezar a multiplicarse, creando una formación extraña dentro de un cuerpo, como un nuevo órgano que brota de pronto en un sitio equivocado o, más truculento aún, como un embrión deforme y malévolo. Los teratomas, tumores infrecuentes que surgen de células germinales descarriadas (las que dan lugar a los óvulos y espermatozoides), pueden contener rudimentos de pelo, músculos, piel, dientes y huesos. Su nombre viene de la palabra griega *teras*, «monstruo». Una joven japonesa tenía un quiste ovárico con cabeza, torso, extremidades, órganos y un ojo de cíclope. Pero estos casos son muy poco comunes. Los tumores casi siempre se desarrollan con arreglo a su propio plan improvisado. Los más peligrosos se vuelven móviles. Una vez se han establecido en las inmediaciones —el estómago, el colon, el útero— siguen adelante, forman metástasis hacia nuevos territorios. Un cáncer iniciado en la glándula prostática puede terminar en los pulmones o en la columna vertebral. No hay ninguna razón para pensar que los dinosaurios no pudieran contraer cáncer. Pero teniendo en cuenta la diminuta proporción de restos paleontológicos que han tenido ocasión de examinar los humanos, dar con una muestra real parecía casi un milagro.

Consideremos la extensión del territorio: desde el Monumento Nacional al Dinosaurio en Utah y Colorado, la Formación de Morrison sigue hacia el norte y se adentra en Wyoming, Idaho, Montana, las dos Dakotas y el sur de Canadá. Se extiende al este hasta Nebraska y Kansas, y al sur hasta los salientes de Texas y Oklahoma, y se adentra en Nuevo México y Arizona. Abarca aproximadamente 1.300.000 kilómetros cuadrados. La erosión y las excavaciones, naturales o artificiales, no han hecho más que escarbar en la superficie, obteniendo una mínima muestra de los huesos de dinosaurio acumulados durante siete millones de años, y solo aquellos que casualmente se fosilizaron. A no ser por el buen ojo de Raymond Bunge, la primera prueba sólida de cáncer prehistórico se habría perdido. ¿Cuántas otras muestras habrán quedado aplastadas bajo esas capas sin luz? Y entre los huesos que se han recuperado, ¿cuántos tumores se habrán pasado por alto? Los paleontólogos rara vez buscaban cáncer —muy pocos lo reconocerían si lo vieran— y los únicos tumores que tuvieron ocasión de encontrar fueron aquellos que se habían abierto paso hasta la superficie del hueso o habían quedado al descubierto por una fractura fortuita o el corte a ciegas de una sierra.

Una de las preguntas más espinosas sobre el cáncer es en qué medida es intemporal e inevitable —algo que surge espontáneamente en el organismo— y en qué medida lo han originado la contaminación, los productos químicos industriales y otras creaciones humanas. Formarse una idea aproximada de la frecuencia del cáncer en épocas anteriores podría aportar pistas importantes, pero solo si se dispusiera de más datos. Rothschild, espoleado su interés tras el estudio del tumor fosilizado de Bunge, empezó a buscar otras muestras.

Con un fluoroscopio portátil, empezó a radiografiar piezas en numerosos museos de América del Norte. En las personas, los cánceres que forman metástasis en el esqueleto se alojan por lo general en la columna, así que Rothschild se concentró en las vértebras. Para cuando acabó, había examinado 10.312 vértebras de unos setecientos dinosaurios conservadas en el Museo de Historia Natural de Nueva York, el Carnegie Museum de Pittsburgh, el Field Museum de Chicago y otras instituciones a lo largo y ancho de Estados Unidos y Canadá; es decir, todos los especímenes al norte de la frontera mexicana que cayeron en sus manos. Inspeccionó vértebras sueltas y también, valiéndose de escaleras de mano y una grúa con cesta, las elevadas columnas vertebrales de esqueletos enteros. (En una foto suya, donde viste una camiseta con un dinosau-

27

rio estampado, se lo ve echado hacia atrás dentro de la caja torácica de un *Tyrannosaurus rex*.) Los huesos que parecían anómalos en las radiografías eran analizados más detenidamente con un tomógrafo.

Al final, su diligencia dio fruto. Encontró otra metástasis ósea, y en esta ocasión fue posible identificar a la víctima: un *Edmontosaurus*, un titán ornitópodo (perteneciente a la familia de los hadrosáuridos) que vivió hacia finales del cretácico, justo después del jurásico, cuando los dinosaurios empezaban a extinguirse. Otros hadrosáuridos tenían también tumores óseos, todos benignos: un osteoblastoma, un fibroma desmoplásico y 26 hemangiomas, pero no se observó ningún caso entre los demás animales. Esa fue quizá la mayor sorpresa. Si bien las vértebras de los hadrosáuridos ascendían a menos de un tercio de la pila de huesos —unos 2.800 especímenes de menos de cien dinosaurios—, eran la fuente de todos los tumores. Las aproximadamente 7.400 vértebras que no pertenecían a hadrosaurios —de *Apatosaurus, Barosaurus, Allosaurus* y demás— no presentaban ningún neoplasma, ni maligno ni benigno.

Era la clase de anomalía a la que se enfrentan continuamente los epidemiólogos del cáncer humano. ¿Por qué ciertos grupos de personas contraen más cáncer que otros? Es posible que un giro evolutivo produjera en los *Hadrosaurus* una predisposición genética a los tumores. O acaso fuera por causas metabólicas. Estos dinosaurios, especuló Rothschild, quizá tuvieran la sangre más caliente que los demás. Los metabolismos de sangre caliente son más rápidos —se requiere energía para mantener la temperatura corporal—, y eso podría acelerar la acumulación de daños celulares que conducen a la aparición de tumores malignos.

Quizá la diferencia no fuera endémica sino medioambiental, algo relacionado con la alimentación del *Hadrosaurus*. En un ecosistema las plantas libran una guerra química incesante, sintetizando herbicidas e insecticidas para combatir las plagas. Algunos de estos agentes químicos son mutágenos: pueden alterar el ADN. Los descendientes modernos de las cícadas, semejantes a helechos que crecían en tiempos del mesozoico, generan venenos capaces de inducir tumores hepáticos y renales en ratas de laboratorio. Pero ¿por qué habría de comer más cícadas el *Hadrosaurus* que, pongamos, el *Apatosaurus*? Se descubrió otra posible fuente de carcinógenos —las agujas de las coníferas— en los estómagos de un par de «momias» de *Edmontosaurus*, cuyos restos quedaron enterrados en las condiciones medioambientales óptimas para fosilizarse en lugar de pudrirse. Pero eso no eran pruebas suficientes.

También otras curiosidades requerían explicación. Cuando aparecían tumores en *Hadrosaurus* era solo entre las vértebras caudales, las más cercanas a la cola. ¿Qué tenía la parte inferior del reptil para ser más susceptible que la superior? Ojalá fuera posible recrear los dinosaurios a partir del ADN antiguo, como se hizo en *Parque Jurásico*, y ponerlos a disposición de la investigación médica. En los grandes centros del cáncer —Dana-Farber de Boston, MD Anderson de Houston y otros en distintos lugares del mundo— un científico puede dedicar toda su carrera a estudiar qué función desempeña una única molécula en la aparición de malignidad. Los datos surgidos del estudio de Rothschild dieron pie por sí solos a preguntas dignas de tesis. La principal fue cómo situar en perspectiva sus hallazgos. El cáncer óseo humano, ya sea por metástasis u originado en el esqueleto, es infrecuente. ¿Era poco o mucho un solo caso entre setecientos esqueletos de dinosaurios?

En un tercer artículo, Rothschild se planteó las probabilidades. Se habían puesto en contacto con él dos astrofísicos buscando apoyo para su propia teoría: el final del reinado de los dinosaurios en la tierra se vio precipitado por un repentino aumento de rayos cósmicos radiactivos. La radiación ionizante —la que es tan intensa como para dañar el ADN— puede producir cáncer, y la médula ósea es especialmente sensible. Si un suceso cósmico hubiera desencadenado rayos anormalmente intensos, el efecto sobre los dinosaurios habría sido equiparable al de ser radiografiados desde el espacio exterior.

Pero ¿cómo llevar a cabo el estudio epidemiológico? En un trabajo anterior, Rothschild y su mujer Christine habían radiografiado huesos de la Colección Osteológica Hamann-Todd, perteneciente al Museo de Historia Natural de Cleveland, donde se conservan tres mil esqueletos de cadáveres procedentes de facultades de medicina: indigentes que de lo contrario habrían acabado en fosas comunes. Treinta y tres de ellos tenían tumores óseos por metástasis, lo que equivale a un 1,14 por ciento. Según las autopsias realizadas en el zoo de San Diego, la tasa de cáncer óseo en los reptiles es una octava parte de la tasa observada en los humanos, es decir de un 0,142 por ciento. Un *Edmontosaurus* canceroso entre setecientos dinosaurios examinados con fluoroscopio da casi exactamente esta misma cifra. Era necesario, pues, buscar en otra parte pruebas de que el cáncer fue un factor determinante en la extinción.

Durante meses, factoides como este se habían acumulado en mi bloc de notas y habían formado metástasis en mi cabeza. Inevitablemente cada nueva pregunta planteada sobre el cáncer engendraba otras más. ¿En qué medida la colección Hamann-Todd era representativa del índice de cáncer general? Los indigentes cuyos huesos formaban parte de la colección tal vez habían sufrido de desnutrición o llevado dietas descuidadas, lo que tal vez aumentó su propensión al cáncer. Por otra parte, es posible que muchos de ellos tuvieran vidas relativamente cortas, muriendo de muerte violenta o a causa de enfermedades contagiosas, sin tiempo suficiente para desarrollar un cáncer. Quizá lo uno y lo otro se compensaba. O quizá no. El estudio realizado con los animales en el zoo de San Diego suscitó también sus propias dudas. Los animales en cautividad suelen presentar mayor índice de cáncer que aquellos que viven en estado salvaje, tal vez porque están más expuestos a los pesticidas o los aditivos en los alimentos, o tal vez simplemente porque sobreviven más tiempo, hacen menos ejercicio y comen más. De todos los factores de riesgo asociados al cáncer humano, dos que rara vez se ponen en tela de juicio son la obesidad y la vejez.

La duda más preocupante era qué puede extrapolarse acerca del cáncer en los dinosaurios —y el origen último de la enfermedad— a partir de las escasas pruebas de que se disponen. Si se incluyeran en la muestra solo los cien hadrosaurios propensos a los tumores, su tasa de cáncer óseo sería del uno por ciento, más o menos la misma que en los esqueletos humanos. Pero cabe preguntarse cuántos especímenes más existen en espera de ser descubiertos. Solo uno más con un tumor maligno duplicaría la tasa de cáncer. Por último, se planteó la duda de cuántos cánceres podrían haberse propagado a partes no examinadas del esqueleto o a los órganos blandos: cánceres que nunca alcanzaron el hueso. Con la descomposición de los tejidos, las pruebas desaparecieron.

Se sabe de una posible excepción. En 2003, el año en que salió a la luz el estudio de Rothschild, unos paleontólogos de Dakota del Sur anunciaron el hallazgo de lo que podría ser un tumor cerebral en un dinosaurio. Mientras preparaban el cráneo de un *Gorgosaurus* —un pariente cercano del *Tyrannosaurus rex*— de 72 millones de años de antigüedad, descubrieron una «masa extraña de materia negra en el neurocráneo». Los análisis radiográficos y el microscopio electrónico indicaron que el bulto redondeado se había formado a partir de células óseas, y los patólogos veterinarios diagnosticaron un «osteosarcoma extraesquelético», un tumor productor de células óseas alojado en el cerebelo y el tallo cerebral. Tal vez eso explique por qué el *Gorgosaurus* parecía tan maltrecho, como si, por el hecho de padecer una pérdida del control motor, hubiera tropezado y se hubiera caído repetidamente. «Por fuerza tuvo que producirse algún suceso extraño para causar ese aspecto físico —especuló Rothschild en su día—. Por su posición y sus características, bien podía ser un tumor; aun así, es necesario demostrar que eso no son simplemente fragmentos de cráneo rotos que se hundieron.»

31

Mientras seguía adelante por la ruta prehistórica del Diamante de los Dinosaurios, pensando en el cáncer, vi yo mismo algo poco común: una gasolinera Sinclair con su logo del dinosaurio verde, otra reliquia de tiempos pasados. A los lados de la carretera, las bombas de los pozos de petróleo extraían los combustibles fósiles derivados, por lo que sabemos, de materia orgánica prehistórica, un puré de pequeñas plantas y vida animal, quizá con un poco de petróleo de dinosaurio incluido.

Ya casi anochecía cuando llegué a la meseta de Yampa, en la zona norte de Colorado, un cúmulo de geología de trescientos millones de años de antigüedad. Un larguísimo periodo de agitación sísmica —las embestidas y ladeos, los deslizamientos y corrimientos de grandes masas tectónicas— alborotaron la cronología. A lo largo de kilómetros y kilómetros, la carretera recorría la superficie de roca depositada en el jurásico y el cretácico, desde mediados hasta finales de la era de los dinosaurios. De pronto, sin siquiera una sacudida de los neumáticos, lo alto de la meseta pasó bruscamente al pensilvánico: épocas enteras arrancadas de raíz para dejar al descubierto un mundo más antiguo, ciento cincuenta millones de años anterior a los dinosaurios de Morrison, cuando reptaban por la tierra cucarachas primitivas. Un par de capas por debajo del pensilvánico estaría el devónico, un paisaje de cuatrocientos millones de antigüedad. En roca devónica, a dos mil quinientos kilómetros al este de la meseta de Yampa, cerca de lo que sería hoy día Cleveland, Ohio, se descubrió un maxilar de un primitivo pez acorazado. Presenta unas marcas de lo que algunos científicos interpretan como tumor y otros consideran una simple herida producida en una pelea.

La carretera terminaba en Harpers Corner, el extremo opuesto de la meseta. Me acerqué a pie hasta el borde, desde donde vi, mucho más abajo, la confluencia de los ríos Green y Yampa, que habían abierto surcos a través de ese eterno tiempo pétreo. Me quedé allí pasmado solo de pensar en todo ese pasado desaparecido. Después de la extinción de los dinosaurios se produjo la orogenia laramide, época en que surgieron del suelo los picos que se convertirían en las Rocosas, alcanzando alturas de 5.500 metros, solo para acabar enterrados hasta el cuello en sus propios escombros. Con la Exhumación de las Rocosas (estos nombres suenan casi bíblicos), el agua empezó a llevarse el relleno. A principios del pleistoceno, hace solo dos millones de años, se produjeron las grandes glaciaciones, dejando a su paso la geografía que hoy conocemos. Durante todos estos cataclismos siguió desarrollándose la vida. Y de polizón en ese viaje iba el intruso llamado cáncer.

Se han hallado indicios de neoplasmas benignos en huesos fosilizados de los antiguos elefantes —los mamuts— y caballos. La hiperostosis, o crecimiento óseo descontrolado, se advierte en peces del género *Pachylebias*, que por lo visto dieron buen uso a los tumores. Con el lastre proporcionado por el aumento de masa ósea, podían alimentarse a una mayor profundidad en las salinas aguas del Mediterráneo, lo cual les daba ventaja ante sus competidores. Lo que comenzó siendo un crecimiento patológico quizá se adoptó después como estrategia evolutiva.

Se sospecha de la presencia de tumores malignos en un antiguo búfalo y un antiguo íbice. Incluso hay constancia, por un texto de 1908, de un cáncer presente en la momia de un antiguo babuino egipcio. Los casos son pocos y a veces controvertidos, pero, como ocurre con los dinosaurios, la ausencia de pruebas no es prueba de ausencia. Tal vez el cáncer fuera muy poco común antes de la injerencia del hombre en la tierra. Pero una cantidad mínima de cáncer ha debido de existir desde el principio. Para que un organismo viva, sus células deben dividirse incesantemente, descomponerse en dos células, que se descomponen en cuatro, luego en ocho, y duplicarse una y otra vez. A cada división las hebras largas de ADN —el depositario de la información genética de un ser— deben duplicarse y transmitirse. En el transcurso del tiempo se han desarrollado mecanismos para reparar los errores. Pero en un mundo inmerso en la entropía eso es por naturaleza un proceso imperfecto. Cuando se tuerce, el resultado suele ser una célula muerta. Pero en determinadas circunstancias los errores provocan cáncer.

Incluso una sola bacteria unicelular puede generar una mutación que la lleva a replicarse más vigorosamente que sus vecinas. Cuando eso ocurre con una célula dentro de un tejido, el resultado es un neoplasma. Las plantas y los animales —dos variaciones sobre el tema de la pluricelularidad— surgieron en último extremo de la misma fuente primordial. Las plantas son nuestros parientes muy lejanos, y padecen algo semejante al cáncer. Una bacteria llamada *Agrobacterium tumefaciens* puede transferir un fragmento de su propio ADN al genoma de una célula vegetal, induciéndola a multiplicarse para convertirse en un tumor conocido como «agalla de la corona». Un destacado artículo publicado en 1942 demuestra que en los girasoles estos tumores pueden generar tumores secundarios, una forma primitiva análoga a la metástasis. En el mundo de los insectos, las células larvales pueden producir tumores invasivos, el mismo fenómeno, quizá, presente en los vertebrados.

El cáncer (los sarcomas, carcinomas, linfomas y todos esos

33

nombres clínicamente deprimentes) ha sido descrito en la carpa, el bacalao, la raya, el lucio y otros peces. Las truchas, como los humanos, contraen cáncer hepático a partir de un carcinógeno, la aflatoxina, producido por el hongo *Aspergillus flavus*. Los rumores de que los tiburones no padecen cáncer condujeron a una matanza masiva a manos de emprendedores que comerciaban con píldoras de cartílago de tiburón para combatir el cáncer. Pero los tiburones sí contraen cáncer. Ninguna clase del reino animal se libra. Entre los reptiles, se dan casos de adenoma paratiroideo en las tortugas y de sarcoma, melanoma y leucemia linfática en las serpientes. Los anfibios también son susceptibles de sufrir neoplasmas, pero algunos ofrecen una extraña variación sobre el tema. Los tritones rara vez desarrollan tumores cuando se les inyectan carcinógenos. En su caso es más probable que la reacción sea la aparición de una nueva extremidad fuera de sitio. Esta capacidad para regenerar partes del cuerpo prácticamente se ha perdido en los otros animales a lo largo de la evolución. ¿Podría ser esta otra pista de los orígenes del cáncer: la existencia de tejidos dañados que intentan desesperadamente volver a crecer para descubrir que ya no son capaces?

Ninguna de estas criaturas va a pie, a nado o a rastras a un hospital en busca de asistencia. Pero a raíz de las observaciones fortuitas de naturalistas y zoólogos, han surgido pautas. Por lo visto, los mamíferos contraen más cáncer que los reptiles o los peces, quienes a su vez contraen más cáncer que los anfibios. Según parece, los animales domésticos desarrollan más cáncer que sus parientes en estado salvaje. Y los humanos son los más propensos al cáncer.

Una tarde, durante mi itinerario por carretera, hice un alto en el Museo del Viaje de los Dinosaurios. Dada la tendencia actual de los museos de la ciencia —tan integrados en el mundo del espectáculo— me temía que aquello estuviera infestado de dinosaurios animatrónicos y espacios interactivos semejantes a videojuegos. Allí, en cambio, había mucha ciencia de calidad. Eché un vistazo por las cristaleras del Laboratorio de Paleontología, donde tenían expuestos a hombres y mujeres vivos inclinados sobre mesas de trabajo desprendiendo fósiles incrustados en piedra. Me paseé entre imponentes esqueletos reconstruidos que se alzaban hasta el techo: *Allosaurus, Stegosaurus*. Vi una vértebra del cuello de un *Apatosaurus*, una masa pétrea tan grande que sin ayuda de la etiqueta jamás habría imaginado que en otro tiempo había sido tejido vivo. Era todo muy impresionante, pero con el correr de los años había visto tal cantidad de esqueletos de dinosaurio que me sentía ya un poco hastiado. Solo cuando me detuve ante el contorno de tamaño real de un corazón de *Brachiosaurus* que me llegaba a la altura del pecho tuve una clara percepción de lo enormes que fueron esas bestias.

Volví a pensar en el estudio sobre los tumores de dinosaurio realizado por Rothschild. Existe una estrecha relación entre tamaño y esperanza de vida. Aunque hay excepciones, las especies mayores tienden a vivir más tiempo que las menores, y según ciertas estimaciones, los dinosaurios más grandes tenían vidas muy largas: tiempo y espacio de sobra para acumular mutaciones. ¿Acaso eso no tendría que haber propiciado una gran propensión a los neoplasmas? En el mundo de los mamíferos, eso no está tan claro, observación que recibe el nombre de paradoja de Peto. Se llama así por sir Richard Peto, un epidemiólogo de Oxford. A este lo desconcertaba que las criaturas grandes y longevas como los elefantes no contrajeran más cáncer que las criaturas pequeñas de vida corta como los ratones. El misterio se planteó concisamente en el título de un artículo escrito por un grupo de biólogos y matemáticos de Arizona: «¿Por qué no todas las ballenas tienen cáncer?». Salvo por las belugas que viven en el contaminado estuario del río San Lorenzo, el cáncer parece muy poco común en las ballenas. En los ratones el índice de cáncer es alto.

Al principio eso no se consideró extraño. Existe una correlación inversa entre la esperanza de vida y el ritmo cardíaco. Tanto el elefante como el ratón, a lo largo de una vida media, tienen unos mil millones de latidos. Sencillamente el corazón del ratón palpita mucho más rápido. Con un metabolismo de tan alto consumo, parece lógico que en los ratones la incidencia del cáncer sea mayor. Pero lo que se cumple en el ratón no se cumple en otros animales pequeños. Las aves, pese a su desenfrenado ritmo metabólico (el corazón de un colibrí puede latir más de mil veces por minuto), por lo visto padecen muy poco cáncer. Si se observa mediante un gráfico la relación entre el tamaño de los mamíferos y el índice de cáncer, no aparece una línea descendente reveladora, sino solo unos cuantos puntos dispersos. En nuestra ignorancia, cada especie parece una excepción.

Los científicos han propuesto varias razones por las que no existe una correlación clara entre cáncer y tamaño. En tanto que animales más grandes pueden en efecto experimentar más mutaciones, también es posible que hayan desarrollado recursos más eficaces para reparar el ADN, o para prevenirse contra los tumores de otras maneras. Los autores del artículo de Arizona dieron una posible explicación de esto último: los hipertumores. El cáncer es un fenómeno en el que una célula empieza a dividirse descontroladamente y a acumular daños genéticos. Sus hijas, nietas y bisnietas siguen engendrando sus propias proles, subpoblaciones de células rivales, cada una con una combinación de rasgos distinta. Las contendientes más fuertes —aquellas que han desarrollado la capacidad de crecer más deprisa o de envenenar a sus vecinas o de usar la energía de forma más eficiente— tendrán ventaja. Pero cabía la posibilidad de que, antes de poder imponerse —proponían los autores—, sucumbieran a los «hipertumores»: grupos de células cancerosas más débiles que, de manera oportunista, intentan subirse al carro. Estos parásitos chupan energía continuamente, destruyendo el tumor o como mínimo manteniéndolo a raya. En animales grandes y longevos, el cáncer se desarrolla a un ritmo gradual, y eso da tiempo a que se formen las sanguijuelas. De hecho pueden contraer más tumores, pero estos tienen muchas menos probabilidades de desarrollarse hasta un tamaño perceptible. Hablamos de cáncer susceptible de contraer cáncer. Pese a todo el tiempo que yo llevaba inmerso en la bibliografía científica, era la primera vez que oía hablar de eso.

Aun así, me quedé pensando en los colibrís, admirado, y una nota a pie de página en el artículo sobre la paradoja de Peto me llevó a otro de los misterios sobre el cáncer. Es bien sabido entre los zoólogos que casi todos los mamíferos, al margen de su estatura, tienen exactamente siete vértebras en el cuello: jirafas, camellos, humanos, ballenas. (El manatí y el perezoso son excepciones.) Las aves, los anfibios y los reptiles no cumplen esta regla: un cisne puede tener entre veintidós y veinticinco vértebras en el cuello. Según parece, también contraen menos cáncer. Frietson Galis, una bióloga holandesa, pensó que debía de existir cierta conexión. Reflexionó sobre lo que ocurre en extraños casos en que un feto desarrolla una costilla de más allí donde estaría normalmente la séptima vértebra. Por consiguiente, los niños nacidos con dicho defecto tienen solo seis vértebras en el cuello. También son más propensos a morir de tumores cerebrales, leucemias, blastomas y sarcomas. Galis sugirió que por eso la variación en el número de vértebras cervicales está desapareciendo lentamente en la población de mamíferos.

Pasé mi última noche de viaje en Vernal, Utah, donde un gigantesco brontosaurio rosa (quiero decir *Apatosaurus*) de largas y coquetas pestañas sostenía un cartel dando la bienvenida a los visitantes. Eran ya cerca de las nueve de la noche y en el pueblo estaba casi todo cerrado. Encontré en la calle mayor un restaurante ambientado en el Salvaje Oeste aún abierto por los pelos. Después de un largo día al volante, me apetecía mucho una copa de vino. Intentaba mantenerme al corriente sobre los últimos estudios según los cuales este vicio, con moderación, podría ser bueno para el aparato circulatorio, previniendo los infartos y los ictus. Las investigaciones más optimistas incluso afirman que los efectos antioxidantes del elixir quizá contribuyan a eliminar los tumores y alargar la vida. Pero cuanto más tiempo se vive, más posible es contraer un cáncer. Cada comida plantea un cálculo de probabilidades: el alcohol aumenta el riesgo de ciertos tipos de cáncer (el de boca, esófago), pero puede disminuir el riesgo de cáncer renal.

En un archivo de mi ordenador portátil guardaba una lista de titulares de prensa recientes:

«Los compuestos naturales de la granada pueden prevenir el crecimiento del cáncer de mama hormonodependiente»
«El té verde podría modificar el efecto del tabaco en el riesgo de cáncer de pulmón»

«El consumo de refrescos puede aumentar el riesgo de cáncer de páncreas»

«El extracto del melón amargo redujo el crecimiento celular en el cáncer de mama»

«El extracto de algas puede dar esperanzas en el tratamiento del linfoma no-Hodgkin»

«El café puede proteger de los cánceres de cerebro y cuello»

«La fresa puede ralentizar el crecimiento precanceroso en el esófago»

Para entonces yo ya sabía que los efectos, en caso de ser reales, eran ínfimos. ¿Cómo podía alguien con un mínimo de sensatez calibrar los pros y los contras basándose inevitablemente en información imperfecta, en hallazgos que quizá se desecharan al día siguiente?

Al final resultó que no fue necesario siquiera plantearme los efectos cancerígenos del vino tinto aquella noche. Estaba en Utah, y la carta no incluía ninguna bebida alcohólica. Tuve que acompañar el bocadillo de pollo empanado con limonada preparada con agua del grifo y unos polvos. En mi habitación del Dinosaur Inn (establecimiento custodiado por otro *Apatosaurus* sonriente), volví a pensar en esas capas que se extendían bajo mis pies a una profundidad de kilómetros y milenios. Algún día otras capas se amontonarían encima de nosotros. Me pregunté cuánto cáncer habría allí. Habían pasado casi siete años exactamente desde que a Nancy, la mujer con quien estaba casado, le fue diagnosticado un cáncer galopante que surgió sin razón alguna en su útero y, avanzando como una llama en una mecha, descendió por el ligamento redondo hasta la ingle. Ha vivido para contarlo, pero desde entonces me pregunto cómo una única célula que va a la suya puede metamorfosearse en un alienígena de ciencia ficción, un monstruo que crece en el interior.

2

La historia de Nancy

*E*lla siempre comía verdura. Obsesivamente, parecía a veces. En el desayuno, en el almuerzo, en la cena. Llevaba la cuenta mentalmente a lo largo de todo el día. Aunque fueran las diez y media de la noche y estuviera viendo un episodio de *Los Simpson* o un DVD, si no había consumido dos o tres raciones de verduras (algunas verdes, algunas amarillas) y tres o cuatro de fruta, frutos secos o cereales —lo que fuese que recomendaran los piramidólogos—, troceaba una manzana o abría una bolsa de zanahorias.

De acuerdo con la máxima de Pascal (creer en Dios no tiene lado negativo), probablemente nada de esto era perjudicial para ella. Se afirma a menudo que dos tercios de los casos de cáncer pueden prevenirse: un tercio eliminando el tabaco, otro tercio haciendo más ejercicio e ingiriendo alimentos más sanos. Pero no hay apenas pruebas que relacionen ninguna dieta en particular con el cáncer. Nos dijeron, a Nancy y a mí, que comiéramos espinacas porque son ricas en folatos, y los folatos son un elemento esencial utilizado por las células para sintetizar y reparar las hélices entrelazadas de ADN. Eso suena muy bien en teoría, pero el argumento de que consumir más folatos reduce el riesgo en tres de los cánceres más comunes —colorrectal, mama y próstata— es endeble en el mejor de los casos. Para el cáncer de mama, el efecto, si lo hay, puede ser beneficioso en las alcohólicas. Otras investigaciones sostienen que demasiado ácido fólico (la forma sintética del folato presente en los comprimidos vitamínicos) puede aumentar el riesgo de cáncer. En cuanto un neoplasma ha arraigado, las dosis extra podrían incluso echar leña al fuego y acelerar el crecimiento. Algunos cánceres se combaten administrando antifolatos, que se encuentran en los fármacos quimioterapéuticos más antiguos. La razón más convincente para comer espinacas es que, salteadas con ajo o en ensalada, saben bien.

Igual de dudosa es la mitología en torno a los antioxidantes, como las vitaminas C y E, que se consumen a través de la fruta, la verdura y ciertos comprimidos, y se untan en la cara en forma de cremas antienvejecimiento. Lo que se pretende es contrarrestar la acción de los radicales libres: el producto de la combustión celular que devora el interior de las células. No está nada claro que el organismo necesite ayuda en este terreno. Para atenuar el impacto de los radicales libres (el nombre evoca imágenes de anarquistas lanzando bombas), las células vivas están equipadas con un sistema integrado de mecanismos de antioxidación, una excelente red molecular forjada a lo largo de milenios desde los inicios de la vida. Eso no es algo que convenga andar manipulando. Y a ningún ser le conviene eliminar los radicales libres. Estos son carroñeros que previenen el inevitable aumento de venenos celulares, recogedores de basura para las células. Se ha difundido la idea de que el betacaroteno, el antioxidante que confiere su color a la zanahoria, el mango y la papaya, posee propiedades anticancerígenas. Pero, según una prueba clínica realizada en Finlandia, los fumadores a quienes se administraron suplementos de betacaroteno tenían más probabilidades de contraer cáncer de pulmón. En Estados Unidos una prueba similar se interrumpió en una fase inicial al observarse que los suplementos parecían incrementar el riesgo de padecer la enfermedad. «Exceder los límites de la moderación es enfurecer a la humanidad» —otra vez Pascal— y enfurecer a nuestras células.

Hoy día los envoltorios de las tiendas de alimentación han entrado en un nuevo nivel de detalle, y tientan a los compradores con frutas, hortalizas y otros productos ricos en sustancias fitoquímicas, ingredientes que se dan de manera natural en las plantas y supuestamente ayudan a detoxificar carcinógenos, reparar los daños en el ADN o disuadir a las células de enloquecer en términos generales. El lico-

peno, la quercetina, el resveratrol, la silimarina, el sulfora-
fano, el indole-3-carbinol… todos ellos tan pronto se ponen
de moda como dejan de estarlo. En una placa de laboratorio
estas sustancias podrían incidir en las vías bioquímicas que,
según se cree, intervienen en los procesos extraordinaria-
mente complejos de la carcinogénesis. Ahora bien, ya no está
tan claro que consumir una mayor cantidad de dichas sustancias prevenga realmente el cáncer. A menos que una persona padezca una desnutrición grave, hay pocas razones para
creer que la escasez de cualquier molécula concreta vaya a
desbarajustar gravemente los procesos celulares. Uno puede
curarse en salud tomando complejos vitamínicos, pero también a este respecto las pruebas son exiguas. Si la vida fuese
tan frágil, probablemente no estaríamos aquí preocupándo-
nos de lo que comemos.

Es mucho lo que la ciencia ignora sobre la mecánica molecular, y es posible que las sustancias presentes en frutas y
verduras proporcionen ventajas sinérgicas cuya lógica todavía está por descubrirse. A lo largo de la década de 1990 pro-
liferó la información acerca de los efectos anticancerígenos
milagrosos derivados del consumo de los frutos de la naturaleza. El Instituto Nacional del Cáncer inició entonces su
campaña «5 al día»: si comemos tantas porciones de fruta y
verdura, reduciremos notablemente las probabilidades de
contraer cáncer.

Las pruebas, por desgracia, procedían en su mayor parte
de estudios de casos y controles en los que se pedía a personas con y sin cáncer que recordasen qué comían. Los estudios
epidemiológicos de estas características tienden al error. En
su esfuerzo por encontrar una explicación a su delicado estado de salud, los pacientes con cáncer quizá tendían a exagerar lo mucho que habían descuidado su dieta, en tanto que
cabe la posibilidad de que las personas sanas recordaran haber
comido más fruta y verdura de la que en realidad habían comido. Dado que el cáncer puede tardar décadas en desarrollarse, se requeriría una memoria prodigiosa. Para mayor
distorsión, aquellos con más probabilidades de ofrecerse voluntarios para el grupo de control pueden ser ciudadanos en
una posición relativamente acomodada y conscientes de su

41

salud, personas que, además de procurarse comidas nutritivas, hacen más ejercicio y por lo general se exceden menos con el alcohol o el tabaco. Un buen estudio buscará un equilibrio entre los casos y los controles, pero lo máximo que puede hacer la epidemiología retrospectiva es sugerir asociaciones para investigarlas con mayor rigor. En estudios de cohortes prospectivos, numerosos grupos de personas —las cohortes— son observados durante años y entrevistados regularmente para ver si surgen pautas entre aquellos que contraen y no contraen cáncer. Aunque también estos estudios adolecen de sesgos, las pruebas se consideran más sólidas que en la epidemiología retrospectiva. Hasta ahora el mayor estudio prospectivo sobre dieta y salud ha puesto de manifiesto que comer fruta y verdura tiene, en el mejor de los casos, un efecto mínimo en la prevención del cáncer. Hay indicios de posibles beneficios respecto a unos cuantos cánceres, pero nada a la altura de las expectativas iniciales.

Nos dijeron que comiéramos fibra, y cuando Nancy iba de compras traía a casa cereales para el desayuno que sabían igual que la caja de cartón. Intuitivamente uno le veía sentido. Podía imaginarse toda esa fibra restregando a fondo los intestinos a su paso por el tracto digestivo. También se sostenía que la fibra nutría a diversas bacterias que reducen el riesgo del cáncer de colon. Los argumentos a favor de la fibra pueden ser un poco más sólidos que los de otros alimentos, pero las pruebas son controvertidas. Un gran estudio prospectivo encontró una relación; otro, en cambio, no detectó nada.

Tal vez todo esto sería menos ambiguo si los alimentos pudieran someterse a la misma clase de ensayos rigurosos empleados para poner a prueba nuevos fármacos. Numerosas personas se asignan al azar a un grupo experimental, que recibe el tratamiento, o a un grupo de control, que no lo recibe. Al final, se comparan los resultados. Pero estos estudios son raros en la investigación de los efectos de la nutrición en el cáncer. Ya bastante difícil es obligar a la gente a comer o no comer arbitrariamente cierto alimento. Y para tener un valor concluyente, esa imposición debería prolongarse durante las décadas que puede tardar en desarrollarse un cáncer. Cuando se llevó a cabo un ensayo controlado de cuatro años con una dieta baja en grasas y rica tanto en fibras como en fruta y verdura, no se descubrió prueba alguna de disminución de pólipos colorrectales, que son los precursores del cáncer de colon. Otro ensayo aleatorio más o menos de la misma duración reveló que una dieta rica en fibra no tenía efecto en la aparición del cáncer de mama.

Leyendo estas corroboraciones no precisamente categóricas, me acordé del bioquímico Bruce Ames, quien sostiene que las coles de Bruselas, el repollo, el brócoli, la coliflor y otros alimentos procedentes de la verdulería contienen carcinógenos que se producen de manera natural, pesticidas integrados como los que tal vez mataron al pobre *Edmontosaurus*. Por lo visto, la gente no ingiere esos alimentos en cantidades que pudieran representar un problema de salud pública, o tal vez hemos adquirido una resistencia natural. Pero ¿de dónde ha salido la superstición de que las plantas ejercen el efecto contrario, dotándonos de la capacidad para combatir el cáncer? La fruta y la verdura evolucionaron para asegurar su propia propagación. Y un día la gente empezó a comerlas.

Nancy no era muy rígida en sus planteamientos dietéticos. A los dos nos gustaban los filetes y las hamburguesas, pero intentábamos moderar el consumo. Aquí la ciencia parece un poco más convincente. Si hemos de dar crédito a la epidemiología, comer mucha carne roja a diario podría haber aumentado nuestras probabilidades de contraer cáncer colorrectal durante la década siguiente en una tercera parte: de 1,28 por ciento a 1,71 por ciento. Pero, dadas estas cifras, la satisfacción de prepararse un enorme filete el fin de semana compensaba el riesgo. Como penitencia, a veces comíamos pescado. Quizá el salmón y el halibut asados nos resultaran más apetecibles sabiendo que eran ricos en ácidos grasos omega-3. Pero sigue sin establecerse una relación sólida entre el pescado —los aceites del pescado— y la prevención del cáncer de colon.

Fruta, verdura, fibra, pescado… alimentarse a base de estos alimentos serviría como mínimo para reducir la ingesta de grasas de mamíferos. Sin embargo ni siquiera está claro que estas representen un serio riesgo de cáncer, y es posible

43

que el azúcar comportara un peligro mayor aumentando los niveles de insulina en la sangre y estimulando el crecimiento de tumores. En último extremo, probablemente cuente más la cantidad de comida ingerida que el tipo de comida en sí. La obesidad —como la vejez, la luz solar, los radioisótopos y el tabaco— ha engrosado la breve lista de instigadores inequívocos del cáncer. Inversamente, hay pruebas de que la restricción calórica reduce la probabilidad de cáncer. Se ralentiza el metabolismo. Como en un lagarto.

Nancy incluía diversas verduras y frutas en nuestra dieta sobre todo porque le gustaban. Pero tenía razones para preocuparse por el cáncer más que otras personas. Su madre había pasado por una mastectomía y un tratamiento de quimioterapia poco antes de nuestra boda. Después de dieciséis años dormido, el cáncer regresó. No sabíamos si su cáncer de mama se contaba entre aquellos vinculados a un defecto genético de familia. En tal caso, Nancy podría haber heredado una propensión, aunque no una predestinación.

En su caso intervenían además otros factores de riesgo. Contaba cuarenta y tres años y no teníamos hijos, fuente de continua discusión. Cuantos menos embarazos tiene una mujer, más ciclos menstruales sobrelleva. Con cada regla, una descarga de estrógenos induce a las células del útero y las glándulas mamarias a empezar a multiplicarse, duplicando su ADN, en preparación para la gestación y la lactancia de un niño que quizá no llegue. Cada ciclo menstrual es un lanzamiento de dados, una oportunidad para copiar errores que podría acabar en un neoplasma. Los estrógenos (junto con el amianto, el benceno, los rayos gamma y el gas mostaza) están en la lista de los carcinógenos humanos conocidos que publica el Programa Nacional de Toxicología de Estados Unidos.

Hoy día las mujeres también se exponen a más dosis mensuales de estrógenos porque empiezan a menstruar a edades mucho más tempranas, incrementándose con ello posiblemente el riesgo de cáncer de mama. Algunos científicos achacan este cambio al bisfenol-A —sustancia química presente en las botellas de plástico que emula a los estrógenos—, pero una explicación más aceptada alude a la nutrición. Con más comida a su disposición, las chicas maduran más deprisa, acumulando grasa, y eso puede ser una señal de que el cuerpo está lo bastante sano para iniciar la ovulación. En el último siglo, la edad de la menarquía —el momento en que tiene lugar la primera menstruación— ha descendido en el mundo occidental de los diecisiete a los doce años. Por otro lado, las mujeres pasan menos tiempo de su vida fértil embarazadas o amamantando. Según parece, la lactancia también mantiene los estrógenos bajo control. El resultado de todo esto es que hoy día una adolescente puede haber experimentado ya más ciclos menstruales que su abuela en toda la vida.

Existen otros riesgos en ser mujer. Las terapias hormonales, administradas durante la menopausia o el embarazo, se han vinculado a algunos cánceres. Y la obesidad, sobre todo en mujeres mayores, puede incrementar los estrógenos junto con el riesgo de cáncer. Pero nada de esto es concluyente. Curiosamente, el exceso de grasa corporal puede de hecho reducir las probabilidades de que las mujeres premenopáusicas contraigan cáncer de mama. Y si bien es posible que los anticonceptivos orales eleven las probabilidades de cáncer de mama, parecen reducir el riesgo de cáncer de ovarios y endometrio. Nancy no tomaba la píldora para el control de la natalidad y no tenía exceso de peso ni mucho menos, pero le preocupaba, aunque solo un poco, otro factor: el vino, que nos gustaba tomar en la cena. El alcohol también podía decantar la balanza hormonal, y se ha relacionado por motivos muy distintos con el cáncer del aparato digestivo. Eliminadas por el alcohol, las células epiteliales que revisten el esófago deben ser sustituidas: más ADN que duplicar, más posibilidades de error. Existen pruebas que relacionan el alcohol con el cáncer de hígado, pero más se ha constatado el riesgo derivado de los virus de la hepatitis o de una exposición prolongada a la aflatoxina, un veneno producido por hongos que pueden invadir los cacahuetes, la soja y otros alimentos.

Uno podría pasarse la vida con una calculadora en la mano. Consumir dos o tres copas diarias aumentaría el riesgo de un cáncer de mama en un veinte por ciento. Eso no es tan grave como parece. Las probabilidades de que una mujer entre 40 y 49 contraiga este tipo de cáncer son de una entre 69, o de un 1,4 por ciento. El consumo de alcohol elevaría esa

45

proporción hasta un 1,7 por ciento. Incluso la estatura es un factor de riesgo. (Nancy medía solo un metro cincuenta y ocho.) Un análisis de los datos del estudio Un Millón de Mujeres reveló que cada diez centímetros por encima del metro cincuenta aumentaba el riesgo de cáncer en un 16 por ciento. Puede encontrarse una pista sobre el mecanismo de esta circunstancia en ciertos aldeanos de Ecuador que padecen una forma de enanismo conocida como síndrome de Laron. Debido a una mutación que afecta a sus receptores de la hormona del crecimiento, los hombres más altos miden un metro treinta y cinco y las mujeres son quince centímetros más bajas. Para ellos la vida no es fácil. Los niños son propensos a las infecciones y los adultos mueren con frecuencia a causa del alcoholismo y los accidentes fatales. Pero rara vez contraen cáncer o diabetes, pese a que a menudo son obesos.

Cuando uno está sano y el cáncer es una abstracción, enumerar los peligros para la vida puede ser tranquilizador. Ninguno de los dos fumábamos, hábito en el que el riesgo de cáncer se mide no en pequeños porcentajes sino en factores entre diez y veinte. Una probabilidad veinte veces mayor de contraer cáncer de pulmón: en un dato así no hay la menor sutileza. Por las aterradoras etiquetas de prevención y los anuncios de los servicios sanitarios públicos, yo suponía que una gran proporción de los fumadores debía de morir así. Me sorprendió averiguar que la cifra se acerca a uno entre ocho. Con una estadística así, se pasan por alto muchos detalles. Con toda certeza las probabilidades son mucho mayores para un fumador empedernido de toda la vida. Buscando una respuesta, descubrí la herramienta online para la predicción del cáncer del Memorial Sloan-Kettering. Introduje unas cuantas cifras. Un hombre de sesenta años que haya fumado un paquete diario desde los quince y ahora planee dejar el tabaco tendrá un cinco por ciento de probabilidades de contraer cáncer de pulmón en los próximos diez años, y una probabilidad del siete por ciento si no abandona el hábito. Yo habría pensado que las probabilidades serían mucho mayores. Si el hombre tiene setenta años y ha fumado tres paquetes diarios, los riesgos oscilan entre el 14 y el 18 por ciento. Excluimos los infartos, los ictus, la bronquitis crónica, el enfisema, así como otros cánceres: diversas formas de morir. Fumar perjudica la salud y reduce la longevidad. Pero cuando uno oye esas anécdotas sobre el pariente que fumó como un carretero todos los días de su vida y no tuvo cáncer de pulmón, debemos saber que eso es la norma, no la excepción.

La geografía también incide en la carcinogénesis, y existían riesgos implícitos en vivir en Santa Fe, Nuevo México, lugar que nos encantaba por sus marcadas yuxtaposiciones. Las llanuras semiáridas en las que se alzaban repentinamente picos de cuatro mil metros. Las antiguas familias españolas que compartían la misma calle sin asfaltar con artistas y profesores universitarios. Estaba asimismo ese aire fresco y seco propio de las grandes altitudes. A veces era demasiado seco, y algunos veranos veíamos con inquietud columnas de humo ondear en bosques lejanos. Caían cenizas del cielo, y el sol se ponía en medio de una coloración naranja sanguínea como en las imágenes del Apocalipsis. Por la noche las montañas resplandecían y expulsaban llamaradas de fuego. Uno de los incendios barrió amplias zonas de Los Álamos. Un posterior estudio llegó a la conclusión de que la radiación propagada por los terrenos calcinados del laboratorio comportaba una décima parte del riesgo representado por los radionucleidos que liberan de manera natural los pinos en llamas. Una buena noticia, supongo, salvo por el hecho de saber que todo incendio forestal implica un riesgo mensurable debido a la lluvia radiactiva de la propia naturaleza.

Santa Fe está a una altitud aproximada de 2.500 metros, así que en esa proporción se reduce la atmósfera que amortigua la acción de los rayos solares en la piel y los ojos. Al pasar del rojo al azul en el espectro, la frecuencia de la luz se incrementa. A mayor frecuencia, mayor energía, y cuando uno va mucho más allá del violeta, hay energía suficiente para romper los enlaces moleculares, para introducir mutaciones en el ADN. Cada verano se formaba muchas veces un doble arco iris sobre el Talaya, el pico cónico situado en el extremo oriental de Santa Fe. Yo estaba casi seguro de que distinguía, apenas visible bajo el arco, una trémula banda de mortífera luz ultravioleta. Por debajo de eso estarían los colores que nuestros ojos desconocen: los rayos X y los rayos gamma. La luz del sol tiene su peligro. No obstante, existen pruebas, débiles y contradictorias, de que la vitamina D que el sol ayuda a generar en el organismo reduce las probabilidades de cáncer colorrectal... si bien aumenta el riesgo del cáncer de páncreas. Al menos entre los fumadores varones finlandeses.

Las agresiones procedían de arriba y de abajo. Al igual que en tantísimas partes del país, los suelos graníticos sobre los que se asentaba nuestro vecindario contenían pequeñas cantidades de uranio por causas naturales. El uranio-238 se descompone, lanzando partículas alfa que se convierten primero en torio-234 y luego en radio y finalmente en radón, un gas radiactivo que no se ve ni se huele. El radón se considera un factor de riesgo para el cáncer de pulmón, ocupando un lejano segundo puesto por detrás del tabaco, y se investiga su posible incidencia secundaria en otros cánceres. Se acumula a ritmo geológico (el periodo de semidesintegración del U-238 es de más de cuatro mil millones de años, lo que significa que la mitad de una porción tardaría todo ese tiempo en descomponerse). El gas en sí perdura solo unos días, disgregándose en partículas hijas radiactivas y finalmente en trazas de plomo minúsculas. Pero se genera incesantemente, y cuando compré nuestra casa, el inspector obtuvo una medición de 5,4 picocurios por litro de aire, un poco por encima del «nivel de acción» recomendado por la Agencia para la Protección del Medio Ambiente (cuatro picocurios por litro). En tales casos se recomendaba realizar una prueba de seguimiento y se aconsejaba mitigar la cantidad de radón por medio de selladoras, extractores y respiraderos. Empecé a enmasillar las grietas del suelo —la máxima de Pascal—, y el resultado más tangible fue la reducción de la población de arañas y ciempiés. Pronto me distrajeron otras actividades. Para alguien que nunca ha fumado, el riesgo de morir de cáncer de pulmón, estando expuesto a cuatro picocurios por litro, es de siete entre mil —menos del uno por ciento—, y eso presupone una exposición continua, como si uno se pasara la vida encerrado entre cuatro paredes como un confinado o la víctima de un secuestro.

No vivíamos cerca de una zona industrial, y Los Álamos, la Ciudad Atómica, estaba a treinta y cinco kilómetros, al otro lado del valle del río Grande. A principios de la década de 1990, un artista residente en los alrededores informó de lo que inicialmente pareció un elevado número de tumores cerebrales en su vecindario. El departamento de sanidad del estado llevó a cabo una investigación. Durante los cinco años anteriores se habían dado en el condado diez casos en lugar de los seis que cabía esperar a partir de las medias estatales y nacionales. Pero las cifras eran demasiado pequeñas para ser significativas, y los epidemiólogos llegaron a la conclusión de que no era posible determinar si el aumento se debía al azar o no. No había nada anormal ni alarmante, afirmaron. Si uno viera las cosas en perspectiva y examinara el mundo de una manera global, descubriría agrupaciones análogas en el espacio y en el tiempo, pero no tendría motivos para dar por sentado que apuntaban a una causa subyacente. Los epidemiólogos llaman a esto el efecto del «tirador de Texas». Si tiroteamos la puerta de un establo con una escopeta, localizamos los orificios más cercanos entre sí y dibujamos una diana alrededor, da la impresión de que hemos dado en el blanco. Después de alcanzar ese pico, el índice de cáncer cerebral descendió y a partir de ese momento zigzagueó en torno a sus valores normales. Los investigadores de Los Álamos habían detectado también una alteración puntual en el cáncer de tiroides. Pero una vez más las cifras eran bajas —un total de 37 casos a lo largo de dos décadas en una población de 18.000— y en los años posteriores también declinaron. Un estudio acerca de la salud pública determinó que los residentes no estaban expuestos a contaminación radiactiva o química perjudicial procedente del agua, la tierra, la flora o el aire.

Cuando uno se plantea a qué ha estado expuesto, también debe tomar en consideración el pasado. Nancy se crio en Nueva York, concretamente en Long Island, donde a principios de la década de 1990 empezó a cundir en las zonas residenciales el temor a una epidemia del cáncer de mama. Siempre que un amigo o familiar contrae repentinamente un tumor maligno, la mente se magnetiza y atrae datos dispersos. A una vecina de la misma calle le diagnosticaron también cáncer de mama. Y a una cuñada que vive en el pueblo de al lado y a la esposa de un compañero de la oficina. El cerebro,

49

diseñado para discernir pautas, insiste en establecer conexiones. Así nació el *cluster* de cáncer de Long Island.

Uno empieza, pues, a buscar una razón, un origen, la araña agazapada en el centro de la tela. ¿Fue el Laboratorio Nacional Brookhaven, con sus aceleradores de partículas y sus reactores de investigación? ¿O los pesticidas y herbicidas utilizados antiguamente cuando la isla era en su mayor parte tierra de labranza, y más recientemente para mantener todos esos impecables jardines de Long Island? ¿O el DDT con el que se fumigó la región para controlar a los mosquitos? ¿Se debía a la gran densidad de las líneas de alta tensión en una zona ávida de electricidad?

La preocupación y el miedo —tan razonables, tan comprensibles, tan humanos— degeneraban a veces en histeria, que luego degeneraba en paranoia. Un activista aludió amenazadoramente a «una forma de control demográfico», como si los habitantes de Long Island fueran a ser exterminados, voluntariamente o por negligencia, mediante el deterioro generalizado de sus genes. Los políticos tuvieron que prestar oídos y el Congreso ordenó un estudio. Una década después el Instituto Nacional del Cáncer hizo público un informe cuyo coste ascendió a treinta millones de dólares. La incidencia del cáncer de mama en los condados de Nassau y Suffolk era ligeramente superior a la de Estados Unidos en su totalidad. Pero lo mismo podía decirse de gran parte de las zonas urbanas del noreste, indicio de que aquello que podían tener en común los cánceres era muy difuso. La concentración de casos de cáncer era más bien una dispersión.

No se encontró ningún vínculo entre los contaminantes y el cáncer de mama. Si en Long Island había más casos de cáncer, concluía el estudio, las causas eran probablemente socioeconómicas. Podría darse asimismo un factor genético. Muchas mujeres de Long Island procedían de familias judías askenazíes, que presentan cierta tendencia al cáncer de mama. Pero el motivo más probable era la forma de vida relativamente próspera de los barrios residenciales. Los habitantes de Long Island en general seguían dietas más calóricas, eran más propensos a la obesidad, tenían menos hijos y vivían más tiempo (la media de edad para el diagnóstico del cáncer de mama es 61 años). En Long Island la gente recibía una educación por encima del promedio, y por tanto era más probable que se sometiera a frecuentes mamografías, descubriéndose pequeños neoplasmas de lento crecimiento y posiblemente inocuos que, por si acaso, se trataban, y quedó constancia de ellos en las estadísticas. Una mujer que viviera en una choza de los Apalaches podría llevarse a la tumba estos carcinomas in situ, muriendo antes de otra cosa.

Esta no es la clase de razones que las mujeres quieren oír: que su cáncer podría haberse prevenido si hubiesen optado por prescindir de una carrera y, como las ardillas y los zorros, vivir embarazadas continuamente; que quizá habían disfrutado de demasiadas buenas comidas y engordado demasiado; que tal vez la mastectomía con motivo de su bulto había sido innecesaria. «Eso es culpar a la víctima», se quejaron algunas activistas, y una de ellas desestimó el informe en su totalidad: «Estamos plenamente convencidas de que existe una relación con el medio ambiente, y no necesitamos pruebas para decir qué es».

Todo el mundo tiene factores de riesgo para casi todos los cánceres, y solo adquieren trascendencia en retrospectiva. Un día nuestra vecina Vivian, que trabajaba felizmente en su casa traduciendo documentos científicos, «presentó», como dicen en el entorno médico, un cáncer de ovario. Murió el Domingo de Resurrección, y de pronto, sin saber cómo, estábamos asistiendo a su funeral. Su marido era matemático. No se mencionó a Dios. Más o menos en las mismas fechas Susan, una antigua novia mía y colega en el mundo del periodismo, murió también de cáncer de ovario. Ni ella ni Vivian tenían hijos. Pero a la lista se añadió la señora Trujillo, una vecina de la acera de enfrente, que sí era madre, ya pasada la mediana edad, y murió de lo mismo. Todos tenemos nuestros propios *clusters* de cáncer personales, y un archivo mental de pruebas anecdóticas que es muy poco fiable pero en el que no podemos dejar de creer profundamente.

Cuando llegó el cáncer de Nancy, no sabíamos si había empezado en los ovarios, las mamas, el útero o los pulmones. Durante mucho tiempo (semanas: el reloj avanzaba muy des-

51

pacio), no supimos dónde se desarrollaba, sino solo que propagaba células cancerosas por todo el cuerpo. Se había ido a visitar a una amiga en San Diego, y mientras hacía abdominales en el gimnasio del barrio se descubrió un bulto en la ingle derecha. Acudieron a su mente las palabras «ganglio linfático hinchado», una de esas cosas que le pasan a uno cuando, por ejemplo, tiene una irritación de garganta.

Enfermedad por arañazo de gato, decidimos en el acto, después de buscar información tranquilizadora en la web. Semanas antes, sobresaltado por un ruido repentino, uno de nuestros gatos le clavó las uñas en la pierna, y una reacción inmunológica a una infección podía dar lugar a una hinchazón linfática. Para eso están los ganglios, para capturar y neutralizar a los invasores inmunológicos. La mente humana, siempre dada a la esperanza, tiene un gran talento para asimilar aberraciones.

El bulto no desapareció. Su médico pensó que podía ser una hernia y recomendó consultar a un cirujano. Pero no lo hizo de inmediato. Una llamada telefónica de la costa este trajo la noticia de que el padre de Nancy había sufrido un derrame cerebral —vaya un año horrible fue aquel— y estaba en cuidados intensivos en el centro médico de la Universidad de Stony Brook. Nancy aplazó la cita con el cirujano y compró un billete para un vuelo con destino al aeropuerto La-Guardia. Esa noche, ya en Long Island, me telefoneó a casa y me contó que se había sentado junto al lecho de su padre: me habló de sus ojos, su sonrisa, de cómo le había cogido la mano y de que obviamente lo comprendía todo. Él llenaba hasta el último centímetro cúbico de su alma, salvo por un pequeño espacio. Ese espacio se agrandó. En los días posteriores a su llegada, el bulto persistió tenazmente.

No tenía siquiera que salir del campus de Stony Brook para consultar con un médico. Cuando volvió a llamar, regresaba a su coche tras visitarse en una clínica, pasando ante edificios con los que estaba familiarizada (se había licenciado en biología allí). Le temblaba la voz lo justo para que me diera cuenta de que debía de estar llorando, o intentando contener las lágrimas. El médico había palpado el bulto. No era blando ni redondeado como lo habría sido por efecto de una infección. No era la enfermedad del arañazo de gato. Al tacto, tenía la dureza y la forma irregular de un tumor maligno. A juzgar por la expresión en la cara del médico, dedujo que casi con toda seguridad era un cáncer. Recomendó una biopsia: la extracción de células para ver si son malignas. Nancy decidió volver a casa para someterse a ese procedimiento.

En algún que otro momento de la vida todos acabamos sentados en una sala de espera de hospital rodeados de otras personas, los mayores hojeando revistas, los más jóvenes con la mirada fija en sus teléfonos móviles. Yo había pasado por eso con mi madre cuando se rompió el manguito rotador y cuando le pusieron un implante de rodilla en la otra pierna. También había pasado por eso con Nancy a causa de un desprendimiento de retina después de un paseo a caballo. Ya sabía lo que me esperaba. Justo cuando uno cree que no aguantará ni un minuto más, aparece la cirujana con la mascarilla colgada del cuello. Sonríe, complacida por poder comunicar una buena noticia. Esta vez no fue así. «Es posible que se trate de un carcinoma», anunció.

Había enviado una muestra del bulto a la planta de patología para que le echaran un rápido vistazo al microscopio. Las células con una morfología anómala se parecían a las células epiteliales que forman el revestimiento de los órganos. Pero habían mutado tanto que ofrecían un aspecto menos diferenciado. Estaban perdiendo su identidad genética. Al revertir a este estado primitivo, las células presentan cierto parecido con las de un embrión, se dividen rápidamente, de manera camaleónica, y son capaces de hacer casi cualquier cosa.

El diagnóstico debía confirmarse en el laboratorio. Pero cabían pocas dudas acerca de lo que ocurría. La cirujana me acompañó a la sala de recuperación donde yacía Nancy en un estado de confusión anestésica. Recuerdo que sonreía mientras la cirujana hablaba, y no me di cuenta hasta más tarde de que ella apenas asimilaba la información. Durante el resto de la semana procuré ser optimista, y quizá, sin proponérmelo, la induje a error. Yo había entendido que el diagnóstico era certero en un noventa por ciento, por decir algo, que el informe del laboratorio era una simple formalidad, una manera

53

de cerciorarse plenamente. Pensé que Nancy también había entendido eso.

Al cabo de unos días yo estaba en mi despacho del piso de arriba cuando la telefoneó la doctora para darle la noticia: «Adenocarcinoma metastásico diseminado, moderadamente diferenciado». Un adenocarcinoma es un carcinoma de tejidos epiteliales que contiene glándulas microscópicas. Puede salir en el colon, el pulmón, la próstata, el páncreas, casi en cualquier sitio. No recuerdo ni cómo bajé por la escalera. ¿O acaso subió ella? Nunca la había visto tan alterada. Me dijo que después de colgar el teléfono había gritado. De algún modo las células cancerosas habían accedido a su sistema linfático y se habían alojado en ese ganglio de la ingle. Pero ¿de qué parte de su cuerpo procedían dichas células? Tardaríamos semanas en saberlo. «Cáncer metastásico con un foco primario desconocido»: parecía el peor diagnóstico posible. Un tumor crecía empecinadamente, propagando más semillas, metastatizándose. Pero nadie sabía dónde.

El informe patológico daba indicios en su descripción del carácter de las células:

RECEPTORES ESTROGÉNICOS: Aproximadamente
el 90 por ciento positivo (favorable)
RECEPTORES DE PROGESTERONA: Negativo (desfavorable)

La primera línea proporcionaba algo a lo que agarrarse. Dado que el crecimiento de algunos cánceres es impulsado por los estrógenos, podía controlarse atenuando el efecto de estos. La abundancia de dichos receptores ayudaba asimismo a delimitar el diagnóstico: «Comentario: la positividad del receptor estrogénico se corresponde con un foco primario endométrico u ovárico más que con un foco primario gastrointestinal».

Así que probablemente se trataba de un cáncer ginecológico. El endometrio —el revestimiento del útero— es un tejido formado de células epiteliales, que son vulnerables a los carcinomas. Creo que Nancy sospechaba algo así. Aproximadamente un año antes su médico le dijo que había entrado en una menopausia prematura. El síntoma eran unas menstruaciones irregulares, y todavía me pregunto por qué no se interpretó como un aviso, una ocasión para realizar más pruebas; es decir, si el cáncer podría haberse descubierto entonces y tratado antes de que se propagara.

«Comentario: El tumor presenta arquitectura microcapilar, indicativo de un foco primario endométrico, ovárico o...»

El resto de la frase estaba eliminado. Monos con máquinas de escribir dejando constancia de nuestro destino. Y sin olvidarse el código de facturación.

La cirujana se mostró muy comprensiva, solidaria, fraternal. En una visita posterior dio un abrazo a Nancy. Creo que los dos nos quedamos atónitos cuando su siguiente paso fue entregarnos un montón de volantes —amarillos, rosa, azules— para encargar diversos procedimientos. Debíamos llevarlos a clínicas locales, hacer cola y pedir hora. El centro de diagnóstico por imagen de la acera de enfrente, franquicia de una gran cadena, haría una mamografía, radiografías del pecho y una tomografía del abdomen y la pelvis. La fábrica de colonoscopias tenía la agenda a rebosar, anunció la cirujana. En lugar de insistir en que buscaran un hueco para una paciente con cáncer metastásico —las colonoscopias de la mayoría de la gente son rutinarias y pueden reprogramarse fácilmente—, extendió un volante para solicitar un enema de bario, un tipo de prueba más antiguo, más rápido y menos concluyente. Solicitamos que nos derivaran a un oncólogo. Eso sería prematuro, dijo la cirujana; primero había que averiguar qué clase de cáncer era. Fueron esas sus palabras literales.

Lo que para el paciente es una crisis para el médico es rutina; aun así, a mí esta manera de proceder me parece una auténtica idiotez. Fuimos de laboratorio en laboratorio, y regresamos a recoger los resultados. La mamografía y las radiografías de pecho dieron negativo. El escáner abdominal reveló que el hígado, los riñones, el páncreas, el intestino y la parte inferior de los pulmones eran normales. Lo mismo ocurría con las glándulas adrenales. Un ganglio de 1,3 centímetros en la zona del bazo parecía «ser solo un bazo accesorio»: una masa benigna que a veces puede confundirse con un tumor. En el escáner pélvico, un quiste presente en el ovario izquierdo «no era probablemente neoplásico», pero el útero y el endometrio eran «prominentes» y había fibroides benignos. Se observaba una «pequeña lesión constrictiva en el colon sigmoideo». Daba miedo leer un vocabulario cuyos matices escapaban a nuestra comprensión. Especialmente perturbadores fueron los resultados de unos análisis de sangre: se advertía una alta presencia de CA-125, una proteína que aparece en grandes concentraciones con algunos cánceres. La prueba no era en absoluto concluyente —ese índice tan elevado puede deberse a otras muchas causas—, pero indicaba la posibilidad de un cáncer ovárico, como el que costó la vida a nuestra amiga Vivian.

Mientras acumulábamos información, hicimos también llamadas telefónicas. Hablé con una médico de la clínica Mayo, en Scottsdale, donde al cumplir los cincuenta años, en un derroche, me había sometido a un chequeo completo. Me sugirió lo evidente: el Centro de Cáncer MD Anderson de Houston o el Sloan-Kettering de Nueva York. Me puse en contacto con los dos centros y —lo que sería más importante— averigüé quién había tratado a Vivian. Su marido se deshacía en halagos acerca de su oncólogo, y cuando telefoneé a la consulta de este en Santa Fe, su secretaria nos hizo un hueco en la agenda.

Imaginen un cruce entre James Stewart y John Wayne, alto, delgado y ya de cierta edad —creo que llevaba botas camperas—, entrando parsimoniosamente y asumiendo el control. Con su naturalidad, resultaba tranquilizador, una persona que ya lo había visto todo. Hojeó los resultados de las pruebas. «Aquí en realidad no hay nada.» Dijo que era improbable que un cáncer ovárico hubiera formado metástasis en un ganglio linfático inguinal. Lo desconcertó la petición del edema de bario, programado para unos días después. «Esta prueba no sirve para nada», declaró. Le explicamos lo de la larga espera para la colonoscopia. Cogió el teléfono, llamó a uno de los dueños de la clínica y nos dieron hora para dos días después. «Vamos a curarla», afirmó. O al menos así lo recuerdo yo. En principio los oncólogos no tienen que hacer esa clase de comentarios. Resultó alentador que eso a él le importara un comino.

La colonoscopia dio un resultado negativo, y el paso final fue una tomografía por emisión de positrones. Santa Fe acababa de adquirir su propia máquina —ya no era necesario el viaje de una hora en coche hasta Albuquerque—, y Nancy fue casi la primera en la cola. La tomografía por emisión de positrones es un triunfo de la tecnología médica procedente del recóndito mundo de la física de partículas. El paciente ayuna la noche anterior para que las células del cuerpo estén famélicas. Cuando se inyecta un radiofármaco, glucosa con un trazador de radio, las células lo consumen ávidamente. Las células malignas, en rápido proceso de división, son especialmente voraces y se concentran en las moléculas radiactivas. Al desintegrarse, emiten positrones, partículas de antimateria que entran en colisión con los electrones y producen estallidos de rayos gamma. Estos son captados por un detector de centelleo, que a su vez emite destellos de luz. La parte inferior del útero de Nancy resplandecía por el festín que estaban dándose allí las células endometriales hiperactivas, descendientes de una única célula enloquecida, una célula que olvidó que formaba parte de una comunidad, que empezó a montárselo por su cuenta: un acto aislado de traición que se ha repetido una y otra vez desde que las primeras células arcaicas accedieron de mala gana a renunciar a su autonomía a cambio de las ventajas de la vida colectiva.

En los días posteriores al diagnóstico, comencé a informarme sobre cómo podía haber sucedido eso. Para comportarse en armonía, nuestras células intercambian continuamente señales químicas, departiendo sobre cuándo empezar a multiplicarse y crear tejido nuevo. Cuando una célula recibe esta información, reacciona enviando instrucciones a su núcleo, el controlador central, para que active la combinación apropiada de genes: para que pulse los botones adecuados, toque un arpegio con las teclas de un piano. Una célula cancerosa es una célula que, a partir de una decisión solipsista, se ha retirado de esa conversación. Sucesos aleatorios —desencadenados por un rayo cósmico, una sustancia química cancerígena o la pura mala suerte— debían de haber alterado el

57

ADN de una de las células de Nancy, induciéndola a perder el contacto con la realidad. Tal vez el problema había comenzado con la mutación de un gen que envía a la célula señales para indicarle que es hora de dividirse. Otra mutación podría haber modificado los receptores moleculares que responden a esas señales, volviéndolos hipersensibles. Preparados para reaccionar a la más mínima, se disparan prematuramente. En cualquier caso, la célula empieza a multiplicarse más deprisa que las células circundantes.

De hecho esta clase de error se produce continuamente. Por lo regular, no contraemos cáncer porque otros genes reaccionan al repentino arranque de actividad poniendo freno al crecimiento. Pero otra mutación puede provocar el fallo de esa salvaguarda. El núcleo de una célula recibe mensajes sin cesar, sopesa las pruebas y decide qué hacer a continuación. Los cálculos dependen de una maraña de cascadas moleculares: más cosas que pueden torcerse. Y se tuercen. Una y otra vez. Los errores se detectan y corrigen. El ADN se repara. Si eso falla, una célula puede percibir el revuelo interior y enviarse a sí misma señales de suicidio, eliminarse por el bien común. Pero otra mutación puede minar esa defensa.

Tal como todo esto suele describirse, da la impresión de que una única célula permanece inmóvil acumulando defectos a lo largo de los años. Intenté imaginar el proceso tal como es realmente, desplegándose de manera dinámica. Un impacto induce a una célula a dividirse repetidamente. Luego alguna de las muchas células de su progenie adquiere otra mutación, y la progenie de esta adquiere todavía más. Cuanto más ha vivido un linaje de células, más probable es que haya llevado las mutaciones al límite. Aun así, quedaría una barrera más contra el crecimiento descontrolado: un contador que supervisa y limita el número de veces que puede dividirse una célula. Con la mutación adecuada, una célula puede aprender a poner a cero la cuenta continuamente y convertirse en inmortal. Copiándose a sí misma una y otra vez, produce una masa de vástagos mutantes: un tumor.

Pero tampoco eso basta para provocar un cáncer. Se requieren más mutaciones para que la célula aprenda a invadir los tejidos circundantes y se convierta en maligna, no en benigna. Así y todo, el tumor puede crecer solo hasta alcanzar determinado tamaño —equivalente a la punta de un bolígrafo— antes de morirse de hambre o ahogarse en sus propios desechos. Para que el tumor siga expandiéndose, debe encontrar la manera de acceder al aparato circulatorio y chupar como un vampiro.

Con esta inyección de nutrientes, las células se multiplican más agresivamente que nunca, incrementando la probabilidad de nuevas mutaciones... o adaptaciones, desde el punto de vista de la célula cancerosa en desarrollo. Dicho fenómeno es lo que los ingenieros informáticos llaman «ensayo con generación aleatoria». Una vez eliminadas todas las restricciones, el genoma produce una variación tras otra: monstruos optimistas que pretenden obtener ventaja. Algunas variaciones pueden aprender a consumir energía de manera más eficiente, otras a tolerar entornos más inhóspitos, o a anular el sistema inmunológico. Por último, las más aptas desplegarán las velas en el torrente sanguíneo o en los conductos linfáticos y explorarán nuevos territorios.

Mientras pensaba en esto, me sentí atraído en direcciones opuestas. Con tantos mecanismos de control y equilibrio, una persona tiene que ser muy desafortunada para contraer cáncer. Aunque, claro está, con tantas cosas como pueden torcerse, es asombroso que el cáncer no se produzca en todo momento.

3

Los consuelos de la antropología

Cuando Louis Leakey se sentó a explicar el descubrimiento de lo que podría ser el primer indicio de cáncer en el género *Homo*, lo primero que recordó fue el barro. Era el 29 de marzo de 1932, demediada ya la tercera expedición arqueológica en África Oriental, y llovía desde hacía tanto tiempo y tan intensamente que tardaron cuatro horas en recorrer en coche los siete kilómetros desde el campamento de Kanjera, cerca de la orilla del lago Victoria, hasta los lechos fósiles de Kanam oeste. Para cuando él y su equipo acabaron el lento recorrido, estaban cubiertos de barro, y poco tiempo después Leakey, que justo entonces iniciaba una insigne carrera como antropólogo, rastreaba a cuatro patas el suelo en busca de huesos recién salidos a la superficie.

Desenterraba con sumo cuidado los restos de un cerdo extinto en el lodazal cuando uno de sus trabajadores kenianos, Juma Gitau, se acercó con un diente roto que acababa de extraer de una pared rocosa. Un *Deinotherium*, advirtió Leakey, una criatura prehistórica parecida al elefante, que deambuló por África en tiempos muy remotos. Gitau regresó en busca de más restos, y mientras raspaba la superficie de la pared, se desprendió una pesada porción de arcilla calcificada. La disgregó con su pico para ver qué contenía: más dientes, pero no de *Deinotherium*. Estos parecían lo que un dentista reconocería como premolares humanos, todavía fijados en el hueso, pero procedían de una capa de sedimentos depositados —calculó Leakey— en el pleistoceno inferior, hace aproximadamente un millón de años.

Ya en la Universidad de Cambridge, su base de operaciones, la mandíbula de Kanam pronto causó sensación. Era «no solo el fragmento humano más antiguo conocido procedente de África —proclamó—, sino el fragmento más antiguo de un verdadero *Homo* descubierto en cualquier lugar del mundo». Por aquel entonces era un tanto radical afirmar que el hombre se había originado en África, no en Asia, donde se habían hallado restos de antepasados primordiales como el hombre de Java y el hombre de Pekín. Debían de ser aproximadamente de la misma época que el hombre de Kanam, pero Leakey consideraba que los rasgos de aquellos otros ofrecían un aspecto más simiesco. La mandíbula de Kanam, a ojos suyos, presentaba características más modernas, incluidos los restos de un mentón de apariencia humana, prueba de que el *Homo sapiens*, y no solo sus parientes de mandíbula caída, era mucho más antiguo de lo que antes se creía. Las diferencias de forma de los dientes llevaron a Leakey a pensar que el hombre de Kanam pertenecía a una especie un poco distinta: el *Homo kanamensis*. Era, insistió, el precursor directo de todos nosotros.

Como muchos de los motivos de entusiasmo de Leakey, este acarreó controversia. Según uno de sus detractores, el espécimen parecía «demasiado» moderno, se trataba de una mandíbula más reciente que el agua había arrastrado hasta un entorno mucho más antiguo. En años posteriores, los antropólogos especularon con la posibilidad de que lo que para Leakey era el *Homo kanamensis* quizá fuera en realidad un pariente más lejano como el *Australopithecus*, el hombre de Neanderthal, u *Homo habilis*. Más recientemente otros han acabado creyendo que el espécimen podría ser del pleistoceno medio o superior, lo cual lo situaría no más allá de los 700.000 años de antigüedad. Fuera cual fuese su pedigrí o época exacta, el hombre de Kanam no se distingue ya por su antigüedad, sino por un crecimiento anormal en el lado izquierdo de la mandíbula.

En el momento del descubrimiento, se consideró una pega, algo que quitaba valor al hallazgo de Leakey. Este trabajaba en su taller del St. John's College, en Cambridge, limpiando cuidadosamente el espécimen, cuando notó un bulto. Pensó que era una piedra. Pero siguió hurgando y vio que el bulto formaba parte de la mandíbula fosilizada. La mandó a un especia-

61

lista en anomalías maxilares del Real Colegio de Cirujanos de Londres, que diagnosticó un sarcoma óseo.

Se apreciaba asimismo una tenue fractura en la mandíbula, producida mucho tiempo antes de la muerte, lo suficiente para llegar a soldarse. Puede que fuera esa, dedujo el médico, la causa inicial del cáncer. Al percibir el traumatismo, las células óseas, como ocurre a veces, empezaron a dividirse rápidamente para sustituir el tejido muerto. Y en algún punto —las probabilidades son mínimas—, este proceso cuidadosamente controlado se torció. Se produjeron células nuevas más que suficientes para sanar la herida, pero estas no supieron cuándo detenerse. Por algún error de cálculo biológico, las células se dividieron y dividieron, propagándose más allá de la fisura. Por verosímil que pareciera, no eran más que especulaciones. No se ha establecido que las fracturas óseas sean un desencadenante del osteosarcoma. Normalmente no se observa ninguna causa evidente. Al margen de cómo empiece el cáncer, a menudo se extiende a los pulmones. Si el diagnóstico es correcto —algunos han expresado sus dudas—, ese podría haber sido el motivo de la muerte del hombre de Kanam.

Encontré la primera mención de la mandíbula de Kanam en un artículo histórico sobre la cronología del cáncer publicado en Internet. Eso me llevó a escarbar en los antiguos textos de Leakey, y tras unos cuantos intercambios por correo electrónico, localicé el fósil en el Museo de Historia Natural de South Kensington, Londres, donde llevaba décadas almacenado. Por lo que averigüé, nunca se había expuesto. De vez en cuando el espécimen abandonaba el estante para ser sometido a examen. El antropólogo Ashley Montagu, tras analizarlo en 1956, afirmó que el tumor era tan grande y desfiguraba de tal modo que era imposible saber cómo fue en su día el mentón del hombre de Kanam. No obstante, otros detalles anatómicos lo persuadieron de que el fósil presentaba a todas luces un aspecto humano. Otro antropólogo discrepó, llegando a la conclusión de que lo que Leakey consideraba el mentón formaba parte del tumor.

Y así empezó la polémica. Un oncólogo londinense, George Stathopoulos, aventuró la hipótesis de que el tumor tal vez no fuera un osteosarcoma, sino otra forma de cáncer totalmente distinta, el linfoma de Burkitt, un tumor maligno del sistema linfático hoy día endémico entre los niños del África Central, que a menudo daña el hueso. Otros no estaban tan seguros. La osteomielitis, una infección crónica, también puede generar excrecencias óseas. Pero Don Brothwell, en su libro *Diseases in Antiquity*, un clásico sobre patología antigua, determinó que la anomalía del hombre de Kanam era demasiado gruesa y se hallaba demasiado extendida para deberse a una infección. Al igual que los colegas de Leakey, se decantó por el diagnóstico de cáncer óseo. En fecha tan cercana como 2007, unos científicos que examinaron la mandíbula con un microscopio electrónico conjeturaron que la fisura había sido en efecto la causa de que el «hueso se descontrolara», pero no se pronunciaron acerca de la naturaleza de la enfermedad.

Yo deseaba ver el espécimen con mis propios ojos, y un día de primavera llegué, previa cita, a la entrada de personal e investigadores del museo, en Exhibition Road. El vigilante sentado tras la mesa avisó por teléfono a Robert Kruszynski, conservador de paleontología de vertebrados. «Dice que se reúna con él junto al perezoso gigante.» Este no fue difícil de localizar. Medio erguido sobre las patas traseras, el esqueleto de escayola del animal se alzaba por encima de las cabezas de los visitantes del museo, dispuesto a dar un bocado a la copa de un árbol artificial. Llevaba así 161 años, desde que se montó a partir de los huesos de dos o más especímenes sudamericanos y se expuso. A mis espaldas había toda una pared con fósiles de *Ichthyosaurus* en vitrinas. Mientras los examinaba, maravillado por cómo se reproduce en el mundo vertebrado la misma arquitectura ósea, se abrió una puerta en un ángulo de la sala. Salió por ella el señor Kruszynski, me saludó y me acompañó al sanctasanctórum del museo.

En una mesa, junto a una ventana, estaba la caja de cartón marrón que él había sacado del almacén del museo. La etiqueta escrita a mano identificaba el contenido:

M 16509

MANDÍBULA DE KANAM

La «M» era de «mamífero». En el ángulo superior derecho de la etiqueta tenía dos adhesivos de colores —un símbolo so-

63

lar rojo y, debajo, una estrella azul—, indicando que el espécimen de la caja había sido analizado en diversas ocasiones por medio de radioensayo y radiografías. El señor Kruszynski la destapó con cautela. Dentro había una caja menor, de madera de balsa y cartón, cubierta con una tapa de cristal, y dentro de esta se hallaba la mandíbula de Kanam.

La colocó en una almohadilla, de doble capa para protegerla de la superficie dura de la mesa. «Todo suyo», dijo, y se fue a buscar otro fósil que yo deseaba ver: un fémur hallado en Standlake, Inglaterra, dentro de una tumba sajona de la alta Edad Media, con una enorme excrecencia que también había recibido el diagnóstico de tumor óseo canceroso.

Creía que tendría que conformarme con echar un vistazo a la mandíbula de Kanam. No esperaba que me dejaran solo con ella y pudiera sostenerla en la mano. Era de color marrón oscuro, sorprendentemente densa y pesada. Eso no debería haberme extrañado. En realidad era piedra, hueso petrificado. En otro tiempo había formado parte de un hombre prehistórico, un protohombre. Seguían en su sitio dos dientes amarillentos, y se advertía un profundo agujero allí donde estuvo la raíz de otro.

Justo por debajo de este, en la curva interior izquierda de la mandíbula, se encontraba el tumor. Era mayor de lo que yo preveía, y me recordó perversamente a un tipo de caramelo de mi infancia llamado «rompemuelas». Presentaba asimismo un leve abultamiento en el lado exterior de la mandíbula, y entendí por qué se discutía interminablemente sobre si eso formaba parte de un tumor o de un mentón. Vi el lugar donde Leakey había realizado una incisión (algunos de sus colegas consideraron esto un sacrilegio) a fin de extraer una sección para su posterior análisis. Casi pude representarme el resto de la cabeza, sus ojos de mirada vacía suplicando alivio ante ese inexplicable dolor.

El señor Kruszynski regresó al cabo de media hora para ver cómo me iba con el fósil. «No lo acerque demasiado al borde», advirtió. De pronto advertí que la almohadilla protectora colocada en la mesa se deslizaba hacia mi regazo y comprendí con qué facilidad habría podido acabar en el suelo la mandíbula de Kanam al menor movimiento brusco.

Al final, el señor Kruszynski no encontró el fémur canceroso por el que me había interesado. «Otra vez será», dijo. Los almacenes del museo estaban en reformas, explicó, y por lo visto el hueso se había extraviado junto con el resto del esqueleto, todo excepto el cráneo. Lo sacó de la caja y me permitió sostenerlo por un momento —tan ligero en comparación con el hueso petrificado—; luego me acompañó a la parte pública del museo, al otro lado de la barrera. Cientos de visitantes de todas las edades recorrían los pasillos. Algunos inevitablemente contraerían cáncer, o lo contraería algún ser querido suyo. Me pregunté si alguien había ido allí por el hombre de Kanam.

No se ha escrito gran cosa acerca de la oscura disciplina de la paleoncología. Aunque se llevaban a cabo investigaciones esporádicamente desde hacía décadas, la palabra no se introdujo en la literatura especializada hasta 1983, cuando un reducido grupo de oncólogos (del griego *onkos*, que significa «masa» o «carga») griegos y egipcios empezaron a planear un simposio sobre el cáncer humano en épocas antiguas. El encuentro se celebró al año siguiente durante un viaje entre la isla de Rodas y la isla de Kos, donde nació Hipócrates. De ahí salió un librito de tirada muy corta, elegantemente publicado: *Paleo-Oncology*. Me consideré afortunado al encontrar un ejemplar a través de Internet por cien dólares. De cincuenta y ocho páginas, tiene las tapas azules con letras doradas y el dibujo de un cangrejo bajo el título. En griego, cangrejo es *karkinos*, e Hipócrates, en el siglo V a.C., utilizó la palabra —se convirtió en la raíz de «cancerígeno» y «carcinoma»— para referirse a la afección cuyo nombre latino es cáncer.

No se sabe con exactitud por qué eligió ese nombre. Unos seiscientos años después, Galeno de Pérgamo especuló sobre la etimología: «Del mismo modo que el cangrejo está provisto de pinzas a ambos lados del cuerpo, en esta enfermedad las venas que se extienden desde el tumor forman, junto con este, una figura muy semejante a la del cangrejo». La anécdota se repite en casi todos los textos de historia sobre el cáncer. Sin embargo muy pocos tumores parecen cangrejos. Pablo de Egina, un griego bizantino del siglo VII, planteó que la metáfora debía interpretarse de manera más abstracta: «Algunos sostienen que [el cáncer] se llama así porque se adhiere con gran tenacidad a la parte de la que se adueña, que, como ocurre con el cangrejo, no puede separarse de ella más que con gran dificultad». La palabra *karkinoi* también se aplicaba a las herramientas prensiles, como el calibrador.

Una derivación muy distinta, y casi olvidada, se debe a Louis Westenra Sambon, un parasitólogo británico que, antes de morir en 1931, centró su atención en el estudio del cáncer. Existe un parásito, *Sacculina carcini*, que se alimenta de los cangrejos con una voracidad inquietantemente similar a la de un tumor canceroso. El proceso se describió en 1936 en un informe del patólogo sir Alexander Haddow presentado ante la Real Sociedad de Medicina:

> Se adhiere al cuerpo de un cangrejo joven y se desprende de toda su economía excepto una pequeña porción de células vitales. Estas penetran en el cuerpo del huésped y se establecen en la parte inferior de su intestino, justo debajo del estómago. Aquí, rodeadas de una nueva cutícula, adquieren la forma de «sacculina interna», y como un almácigo de judía al germinar, proceden a irradiar unas ventosas con delicadas ramificaciones que, como raíces, se propagan por todas las partes de la anatomía del cangrejo para absorber la nutrición. Al aumentar de tamaño, el parásito presiona las paredes inferiores del abdomen del huésped, causándoles atrofia, de modo que cuando el cangrejo muda, queda un agujero en esta región correspondiente en tamaño al cuerpo del parásito. A través de esta abertura, el cuerpo semejante a un tumor asoma por fin y se convierte en la «sacculina externa» madura, preparada ya para reproducirse y dejar ir a sus larvas a aguas abiertas.

Mucho antes de los tiempos de Galeno, los discípulos de Hipócrates, comiendo cangrejos, quizá notaran las similitudes entre la forma en que el parásito invade a su huésped y la manera en que el cáncer forma metástasis.

Sea cual sea la razón del nombre, los textos griegos antiguos describen lo que parece cáncer de útero y de mama. Impulsados por la fe en la magia simpática, algunos médicos trataban los tumores colocando encima un cangrejo vivo. También recomendaban polvos y ungüentos (a veces a base de cangrejo pulverizado) o la cauterización (cerraban la úlcera quemando). En cuanto a los pacientes con tumores internos, Hipócrates advertía que lo mejor era no tocarlos: «Con tratamiento no tardan en morir, en tanto que sin tratamiento viven durante largo tiempo». Este es uno de los principios del juramento hipocrático: «Evitaré todo mal».

Con Galeno las referencias son aún más precisas. Escribió un libro sobre los tumores e incluyó los malignos en una categoría de excrecencia llamada *praeter naturam* —preternatural—, que significa ajeno a la naturaleza. El carcinoma, escribió, es «un tumor maligno y endurecido, ulcerado o no ulcerado». Descubrió que el cáncer de mama era el más corriente y se daba con mayor frecuencia después de la menopausia. (En contradicción con lo que piensan los oncólogos modernos, escribió que las mujeres con menstruaciones regulares no contraen cáncer.) Escribió sobre el cáncer uterino, intestinal y anal, y el cáncer de paladar. A veces, como otros autores griegos, utiliza la palabra *therioma*, «bestia salvaje», en el sentido de maligno. «Hemos curado el cáncer en su primera fase, pero el que alcanza un tamaño considerable, sin cirugía, nadie lo ha curado.»

El cirujano medieval Abú al-Qasim al-Zahrawi no tuvo más suerte: «Cuando un cáncer se ha prolongado durante mucho tiempo y es grande, no hay que acercarse a él. Yo nunca he podido salvar a un paciente de esta clase, ni he visto a nadie que lo haya conseguido».

Ahora las cosas no son muy distintas.

Tiene algo de reconfortante saber que el cáncer ha estado siempre entre nosotros, que no es todo culpa nuestra, que uno puede tomar todas las precauciones y aun así dispararse algo en los resortes genéticos. Normalmente los microdaños tardan décadas en acumularse: el 77 por ciento del cáncer se diagnostica en personas mayores de 55 años. En siglos pasados, con una esperanza de vida situada entre los treinta y los cuarenta años, encontrar cáncer en el registro fósil equivale a ver un ave poco común. La gente moría de cualquier otra cosa antes de que pudiera aparecer el cáncer. Sin embargo, pese a las escasas probabilidades, siguen descubriéndose casos, algunos documentados tan gráficamente que uno casi imagina las vidas destrozadas de quienes lo padecieron.

Después de mi visita a Londres, el Museo de Historia Natural me envió fotografías del esqueleto sajón cuyo fémur tumoroso yo tenía la esperanza de examinar. Había leído que la excrecencia era grande —25 centímetros verticalmente por 28 horizontalmente—, pero me sorprendió ver lo que parecía una pelota de baloncesto injertada en la pierna del joven. El tumor muestra una propagación en forma de rayos solares que los patólogos reconocen como indicio de osteosarcoma. Aparece con mayor frecuencia en los adolescentes cuyas extremidades experimentan estirones inducidos por las hormonas, una prueba más de una de las pocas reglas establecidas del cáncer: cuanto mayor es la frecuencia en que se dividen las células, más probabilidad existe de que se produzcan mutaciones. Una determinada combinación lleva a la malignidad. El osteosarcoma es tan poco común que habría que analizar los huesos de decenas de miles de personas para encontrar una sola muestra. Aun así, siguen apareciendo casos antiguos.

Se observan indicios de este cáncer en un hombre de la Edad del Hierro en Suiza y un visigodo del siglo V en España. Un osteosarcoma descubierto en un cementerio medieval de la Selva Negra, en el sur de Alemania, destruyó la parte superior de la pierna de un niño y le royó la articulación de la cadera. Las excrecencias óseas en la pared superior de la órbita ocular indicaban anemia, que pudo ser efecto del cáncer. Los autores del informe especularon sobre la posible causa: la contaminación procedente de una mina de plomo y plata de las inmediaciones. El cáncer en niños es especialmente difícil de aceptar, incluso en uno de hace nueve siglos, y el texto concluía con un comentario conmovedor: «Sin duda el tumor provocó al niño una muerte dolorosa». Pese a que por aquel entonces la mortalidad infantil era muy alta, observaron los autores, los niños que superaban los primeros años podían vivir hasta pasados los cuarenta. Pero no fue ese el caso. «La llama de la vida en el niño afectado se extinguió justo cuando había sobrevivido a los primeros años de gran mortalidad infantil.»

Quizá servía de consuelo creer que existía una razón: envenenamiento metálico debido a una mina. Pero nadie sabe qué causa el osteosarcoma. En aquella época, como ahora, unos cuantos casos eran probablemente hereditarios, atribuibles a anomalías cromosómicas. En fechas más recientes las especulaciones giraron por un tiempo en torno al agua tratada con flúor y, más verosímilmente, la radiación: por tratamientos terapéuticos para otras enfermedades o por exposición a isótopos radiactivos como el estroncio-90, que se propaga con la lluvia radiactiva. El estroncio aparece justo debajo del calcio en la tabla periódica e imita su comportamiento, incorporándose íntimamente al hueso. Pero la mayoría de las veces el osteosarcoma acomete sin razón aparente, y para los padres es como intentar entender algo tan inexplicable como la caída de un meteorito.

Otro tumor maligno, el carcinoma nasofaríngeo, que afecta la membrana mucosa de la nariz, puede causar lesiones en el hueso contiguo, y se han encontrado indicios en esqueletos del antiguo Egipto. La cara de una mujer quedó prácticamente destruida, e intenté imaginar su paso tambaleante por la vida. «El gran tamaño del tumor, que provocó una destrucción tan extensiva, induce a pensar en un proceso relativamente largo», observó Eugen Strouhal, el antropólogo checo que documentó el caso. «Según parece, la paciente sobrevivió durante un tiempo considerable, y sin duda padeció dolor y otros síntomas. La supervivencia habría sido imposible sin la ayuda y atenciones de los congéneres de la paciente.» Este es otro caso en que los horrores del cáncer traspasaron el monótono barniz de la prosa científica.

El mieloma múltiple, un cáncer de las células plasmáticas en la médula ósea, puede dejar huellas en el esqueleto. Se encontraron rastros en el cráneo de una mujer que vivió en la Edad Media. Las células plasmáticas forman parte del sistema inmunológico, y cuando se comportan con normalidad, producen unos anticuerpos llamados inmunoglobulinas. En el mieloma múltiple se genera un tipo de inmunoglobulinas a costa de los demás. Un análisis detectó anticuerpos que los

69

investigadores consideraban una confirmación de la enfermedad.

El osteosarcoma, el carcinoma nasofaríngeo, el mieloma múltiple... son todos cánceres primarios, aquellos que se descubren en su lugar de origen. Por sí solos debilitan mucho. La mayoría de los cánceres esqueléticos proceden de metástasis que se originan en otra parte. También son los que aparecen con mayor frecuencia en el registro fósil, y con resultados devastadores. El cáncer óseo metastásico se ha descubierto en tumbas egipcias, en una necrópolis portuguesa, en una tumba prehistórica del valle del río Tennessee, en los huesos de un leproso hallados en un cementerio medieval de Inglaterra. El esqueleto de una mujer de 31 años, enterrada cerca de la Torre de Londres, presentaba lesiones por metástasis. Incluso conocemos su nombre por una placa de plomo en el ataúd: Ann Sumpter. Murió el 25 de mayo de 1794.

En 2001 unos arqueólogos excavaron un túmulo funerario de 2.700 años de antigüedad en la república rusa de Tuva, donde en otro tiempo cabalgaron atronadoramente por las estepas euroasiáticas los escitas, unos jinetes nómadas cuyos caudillos se engalanaban con exquisitas vestiduras de oro. Después de traspasar dos techos de madera, los científicos encontraron una cámara subterránea. En el suelo, recubiertos con una manta de fieltro negra, había dos esqueletos. Acurrucados como amantes, tanto el hombre como la mujer vestían los restos de sus galas regias. El hombre llevaba en el cuello una maciza argolla de oro trenzado decorada con una cenefa de panteras, íbices, camellos y otros animales. Cerca de su cabeza se hallaron fragmentos de una corona: cuatro caballos y un ciervo de oro. Panteras doradas, más de 2.500, ornaban su capa. Su riqueza no pudo salvarlo. En el momento de la muerte —contaba en apariencia más de cuarenta años— tenía el esqueleto infestado de tumores. Un análisis patológico, incluido un minucioso examen con microscopio electrónico, puso de manifiesto que el carácter de las lesiones y su dispersión eran propios del cáncer de próstata metastásico. Las pruebas bioquímicas revelaron altos niveles del antígeno prostático específico, o PSA. Pese a todos los falsos positivos que pueden generar estas pruebas, este resultado al parecer era auténtico.

Se ha diagnosticado un cáncer de próstata con metástasis en la pelvis parcialmente incinerada de un romano del siglo I y en un esqueleto de un cementerio de Canterbury del siglo XIV. Mientras que el cáncer de próstata tiende a ser osteoblástico, añadiendo masa no deseada al esqueleto, el cáncer de mama es osteolítico, royendo el hueso cual polilla. De todos los cánceres, el de próstata y el de mama son los que muestran un apetito más voraz por el tejido esquelético. Según el sexo de la víctima, estos cánceres son la primera opción diagnóstica cuando se detectan metástasis óseas.

Una mujer de mediana edad con lesiones osteolíticas fue exhumada en los Andes septentrionales de Chile, donde había muerto en torno al año 750. Su momia disecada fue enterrada dentro de una envoltura junto con sus posesiones: tres camisas de lana, unas cuantas plumas, mazorcas, una cuchara de madera, una calabaza hueca y un crisol metálico. No era precisamente una reina escita. Llevaba el pelo recogido en una larga trenza hasta la cintura atada con un cordel verde. Presentaba lesiones en la columna vertebral, el esternón y la pelvis. En lo alto del cráneo, el cáncer le había abierto un orificio irregular de 35 milímetros de diámetro. El cáncer se había alimentado de su fémur derecho, acortándole la pierna.

También se encuentran lesiones osteolíticas en hombres. Se propagaron por todo el esqueleto de un cazador-recolector del holoceno tardío exhumado en la Pampa argentina. Los hombres contraen cáncer de mama, pero muy rara vez. El cáncer de pulmón también puede dejar marcas osteolíticas, pero se cree que fue muy poco común antes del tabaco. El diagnóstico del cazador-recolector quedó en el aire. Fue otro caso de lo que los oncólogos describen como «primario desconocido».

Estas palabras aún me obsesionan cuando pienso en las semanas que transcurrieron antes de hallarse el origen de la metástasis de Nancy. Como el 90 por ciento de los cánceres humanos, era un carcinoma. Es lógico que estos sean los más comunes. Los carcinomas aparecen en los tejidos epiteliales que revisten los órganos y las cavidades del cuerpo y que nos envuelven con piel. A medida que se desgastan las capas debido al paso de los alimentos y los desechos o la exposición a los elementos, las células exteriores mueren. Las células de debajo deben dividirse para crear sustitutas. Y a cada división se producen errores en la copia de los genes: mutaciones espontáneas o causadas por carcinógenos presentes en la comida, el agua y el aire. En los niños, que empiezan a sobrellevar el desgaste propio de la vida, solo una pequeña proporción de los cánceres son carcinomas.

Cuando se trata de localizar el origen de un cáncer antiguo, los carcinomas primarios casi siempre se han perdido con la descomposición de los tejidos. Y aquellos que formaron metástasis a menudo debieron de pasar primero al pulmón o al hígado, matando a la víctima antes de que quedara huella en los huesos. En los papiros médicos egipcios se hacen alusiones ambiguas a «hinchazones» y «corrosiones», y se han conservado algunas pruebas en las momias. Se confirmó un carcinoma rectal en una momia de 1.600 años de antigüedad por medio de un análisis celular del tejido. A otra momia se le diagnosticó un cáncer de vejiga. En otras partes del mundo, un raro tumor muscular llamado rabdomiosarcoma fue hallado en la cara de un niño chileno que vivió entre los años 300 y 600. En Perú, dos patólogos notificaron la presencia de un melanoma metastásico en la piel y el tejido óseo de nueve momias incas precolombinas. En una caprichosa digresión, citan una oda del siglo XVIII en loa de los lunares femeninos y luego comentan irónicamente: «En tanto que [el poeta] se enardecía, al igual que sus contemporáneos, ante la belleza de los lunares de una dama, nosotros —unos 240 prosaicos años después—, no experimentamos la menor emoción romántica por ellos. No nos han dado más que problemas».

Otras pruebas de cáncer en la antigüedad quizá fueran destruidas por el carácter invasivo de los rituales de embalsamamiento egipcios. Al preparar a un faraón para el tránsito a la otra vida, el primer paso era extraer la mayor parte de los órganos. El cerebro se sacaba por la nariz. El torso se abría para extraer los órganos abdominales y pectorales (a excepción del corazón, que se consideraba necesario para el viaje etéreo). Cada órgano se envolvía en paño de hilo empapado en resina y luego volvía a colocarse dentro del cuerpo o en lo que se conocía como vaso canópico. Había otras variantes. Para ralentizar el proceso de descomposición a veces se inyectaba una solución semejante a la trementina en forma de enema para disolver el tracto digestivo.

Pero los tumores embalsamados pueden sobrevivir. Tratado con más delicadeza, el cuerpo momificado de Fernando I de Aragón, que murió en 1494 con poco más de sesenta años, albergaba un adenocarcinoma con metástasis en los músculos de su pequeña pelvis. Unos quinientos años después de su muerte, un estudio molecular reveló un error tipográfico en el código de ADN que regula la división celular —una G se había convertido en A—, mutación genética relacionada con el cáncer colorrectal. Quizás esto lo provocó, especulaban los autores, la abundancia de carne roja servida en la corte real. O bien pudo ser igualmente un rayo cósmico errante. En total conté unos doscientos casos de supuesto cáncer en el registro arqueológico. Al igual que con los dinosaurios, me quedé con la duda de cómo era de grande el iceberg que flotaba bajo la punta. Las momias son una curiosidad, y la mayoría de las pruebas esqueléticas han sido descubiertas por casualidad. Los antropólogos han empezado a buscar cáncer realmente solo en fecha reciente con tomografías, radiografías, ensayos bioquímicos y sus propios ojos. Lo que nunca verán, ni siquiera en hueso, son los indicios perdidos por los cambios tafonómicos. Al excavar y transportar los restos esqueléticos, pueden borrarse las marcas sin querer. Debido a las lesiones osteolíticas que corroen el hueso, un espécimen puede desintegrarse y desaparecer. Con la erosión, la descomposición y la acción de los roedores, los cambios tafonómicos también podrían crear la ilusión óptica de una metástasis —pseudopatología—, posibilidad que debe tenerse en cuenta junto con diagnósticos alternativos como la osteoporosis y las enfermedades infecciosas. Pero en suma parece lógico que haya muy poca constancia de pruebas de cáncer en la antigüedad. Al fin y al cabo, la mayoría de los esqueletos están incompletos. Existe mayor probabilidad de que las metástasis aparezcan en ciertos huesos como la pelvis, las vértebras, el fémur y el cráneo. Otros rara vez se ven afectados. Nadie puede saber si un hueso perdido era casualmente el canceroso.

Con la esperanza de abrirse camino entre la incertidumbre, Tony Waldron, un paleopatólogo del University College de Londres, intentó formarse una idea de qué proporción de cáncer cabía esperar que encontraran los arqueólogos. Primero necesitaba una estimación, por imprecisa que fuese, de la frecuencia con que podían presentarse los tumores primarios en épocas anteriores. No había mucho en qué basarse. Los datos más antiguos mínimamente fiables eran las causas de defunción consignadas en el registro civil de Gran Bretaña entre los años 1901 y 1905. Utilizando esto como punto de referencia, tomó en consideración la probabilidad de que diversos cánceres acabaran cebándose en el esqueleto, donde podían ser identificados. Las cifras, una serie de aproximaciones, procedían de autopsias modernas. Para el cáncer colorrectal, las probabilidades eran bajas, entre el 6 y el 11 por ciento, como lo eran para el cáncer de estómago, entre el 2 y el 18 por ciento. En la franja alta estaban el cáncer de mama (entre el 57 y el 73 por ciento) y el de próstata (entre el 57 y el 84 por ciento).

A partir de estas y otras consideraciones, Waldron calculó que (en función de la edad en el momento del fallecimiento) la proporción de cánceres en una colección de huesos antiguos oscilaría entre el 0 y el 2 por ciento para los hombres y el 4 y el 7 por ciento para las mujeres. Por más empeño que se pusiera en la búsqueda, los casos de cáncer antiguo serían pocos, incluso si el índice fuera tan alto como el de la Gran Bretaña industrial. Para verificar si sus cifras eran verosímiles, las cotejó con los restos de 623 personas enterradas en una cripta de la Iglesia de Cristo de Spitalfields, en el East End de Londres, entre 1729 y 1857. Basándose exclusivamente en la inspección visual, encontró un caso de carcinoma entre las mujeres y ninguno entre los hombres. Eso estaba dentro del rango de su fórmula, razón para pensar que no andaba muy desencaminado.

El siguiente paso fue cotejar las predicciones con poblaciones mucho más numerosas y de mayor edad: 905 esqueletos bien conservados enterrados en dos yacimientos egipcios entre 3200 y 500 a.C. y 2.547 esqueletos colocados en un osario en el sur de Alemania entre 1400 y 1800. (El cementerio de la iglesia era tan pequeño y estaba tan atestado que los restos, en cuanto se descomponían, se retiraban periódicamente y se almacenaban.) Confirmando los diagnósticos por medio de radiografías y tomografías, unos patólogos de Múnich encontraron cinco cánceres en los esqueletos egipcios y trece en los alemanes, más o menos lo que predecían los cálculos de Waldron. Pese a las muchas diferencias entre la vida en el antiguo Egipto, la Alemania de la Reforma y la Gran Bretaña de principios del siglo XX, la frecuencia del cáncer parecía más o menos la misma.

Desde entonces el mundo se ha vuelto más complejo. La longevidad ha aumentado junto con la fabricación de cigarrillos. Las dietas han cambiado drásticamente y el mundo está plagado de sustancias sintéticas. El sistema médico ha mejorado en la detección del cáncer. Los epidemiólogos intentan aún desenmarañar todos los hilos. Sin embargo, por debajo de la superficie, hay un índice básico de cáncer, el legado de ser criaturas pluricelulares en un mundo imperfecto. No existen pruebas convincentes de que esta línea basal sea ahora muy distinta.

Mientras seguía inmerso en los misterios de la paleoncología, cené con una amiga, una científica de treinta y tantos años que recientemente se había sometido a un tratamiento de cáncer de mama. Como mucha gente, ella sospechaba que ahora hay mucho más cáncer que en el pasado, y unas semanas después me envió una referencia a un artículo que acababa de aparecer en *Nature Reviews Cancer* en el que dos egiptólogos llegaban a la conclusión de que «los tumores malignos son sorprendentemente poco comunes en tiempos antiguos». En un comunicado de prensa de su universidad, uno de los autores, A. Rosalie David, afirmó lo siguiente:

> En las sociedades industrializadas, el cáncer es la segunda causa de muerte por detrás solo de los accidentes cardiovasculares. Pero en la antigüedad era muy infrecuente. No hay nada en el medio ambiente natural que pueda causar cáncer, así que debe de ser una enfermedad provocada por el hombre, atribuible a la contaminación y los cambios en la dieta y la forma de vida.
>
> [...] Podemos hacer afirmaciones muy claras acerca de los índices de cáncer en las sociedades porque tenemos una visión general completa. Hemos estudiado milenios, no solo siglos, y disponemos de multitud de datos.

En Internet, las webs de noticias se abalanzaron sobre esta información: «El cáncer es una enfermedad provocada por el hombre». «La cura contra el cáncer: vivir en la antigüedad.» A esas alturas yo creía estar ya familiarizado con la literatura sobre el tema. ¿Existía alguna nueva prueba importante que hubiera resuelto las ambigüedades? Era un error garrafal afirmar que nada en el medio ambiente natural puede causar cáncer. ¿Qué ocurre entonces con la luz solar, el radio, la aflatoxina, el virus de la hepatitis, el virus del papiloma? Accedí una y otra vez a la página de la universidad, dando por supuesto que introducirían una corrección. Nunca la hubo.

El artículo en sí resultó ser más serio y especializado, y cuando lo revisé línea por línea, vi que no contenía nada nuevo. Los autores se habían basado en el mismo corpus de investigación en el que yo me había abierto paso todo el invierno y habían dado su propia interpretación. Si bien doscientos casos de cáncer documentados al azar son una cantidad significativa para la mayoría de los paleopatólogos, algunos interpretan la cifra en términos absolutos e imaginan un pasado idílico sin cáncer: un mundo donde era mucho menos probable que los niños contrajeran osteosarcoma o que incluso los muy ancianos contrajeran un cáncer de mama o próstata o cualquiera de los que nos preocupan hoy día. Un mundo libre de la agresión de los tiempos modernos. Uno puede encontrar consuelo en el fatalismo, la idea de que el cáncer es una parte inevitable del proceso biológico. Pero hay también un consuelo en creer que los humanos, por sus propios medios, han aumentado la probabilidad de cáncer: no es inconcebible que pueda deshacerse lo que una criatura con libre albedrío ha creado. Y si no es posible, al menos tenemos a alguien a quien culpar.

Mientras iba y venía entre estos puntos de vista contrapuestos, recordé una ilusión óptica que en un momento dado parece una hermosa joven y poco después parece una bruja de nariz torcida. Con tan poca información en que basarse, la gente ve lo que tiene la esperanza de ver.

Intentando ver las cosas con perspectiva, me pregunté qué proporción de la pila de huesos humanos se había cogido realmente. Pedí a tres antropólogos que calcularan el número total de esqueletos antiguos y prehistóricos descubiertos a lo largo de los años y puestos a disposición de los científicos de todo el mundo para su estudio. Quizás unos 250.000, me dijeron, no mucho más que la población de una ciudad pequeña. Eso incluye esqueletos parciales, y a menudo solo cráneos, que eran los únicos huesos que muchos antropólogos de los primeros tiempos consideraron dignos de guardarse. Muy pocos especímenes se han examinado en busca de cáncer.

Tómese este número y compárese con el número total de personas que han vivido y muerto. Un demógrafo del Departamento de Referencia Demográfica hizo un cálculo aproximado. En el año 1 de nuestra era, la población acumulativa de la Tierra se acercaba ya a los cincuenta mil millones, y en 1850 el número casi se había duplicado, alcanzando los cien mil millones. Me sorprendió la magnitud. En eso queda la generalizada idea de que ahora vive tanta gente como la que nos ha precedido en su conjunto.

Si dividimos 250.000 esqueletos por cien mil millones de personas, obtenemos unas pocas diezmilésimas del uno por ciento. Ese es poco más o menos el tamaño de la muestra en la que se fundamenta nuestro conocimiento del cáncer antiguo: un Rorschach con pocos puntos que tiene dos posibles interpretaciones a elegir.

4

La invasión de los ladrones de cuerpos

*E*l 9 de octubre de 1868 un paciente identificado como Richard J, a la manera propia de las novelas rusas y los informes médicos, ingresó en el hospital Melbourne con un diagnóstico de «reumatismo y desfallecimiento». En otras palabras, estaba débil y le dolían las articulaciones y los músculos. Podía ser cualquier cosa. Bajo la piel del pecho y el abdomen tenía unos treinta bultos «cuyo tamaño oscilaba entre una judía y una naranja pequeña». Había otros dos tumores, uno entre los omóplatos y el otro en la cara interior del muslo izquierdo, a unos diez centímetros por encima de la rodilla. En los siguientes cinco meses se consumió, y tras su muerte se preparó tejido de los tumores para examinarlo bajo el microscopio.

El médico residente Thomas Ramsden Ashworth describió lo que vio: «Células grandes y hermosamente translúcidas» con unos rasgos muy característicos que le causaron una profunda impresión. Debido a la preponderancia y la agresividad del cáncer, sintió curiosidad por ver qué aspecto tenía la sangre de aquel hombre, así que extrajo una muestra. Flotando entre los corpúsculos rojos y blancos, encontró para su sorpresa células exactamente iguales a las de los tumores. ¿Cómo llegaron allí? La muestra de sangre se había extraído de una vena de la pierna sana, no de la que estaba visiblemente afectada por el cáncer.

La identidad de la malignidad no llegó a determinarse. Un experto que examinó el cáncer nunca había visto nada igual. Más importante para la historia de la medicina fue la observación final del informe de Ashworth: «La presencia de células idénticas a las del propio cáncer en la sangre puede arrojar cierta luz sobre el origen de los tumores múltiples existentes en la misma persona». Admitió la posibilidad de que los tumores pudieran haberse formado espontáneamente en la sangre, antes o después de la muerte. Muchos médicos creían que el cáncer se propagaba mediante la secreción de «jugos mórbidos». Pero Ashworth formuló una hipótesis más original: que las propias células cancerosas se habían abierto paso hasta el torrente sanguíneo y se habían trasplantado en distintos lugares. «Una cosa es segura, si procedían de la estructura cancerosa existente, debieron de haber recorrido la mayor parte del aparato circulatorio.» De la pierna mala a la pierna ilesa, donde estaban listas para desarrollarse.

Fue ya en el siglo XIX cuando los médicos alcanzaron a comprender el cáncer como una enfermedad en la que intervenían células anómalas. Hipócrates hizo alusión a «afecciones metastásicas» que viajaban por el cuerpo. Pero atribuyó el cáncer y otras dolencias a un desequilibrio de los cuatro humores corporales —la sangre, la flema, la bilis amarilla y la bilis negra—, que se hallaban cósmicamente en sintonía con el aire, el agua, el fuego y la tierra, y con las propiedades fundamentales: el calor, la sequedad, la humedad y el frío. Esos eran los puntos de unión en torno a los cuales él esculpía el mundo. Producida en exceso, la bilis negra (también llamada *melan cholo*) se coagulaba formando tumores, idea que se transmitió a través de Galeno a lo largo de toda la Edad Media.

Este bloqueo conceptual se diluyó en el siglo XVII, cuando René Descartes vio una conexión entre el sistema linfático recién descubierto y el cáncer. Ese fue un gran avance —la linfa, a diferencia de la bilis negra, era algo que existía realmente y podía observarse—, pero aún quedaba un largo camino por recorrer. Desviándose en la dirección equivocada, los médicos empezaron a contemplar la hipótesis de que los tumores se componían de linfa putrefacta, lo que no es un gran avance respecto a la noción de *melan cholo* coagulado. Un cirujano parisino, Henry François le Dran, se aproximó más a la visión moderna, postulando en 1757 que el cáncer se iniciaba en un lugar concreto —no era una dolencia general del organismo— y luego se transportaba de algún modo a través de los canales linfáticos o la sangre, y a veces llegaba a los pulmones. La idea tardó en desarrollarse. Más adelante, empezó a pensarse que las metástasis se transmitían por medio de «irritaciones» que viajaban por las paredes de los vasos linfáticos. Se decía que intervenía incluso el sistema nervioso, enviando señales a lugares remotos y ocasionando la formación de la misma clase de tumores. Comparando el cáncer con la lepra y la elefantiasis, algunos estudiosos tenían la firme convicción de que también se transmitía de un cuerpo a otro, de que era una enfermedad contagiosa.

A principios del siglo XIX, los médicos observaron que el «jugo del cáncer» extraído de los tumores se componía de diminutas formas globulares. Pero la resolución de sus microscopios no bastaba para mostrar que en realidad estaban viendo células biológicas. Con la ayuda de las mejoras en las lentes ópticas, Johannes Müller, un fisiólogo alemán, dio un salto crucial. En un libro publicado en 1838, *Sobre la naturaleza y características estructurales del cáncer y aquellas excrecencias mórbidas que pueden confundirse con él*, expuso lo que se acercaba a una teoría celular del cáncer. Vio con su microscopio que un tumor se componía de células, pero creyó que no se originaban a partir de otras células, sino de un fluido primitivo llamado blastema que circulaba por todo el cuerpo. Al igual que sus colegas, no pudo desprenderse de la tentadora imagen de los tumores como una especie de coágulo.

Un discípulo de Müller, Rudolf Virchow, dio el siguiente paso, acogiéndose a la máxima *Omnis cellula e cellula*: todas las células surgen de otras células, incluidas las cancerosas. Pero cuando llegó el momento de explicar cómo se propagaba el cáncer a través de los vasos, tropezó. Se planteó detenidamente la posibilidad de que el proceso pudiera implicar «una diseminación de células desde los propios tumores». Pero consideró más verosímil la idea de la metástasis como «transmisión de jugos». Virchow creyó asimismo que todo cáncer procedía del tejido conectivo, cosa que, como ahora sabemos, solo es cierta en el caso de los sarcomas, causa de una pequeña porción de los tumores. El cirujano alemán Karl Thiersch contribuyó a desacreditar esa idea en la década de 1860, demostrando que el carcinoma procede de las células epiteliales. Yendo más allá, ofreció pruebas de laboratorio de que un tumor se propaga desprendiendo sus propias células, que migran a otros lugares.

Thiersch es la fuente de una de las observaciones más deprimentes sobre el cáncer que he encontrado: «El cáncer es incurable porque no puede curarse; la razón por la que no podemos curarlo es que es incurable; por tanto, si por casualidad uno llegara a curarlo, sería porque no es cáncer».

Mientras seguía el rastro al flujo de ideas que condujeron a la teoría moderna, me chocó lo difícil que es entresacar las sutilezas de lo que realmente pensaba cualquiera de estas personas, que no están ya a nuestra disposición para consultarles. Resulta extraño que los médicos consideraran el cáncer una afección maligna de todo el cuerpo más que una enfermedad localizada. Pero la presencia del cáncer solo se advertía después de anunciarse ampliamente. La idea de jugos mórbidos resulta rebuscada y poco ilustrada, pero de fondo estaba la pregunta real de cómo las células cancerosas, en sus desplazamientos por el torrente sanguíneo, se comprimían para pasar por los minúsculos capilares de los pulmones. Aún hoy la respuesta no está del todo clara. Como siempre en la ciencia, la gente jugaba con ideas, y con más de una a la vez. Sucesivas hipótesis surgieron de centenares de científicos enfrascados en un debate a cámara lenta. La alternativa a resumir y esquematizar y omitir nombres es zambullirse a la misma profundidad que el médico alemán Jacob Wolff. Su tratado *La ciencia de la enfermedad cancerosa desde los orígenes hasta el presente*, denso y muy detallado, se publicó en cuatro volúmenes a partir de 1907. Abarca 3.914 páginas. Una introducción al primer volumen indica que el lector «puede desear o no comparar [la obra] con la magnitud de la *Historia natural* de Plinio». A saber qué joyas se hallan ahí olvidadas.

Para cuando Thomas Ashworth vio lo que parecían ser células cancerosas en circulación, cobraba forma ya la teoría moderna de la metástasis. Lo siguiente que se descubrió fue que estas células migratorias no arraigaban en cualquier parte sin más. Después de estudiar cientos de casos de cáncer de mama fatales, un cirujano inglés, Stephen Paget, observó en 1889 que la malignidad solía desplazarse hasta el hígado pese a que podría haber alcanzado con igual facilidad el bazo. Por lo visto, la metástasis no era un suceso totalmente aleatorio en el que una célula cancerosa quedaba atrapada por casualidad en las estrecheces de un capilar o alguna otra obstrucción y allí empezaba a crecer. Requería un entorno adecuado. Paget recordó que las plantas se reproducen por la acción del viento. «Cuando una planta echa semillas, estas son transportadas en todas direcciones —observó—. Pero solo pueden vivir y crecer si caen en suelo propicio.» Esto ha acabado conociéndose como la teoría de la semilla y el suelo aplicada a la metástasis: distintas clases de semillas cancerosas prefieren distintos tejidos corporales.

Pese a la percepción de Paget, persistió la convicción de que un cáncer se propagaba hacia un sitio u otro en función simplemente de la disposición del sistema de tuberías vascular, sin más misterio que ese. La mecánica era a todas luces un factor determinante. Existe una ruta venosa directa desde el colon hasta el hígado, y el hígado es el lugar de metástasis más frecuente para el cáncer de colon. Incluso si el tejido hepático no proporcionaba condiciones especialmente fértiles, pronto sería invadido por tantas células malignas que quizás unas pocas consiguieran medrar. Pero otras metástasis resultan más difíciles de explicar. Las células cancerosas de la vejiga suelen ir derechas al cerebro.

Tal como inducían a pensar las observaciones de Paget, tenía que intervenir en el proceso algo más que la simple proximidad y la suerte. En 1980 Ian Hart e Isaiah Fidler lo demostraron mediante un experimento clásico realizado con ratones de laboratorio. Primero injertaron fragmentos de distintos órganos —riñón, ovario y pulmón— bajo la piel de los animales o dentro de las fibras musculares y esperaron a que brotaran capilares que conectaran el tejido ajeno al torrente sanguíneo. Una vez los injertos arraigaron, inyectaron a los ratones células de melanoma marcadas con un radioisótopo para poder seguir su trayectoria por todo el cuerpo. Si bien las células malignas tenían iguales probabilidades de alcanzar cualquiera de los tres destinos, el cáncer se desarrolló solo en los tejidos pulmonar y ovárico.

Un vídeo que encontré daba a estos misteriosos viajes una apariencia un poco menos abstracta. Bajo la lente del microscopio, el contorno del tumor semejaba una colonia de diminutos insectos: las inquietas células del cáncer. Supe que estaba viendo un proceso irracional y estocástico, pero era imposible

82

no atribuir intención e incluso sentimientos a aquellos diablillos. Algunos se aventuraban a alejarse tímidamente a una corta distancia de su hogar. Desconcertados por lo ajeno que era el entorno, casi todos retrocedían rápidamente en busca de la seguridad de la manada. Pero de vez en cuando unas cuantas células especialmente valerosas se abrían camino hacia un vaso sanguíneo. Las probabilidades de llegar lejos eran escasas. Cuando las células normales se separan de su sustrato, entran en un estado de pánico e inician una rutina de suicidio preprogramada. El proceso se denomina anoikis, de la palabra griega «sin casa». Algunas células cancerosas por lo visto desarrollan la capacidad de superar esta soledad fatal, pero cuando por fin llegan a un vaso, en su mayoría perecen de inmediato en el río de sangre, aplastadas contra una pared, estrujadas hasta morir en un estrechamiento intransitable o detectadas y aniquiladas por las entrometidas células inmunológicas. Son muchos los peligros. Me acordé de la película *Viaje alucinante*, en la que un pequeño equipo de médicos a bordo de un submarino encogido afronta un peligro tras otro mientras explora el torrente sanguíneo humano. Me acordé de los grandes esfuerzos de los biólogos experimentales para mantener vivas las células en las placas de Petri. Algunas investigaciones indican que las células cancerosas nadadoras pueden rodearse de una falange de plaquetas (células coaguladoras de sangre) para su protección durante el viaje. Y ciertas células cancerosas, si se atascan dentro de un capilar, son capaces de expulsar citoplasma suficiente para adelgazarse y comprimirse hasta poder pasar.

En todo caso, comoquiera que sea que sobrevivan al viaje, necesitan igualmente encontrar un atracadero cauce abajo. En este empeño una vez más perecerá la mayoría. En otros experimentos con células cancerosas radiactivamente marcadas, los investigadores descubrieron que, transcurridas veinticuatro horas, solo el 0,1 por ciento vivía aún, y que menos del 0,01 por ciento pasó a formar tumores. Las probabilidades parecen casi reconfortantes, pero de todas las semillas que puede desprender un tumor, basta con una para desencadenar otro cáncer.

Las células son tan exigentes a la hora de elegir dónde vivir que la ciencia tiene aún dificultades para comprender la metástasis. ¿Cómo deciden las células malignas adónde ir, y qué con-

83

sideran un terreno propicio? Un tejido análogo al del tumor original sería sin duda lo más deseable, y sin embargo el cáncer aparecido en una mama rara vez se traslada a la otra mama. Como tampoco el cáncer de un riñón se propaga casi nunca al opuesto. Según ciertas teorías, las células cancerosas que recorren los pasillos del aparato circulatorio buscan unas señas concretas: un «código postal» molecular que identifica el órgano donde es más probable que medren. Por lo general, los cánceres son capaces de replantarse, con diversos grados de éxito, en distintas clases de tejido. En la lucha darwiniana que se produce dentro de un tumor, diferentes linajes pueden desarrollar programas genéticos específicos, preparándolos para la supervivencia dentro del cerebro o, alternativamente, para una nueva vida en los pulmones. El tumor primario quizás allane el camino segregando en la sangre sustancias químicas que ayuden a crear un nicho premetastásico cauce abajo, un lugar más propicio para que crezca la progenie. Incluso se especula con la posibilidad de que las viajeras puedan llevarse su propio terreno consigo: células sanas de su lugar de origen que las ayudarán en la colonización.

En cuanto las células cancerosas llegan a una ubicación prometedora, se inicia toda una cascada de sucesos. Intercambian señales con los nativos —las células del tejido que se disponen a invadir—, solicitando su ayuda para desembarcar. Si no encuentran colaboración, las intrusas quedan en estado latente durante años o décadas antes de volver a despertar. Cuando por fin han establecido su primera colonia, algunas se desplazarán a otros sitios, e incluso puede que regresen al tumor madre para incorporarse de nuevo al combate en casa. Esta autosiembra podría servir para explicar la recurrencia de cánceres que los cirujanos tienen la total certeza de haber extirpado. La metástasis —lo que en apariencia tendría que ser un desperdigamiento azaroso y caótico de células desprendidas sin ton ni son en el torrente sanguíneo— resulta ser un proceso exquisita y aterradoramente preciso.

Además de la sangre, existe otro canal que pueden seguir las semillas: por los vasos linfáticos desde el tumor, dándose a conocer, como ocurrió en el caso de Nancy, cuando empiezan a congregarse dentro de un ganglio linfático. No recuerdo haber estudiado el sistema linfático en el colegio, ese primitivo sistema de alcantarillado semejante a un insecto. Desprovisto de corazón, drena lentamente unos desechos acuosos y transparentes desde los intersticios de las células, desechos que se filtran a su paso por los ganglios linfáticos. Impulsada y atraída por medio de la contracción de músculos y las presiones osmóticas, la linfa llega por fin a la impetuosa corriente sanguínea, comunicándose con las venas en el cuello y los hombros. La evolución, a su manera oportunista, ha encontrado otro uso para los canales linfáticos: el transporte de las células inmunológicas llamadas linfocitos. Estas se reúnen en los ganglios, reproduciéndose rápida y copiosamente al enfrentarse a tejido ajeno: bacterias, virus, células cancerosas, enemigos que destruir.

Las células malignas encuentran un camino al torrente sanguíneo cuando un tumor adquiere la capacidad de iniciar la angiogénesis, desarrollando sus propios capilares. Los tumores también pueden aprender a inducir la linfangiogénesis, creando conexiones con el sistema linfático. Incluso pueden transmitir señales a un ganglio linfático cercano con instrucciones para que produzca más vasos a fin de dar cabida a la inminente invasión. Se recluta así el sistema linfático, ese componente clave de las defensas inmunológicas del organismo. La primera señal es un tumor —un bulto— que crece en un ganglio linfático, la barrera cuya finalidad es impedir tales ataques. Eso es al parecer lo que le había ocurrido a Nancy. Por eso estábamos sentados, en lo que probablemente era un magnífico día de otoño, en una consulta del centro de cáncer universitario de Albuquerque.

Pese a todas las pruebas por imagen y análisis de laboratorio de alta tecnología, el carácter exacto de su metástasis fue confirmado por un procedimiento casi medieval de tan bárbaro: un legrado endométrico, que consiste en raspar células, en este caso sin anestesia, del revestimiento del útero a fin de realizar un examen patológico. Con la idea de ayudarla a soportar el dolor, se le dio un depresor lingual para que lo mordiera. Después de tan larga espera, el procedimiento tuvo que llevarse a cabo a toda prisa. Nos habían remitido a un cirujano oncoginecológico, un especialista entre especialistas y una promesa en su campo. Se marchaba al día siguiente y pasaría fuera dos semanas. Para programar la operación lo antes posible, los resultados de las pruebas de laboratorio tenían que estar listos a su regreso. Estos revelaron lo que a esas alturas ya todo el mundo sospechaba: las células del útero se parecían a aquellas halladas en el ganglio linfático de la ingle derecha.

En la escala de los horrores médicos, enterarse de que uno tiene un cáncer de útero puede ser una noticia relativamente buena (así de baja era nuestra perspectiva vital). La gran mayoría de los casos son adenocarcinomas endometrioides: cáncer de las células epiteliales del tejido glandular. A diferencia del cáncer de ovario, su presencia suele advertirse en una fase temprana, y el índice de supervivencia de cinco años o más puede alcanzar el noventa por ciento si la malignidad no ha ido más allá del revestimiento uterino. Si ha superado el revestimiento, las probabilidades disminuyen. Cuando hay metástasis en los ganglios linfáticos más cercanos («ganglios centinela», los llaman, ya que son la primera línea de defensa contra las células errantes), la probabilidad de supervivencia puede descender al 45 por ciento, y si el cáncer ha llegado al ganglio inguinal, como era el caso de Nancy, se reduce al 15 por ciento. Pero eso eran solo promedios estadísticos. Nancy, dada su juventud, podía albergar unas esperanzas superiores a las normales. Era fuerte y podía tolerar un régimen de tratamiento —«régimen» es la palabra exacta— al menos tan agresivo como el cáncer: múltiples rondas de terrible quimioterapia seguidas de radiación abrasadora. Pero primero vendría la operación. Una histerectomía, naturalmente, y la extracción («disección») de ganglios linfáticos sospechosos. La intervención sería además exploratoria a fin de identificar y extirpar cualquier otro tejido invadido por el cáncer.

La operación se programó para primeros de noviembre, aún a unas semanas vista, mucho tiempo para imaginar las células mientras seguían multiplicándose, probando nuevas combinaciones de mutaciones. Fuimos a un abogado para redactar testamentos vitales y poderes notariales médicos. El hermano menor de Nancy vino de la costa oeste para acompañarnos. Una noche, poco antes de la intervención, estábamos en un restaurante tailandés (es curioso qué detalles recuerda uno) fingiendo disfrutar de la comida. En la cena Nancy comentó que ese día se había notado un bulto en el ganglio inguinal de la pierna izquierda. La buena. Al recordarlo ahora, pienso en aquel artículo escrito por Thomas Ashworth en 1868, una cosa era segura: desplazándose por su sistema linfático, las células cancerosas habían llegado al otro lado del cuerpo. Y habían encontrado terreno propicio.

Mientras me informaba acerca de la metástasis, me acordé de los años anteriores al cáncer, una época en que Nancy y yo trabajamos con denuedo para convertir un pedazo de tierra reseca e infestada de malas hierbas y basura —nuestro jardín trasero— en un xeriscape. No en un ceroscape —esas improvisaciones a base de grava y cáctus que se ven en Phoenix o Las Vegas—, sino en algo semejante a una pradera seca de montaña. Empezamos con una pequeña porción, despejando la maleza y sembrando una bolsita de semillas de flores silvestres Beauty Beyond Belief, una mezcla recomendada para la zona norte de Nuevo México. Incluía aster, lasthenia, lupino de arroyo, lupino de desierto, maravilla del desierto, amapola de California, alisón, ojos azules de bebé, velo de novia, aciano, rudbeckia bicolor, iberis, atrapamoscas, aquilegia, equinácea purpúrea, equinácea amarilla, coreopsis, artotis, margarita de Shasta, lino azul, lino rojo, guirnalda de flores, botón de oro, espuela de caballero, lupino perenne, sombrero mexicano, penstemon de las Montañas Rocosas, amapola silvestre, minutisa y alhelí. Rastrillamos la tierra para cubrirlas y dejamos que la naturaleza siguiera su curso.

Cuando llegaron las lluvias, estaba claro que lo único que saldría sería el lino azul, la equinácea y el sombrero mexicano. Invadieron el jardín y con el paso de los años encontraron huecos en nuestros mil metros cuadrados de terreno irregular. La equinácea amarilla y el sombrero mexicano, pertenecientes ambas al género *Ratibida*, se aparearon para formar híbridos que brotan aún cada temporada. Los sábados por la mañana llegábamos del vivero a casa con bandejas llenas de brotes de flores silvestres para probar. Pese a nuestros esfuerzos, algunas morían poco después de plantarlas. Pero las que sobrevivían echarían semillas en otoño. Llegarían los vientos, y luego la lluvia, y encontraríamos penstemon de las Montañas Rocosas y penstemon pinifolius rojo en lugares nuevos sorprendentes. Allí crecían y medraban como nunca en los lugares elegidos por nosotros.

Algunas flores silvestres autóctonas de las estribaciones montañosas donde vivíamos brotaban junto a los caminos. Aun así era casi imposible cultivarlas: la *Hymenoxys argentea*, con sus hojas plateadas y sus flores amarillas; la *Phlox nana* (conocida como flox de Santa Fe), que daba unas flores en forma de pequeñas estrellas de color violeta. Un vivero local consiguió cultivar solo unas cuantas de estas plantas y cada primavera había lista de espera. Se requirieron años de prueba y error hasta que el flox encontró finalmente un sitio, a la sombra de un pino donde se dignó crecer. Nancy era licenciada en biología y me enseñaba cómo empezaba a cambiar poco a poco de forma y color la punta de la hoja de una flor silvestre, hasta que finalmente salía la flor. Nunca se me había ocurrido que las mismas células verdes que formaban la hoja se diferenciaran en pétalos de colores: los genes se activaban y desactivaban, obedeciendo las señales de la luz del sol, la temperatura, la humedad, lo que fuera que indicaba a la planta que era hora de florecer. La diferenciación y el desarrollo podían producirse a velocidades asombrosas.

Lo que se adaptó más fácilmente fueron las malas hierbas. Después de nuestra primera lluvia de verano en Santa Fe, apareció una alfombra verde azulada que recibimos jubilosamente pensando que era una cubierta vegetal autóctona no identificada. Sin embargo, resultó que eran brotes de kochia, un miembro de la familia de los cenizos originado en el duro clima de las estepas rusas. Nuevo México, pese a su aridez, debió de parecer a este inmigrante un paraíso tropical. Las plantitas enseguida se desarrollaron para formar hierbajos feos y larguiruchos.

Otro aborrecido intruso euroasiático era la barbaja amarilla, y al principio pensamos que no era peor que el diente de león norteamericano, aunque en versión más grande. Pronto nos dimos cuenta de nuestro error. Una mañana enseñábamos nuestro incipiente jardín a nuestra vecina Vivian cuando ella detectó uno de esos hierbajos, ya de un par de palmos de altura, con un capullo semejante a una vaina a punto de abrirse. Vivian dejó escapar un teatral alarido y la arrancó de raíz, aconsejándonos que matáramos todas las que encontráramos. Como pronto descubrimos, los preciosos pétalos amarillos se convertían, de la noche a la mañana, en una nube de vaporosas semillas blancas, cada una de ellas tan viable que la barbaja amarilla se propagaba velozmente por el jardín imponiéndose a casi todo lo demás. Se extendía tan malévolamente que la imaginábamos, en la oscuridad de la noche, expectorando sus letales esporas en explosivas ráfagas. Nos acordamos de las vainas de *La invasión de los ladrones de cuerpos*, llegadas de algún astro lejano para adueñarse de la Tierra. La apodamos «planta del espacio» y aprendí a reconocer y destruir los brotes cuando medían apenas un dedo.

Eso ocurrió unos años antes de que Vivian muriera de cáncer de ovario. En mi imaginación vinculé la propagación de la mala hierba con la metástasis. Pero tal vez no era una metáfora acertada. El cáncer, como comprendió Paget hace mucho tiempo, se propaga de una manera más discriminatoria. Bien adaptada para la vida en un tejido específico, una célula cancerosa en metástasis tenía más rasgos en común con esas otras delicadas flores silvestres… hasta que encontraba dónde posarse. A partir de ese momento empezaba a parecerse más a las vainas.

5

El mal de la información

*E*l primer indicio de que el cáncer es una enfermedad relacionada con la información se observó en un laboratorio de la Universidad de Texas, donde a finales de la década de 1920 Hermann J. Muller experimentaba con la mosca de la fruta. Su trabajo era la continuación de una larga tradición iniciada en Mendel, que descubrió en el huerto de su monasterio que entre las generaciones de guisantes ciertos rasgos, como el color de las flores, se transmiten conforme a una pauta previsible. El color púrpura es un factor dominante y el blanco es recesivo. Si un guisante hereda el factor púrpura de la generación parental, sus flores serán púrpura. Esta misma regla rige si los dos factores heredados son blancos. Pero si uno es blanco y el otro púrpura, no se funden para formar añil. El púrpura se impone al blanco, y es el color que aparece en la progenie. La manera moderna de decir esto es que un gen determina el color de la flor —una cantidad microscópica de información hereditaria— y se presenta en dos formas. Con la mosca de la fruta, que se reproduce a un ritmo trepidante, estas características se combinan a cámara rápida. Ojos rojos o blancos, cerdas rectas o ahorquilladas… estos rasgos genéticos, tan discretos como los unos y los ceros del código binario, pueden seguirse e identificarse en su viaje por el árbol genealógico.

Cuando estaba en la universidad, Muller estudió la esporádica aparición de un comodín en el proceso mendeliano. Después de muchas generaciones, las moscas de ojos rojos de línea pura generaban espontáneamente un mutante de ojos blancos. También surgían otras mutaciones. Esto fue mucho antes de identificarse el ADN como elemento constituyente de los genes, la molécula de forma helicoidal que transmite la información genética en un alfabeto de cuatro símbolos: los nucleótidos que se representan abreviadamente con las letras G, C, A y T. Si se cambia una letra, el significado se corrompe. La señal se convierte en ruido o se acalla por completo. Este nivel de claridad llegaría décadas más tarde con los descubrimientos de Osvald Avery en 1944, Alfred Hershey y Martha Chase en 1952, y un año después cuando Jane Watson y Francis Crick improvisaron con cartón, láminas de metal y alambre su maqueta de la doble hélice. De momento la aportación de Muller consistía en demostrar que al margen de la composición de los genes y de su funcionamiento, no era necesario esperar a que se produjeran mutaciones. Podían producirse a voluntad sometiendo a las moscas a rayos X.

La mayoría de las veces las mutaciones esterilizaban o mataban a las moscas. Eso, especuló, podía explicar por qué los rayos eran tan eficaces para destruir células cancerosas en rápida división, terapia que empezó a utilizarse casi tan pronto como se generaron rayos X por primera vez en el laboratorio de Wilhelm Röntgen en 1895. A cada división celular, los genes tenían que copiarse. La energía procedente de un rayo X en su penetración podía dañar la estructura microscópica, induciendo una mutación letal y quitando de en medio a la célula. Mucho más revelador fue el hecho de que los rayos X de Muller pudieran crear asimismo mutantes vivos: moscas de la fruta albinas o moscas de la fruta con cerdas ahorquilladas o alas atrofiadas. Esta capacidad para alterar material genético, afirmó, podía explicar una paradoja: por qué los rayos que mataban el cáncer podían producir también cánceres, transformando células normales en células malignas. El cáncer, esa enfermedad en apariencia amorfa, ese desperdigamiento de células hiperactivas, podría ser el resultado de mutaciones genéticas precisas.

Las pistas flotaban en el aire, escasamente visibles, desde principios del siglo XX, cuando el biólogo alemán Theodor Boveri se preguntó por qué las células cancerosas tenían cromosomas de aspecto extraño. Quizás, especuló, por algún defecto carecían de los «factores», fueran cuales fuesen, que normalmente regulaban el crecimiento, lo cual permitía que las células «se multiplicaran sin control».

Retrotrayéndose a un estado más primitivo, la célula cancerosa incumplía la obligación comunal de reproducirse solo cuando «las necesidades de todo el organismo lo exigían». Lo que hasta entonces había sido un miembro responsable de una organización se convertía así en un paramecio monomaniaco cuyo único objetivo, escribió Boveri, era propagarse de manera egotista. Medio siglo antes de decodificarse el ADN, llegó a aventurar incluso que una célula cancerosa se asilvestra porque «ciertas intervenciones químicas y físicas» dañan algunos de sus mecanismos internos sin matarla. Escribía esto en 1914. Cinco años después los genetistas Thomas Hunt Morgan y Calvin B. Bridges, inspirados por Boveri, consideraron «al menos concebible la idea de que el cáncer en los mamíferos pueda deberse a una mutación somática recurrente de algún gen». Otro científico habló del cáncer como «una nueva clase de célula» en la que «tiene lugar un proceso de mutación siempre recurrente que sin embargo presenta una tendencia a desviarse cada vez más del tipo normal». Es tan impresionante como frustrante lo cerca que estuvieron de dar en el blanco.

También se habían acumulado pruebas de que la radiactividad, al igual que los rayos X, podía causar mutaciones. Ya en la Antigua Roma existían minas donde se extraía uranio de una roca llamada pechblenda para usarlo como pigmento amarillo en la elaboración de objetos de cristal y cerámica. Nadie conoció sus cualidades más exóticas hasta 1896, cuando Henri Becquerel descubrió por casualidad que las sales de uranio envueltas en papel opaco o revestidas de aluminio empañaban las placas fotográficas. Al principio creyó que los cristales absorbían luz solar y posteriormente reemitían estos penetrantes rayos. Debió de sentir un escalofrío cuando cayó en la cuenta de que el uranio no succionaba la energía sino que la producía: esa luz invisible y penetrante.

La situación pasó a ser aún más extraña cuando Marie Curie advirtió que la pechblenda conservaba esta propiedad aun después de retirar el uranio; de hecho, el mineral residual era mucho más radiactivo que el uranio purificado en sí. La piedra debía de contener algo aún más caliente. Ella y su marido, Pierre, aislaron y dieron nombre a un nuevo elemento radiactivo, el polonio (por Polonia, la tierra natal de Marie), para descubrir acto seguido que la piedra restante era aún en extremo radiactiva. Algo todavía oculto en su interior lanzaba esos rayos increíbles.

«Pierre, ¿y si existe en el mundo una clase de materia con la que ni siquiera hemos soñado...? ¿Y si existe una materia que no es inerte sino viva?» Eso lo dice Greer Garson, interpretando el papel de Curie en la película de 1943 *Madame Curie*, en una escena tan erudita como melodramática. En un cobertizo frío e inhóspito de la Universidad de París criba pilas de pechblenda y extrae una pizca de lo que llama radio. En la mejor parte de la película Pierre y ella llegan al cobertizo por la noche y descubren que sale de él un inquietante resplandor. La historia real, sin comprimir ni dramatizar, es igual de conmovedora. He aquí cómo lo describió Curie de su puño y letra: «Una de nuestras mayores alegrías era entrar en nuestro taller por la noche; entonces percibíamos en todas partes las siluetas débilmente luminosas de los frascos o cápsulas que contenían nuestros productos. Era una imagen realmente maravillosa y siempre nueva para nosotros. Los tubos resplandecientes nos parecían tenues luces de colores». Lo que veían los Curie eran las estelas de luz que dejaban las partículas cargadas al traspasar el aire, un efecto óptico análogo a un estampido sónico.

El radio también resplandece cuando sus rayos inciden en una sustancia química fosforescente como el sulfuro de cinc, y al cabo de poco tiempo las dos sustancias se combinaron para producir esferas de reloj que brillaban en la oscuridad. Pintar los números era una tarea meticulosa: el trazo de un 2, primero curvo en lo alto, luego más estrecho en el arranque de la fina línea descendente y por último de nuevo más ancho para formar la base. Los números 3, 6 y 8 eran igual de complicados. Para limpiar las puntas de los pinceles y mantenerlas afiladas, se enseñó a las trabajadoras que debían humedecerlas y darles forma con los labios y la lengua. Presuponiendo que la pintura era inocua, algunas pintadoras de esferas —en la prensa pasó a conocérselas como las «Chicas del Radio»— la usaban para adornarse los dientes, las uñas y las cejas. Debía de quedar muy bien en Halloween.

93

El organismo confundía el radio con calcio y lo incorporaba a los huesos, donde empezaba a despedir electrones de alta velocidad, partículas alfa y rayos gamma, matando o transformando las células y en último extremo provocando cáncer en algunas de las mujeres. He aquí la paradoja una vez más: la propia Curie había promocionado el radio, en forma de rayos X, como una terapia para encoger los tumores cancerosos. Pero en este caso producía tumores a partir de células sanas. En 1927, cuando las Chicas del Radio aparecían en los titulares, Muller publicó su artículo, donde especulaba con la posibilidad de que el poder mutagénico de los rayos X fuera responsable de su capacidad para provocar cáncer. De ser así, probablemente podía decirse lo mismo de las luces de colores del radio.

Mucho antes de que las sospechas recayeran en unos rayos invisibles, los médicos veían ya indicios de que el cáncer también podía ser causado por material más tangible. En 1775 un cirujano de Londres descubrió que las «verrugas del hollín», unas llagas que aparecían en el escroto de los deshollinadores, no eran una enfermedad venérea sino tumores malignos, originados aparentemente cuando la piel entraba en contacto con el alquitrán y el polvo dejado por la hulla tras la combustión. Ese mismo cáncer se observó después en trabajadores que manufacturaban parafina y otros destilados del alquitrán de hulla, y a principios del siglo XX los científicos generaban carcinomas en conejos aplicándoles repetidamente alquitrán en las orejas. Se comprobó que el alquitrán estaba formado por una mezcla de compuestos con base de carbono —benceno, anilina, naftalina, fenoles— y durante las décadas siguientes los científicos descubrieron que muchos de ellos producían tumores en los animales de laboratorio. Habría sido poco ético por parte de ellos exponer a sujetos humanos a los carcinógenos para comprobar si causaban cáncer. No fue necesario. Con el desarrollo de la industria tabaquera, la gente realizaba el experimento consigo misma.

Hacia mediados de siglo sabíamos ya que la radiación ocasionaba tanto mutaciones como cáncer. Sabíamos asimismo que determinadas sustancias químicas provocaban también cáncer, y pronto se vio que muchas de estas eran mutágenos:

alteraban el software genético de la célula cambiando fragmentos del código de ADN. A comienzos de la década de 1970 Bruce Ames (científico conocido por demostrar que la fruta y la verdura corriente contienen carcinógenos) ofreció una demostración sorprendente. En lugar de usar moscas de la fruta, trabajó con la bacteria salmonella: cepas que habían perdido la fórmula para producir la histidina, un aminoácido que necesitaban a fin de reproducirse. Colocada en una placa de nutrientes con una pizca de este ingrediente vital, la bacteria crecía, pero solo hasta agotar el suministro. Entonces moría toda la colonia. Ames descubrió que si se añadían carcinógenos a la mezcla, parte de la salmonella seguía viviendo, expandiéndose y adueñándose de la placa. Las sustancias químicas producían supuestamente mutaciones al azar. Pero cada genoma de la bacteria transportaba tan poca información, y eran tantos los microbios —miles de millones—, que las mutaciones incluían algunas que casualmente devolvían la capacidad de sintetizar la histidina.

El procedimiento recibió el nombre de test de Ames, una manera rápida y sucia de comprobar si una sustancia química podía ser mutagénica. Caso tras caso, las sustancias que superaron el test de Ames originaron también tumores en animales de laboratorio. El argumento casi parecía zanjado. Lo que causa el cáncer, sea químico o energético, lo hace alterando la información genética. Las piezas de una teoría iban encajando, salvo por una pertinaz excepción: al menos ciertos cánceres no parecían causados por sustancias químicas ni rayos penetrantes, sino por virus.

En retrospectiva eso no es de extrañar. Los virus, existiendo en el linde entre la química y la vida, son paquetes de información: secuencias simplificadas de ADN o ARN revestidas de una funda protectora. Son genomas errantes tan elementales que algunos se componen de solo tres genes. Al igual que los virus artificiales de Internet que posteriormente inspiraron, se infiltran en sus huéspedes (los ordenadores biológicos llamados células) y se ponen al mando de la maquinaria interna. Ahí los genes del invasor se duplican y reempaquetan diligentemente una y otra vez, propagándose las copias virales a otras células donde llevan a cabo robóticamente la misma rutina, la

95

vida misma despojada de su capacidad para hacer cualquier otra cosa que no sea reproducirse.

Unos cuantos virus actúan de una manera aún más enrevesada. Copian y ensamblan sus genes directamente en los cromosomas de una célula. Este algoritmo infiltrado ordena al huésped que se reproduzca a un ritmo acelerado, y este se convierte en una célula cancerosa. El primer ejemplo del que se tiene constancia fue detectado en 1910 por Peyton Rous, un científico del Instituto de Investigación Médica Rockefeller que estudiaba los tumores en los pollos. Empezó extrayendo líquido de un bulto de forma irregular que crecía en la pechuga de una gallina Plymouth Rock e inyectándolo después en otra ave. Al cabo de treinta y cinco días, el primer animal había muerto de cáncer, un sarcoma, y el segundo había desarrollado un tumor de la misma clase. El material extraído de este último tumor podía utilizarse para transmitir el cáncer a otra ave. Y así fue pasando de gallina en gallina. El agente transformador resultó ser un retrovirus, de esos que pueden introducir furtivamente genes causantes de cáncer en células por lo demás sanas.

Estaba el *src*, que formaba parte del virus que provocaba el sarcoma en las gallinas. Otro gen, llamado *ras*, inducía el sarcoma en las ratas, en tanto que *fes* hacía eso mismo en los felinos. *Myc* y *myb* inducían cánceres —mielocitomatosis y mieloblastosis— en las células sanguíneas de las aves de corral. Si las investigaciones hubiesen acabado ahí, el resultado habría sido muy limpio. El cáncer podía originarse cuando los genes preexistentes mutaban por efecto de sustancias químicas o por radiación, o cuando los virus insertaban subrepticiamente otros genes del todo nuevos —«oncogenes», se los llamó—, ya capaces de provocar cáncer. Dos maneras fundamentales de modificar la información genética. Pero la historia real resultó mucho más interesante.

Existía un problema para conciliar el hallazgo de Rous con lo que parecía estar sucediendo en el mundo. El cáncer no actuaba como una enfermedad contagiosa que se propagara por la población al igual que la polio. Aparecía esporádicamente en distintos lugares. Incluso el virus de las gallinas de Rous se difundía solo cuando se inyectaba, y por mucho que lo intentó, no pudo transmitirlo a otras especies: palomas, patos, ratas, ratones, cobayas, conejos. Solo con gran dificultad podía inducirse en gallinas de otras familias, excepto aquellas estrechamente emparentadas con las de Plymouth. Dio aún más que pensar el hecho de que los científicos no encontraban los retrovirus en tumores humanos. Lo que sí descubrieron, en cambio, fue que los genomas de distintas criaturas del reino animal contenían lo que semejaban versiones de aparición natural de *src, ras, fes, myb, myc*, no las que se habían introducido furtivamente. No se trataba de genes rotos o mutados como sus equivalentes virales. Su finalidad era regir la forma en que se dividían las células sanas, el proceso conocido en biología como mitosis.

Por lo visto, ocurría lo siguiente: de vez en cuando un virus, en sus idas y venidas, copiaba accidentalmente uno de estos inocentes genes del «huésped» en su propio genoma. Transmitido de virus en virus, el gen mutaba en una forma que causaba cáncer. Pero todo eso era pura casualidad. El virus era un agente fortuito de la historia, el lugar donde el primero de estos genes se descubría por azar. Algunos cánceres pueden ser originados directamente por una invasión viral: el cáncer del cuello del útero por el virus del papiloma humano, el cáncer hepático por los virus de la hepatitis. Pero estos son excepciones. Con mucha mayor frecuencia el cáncer surgía cuando el gen original, a salvo en su propia célula, experimentaba una mutación aleatoria, ocasionada externamente por un carcinógeno o internamente por un error de copia no provocado. Comoquiera que fuese, la función normal del gen se distorsionaba, predisponiendo la célula a la malignidad. Dado que los genes de esta clase eran capaces de metamorfosearse en genes cancerosos, se los llamó «proto-oncogenes». Si su verdadera función se hubiera descubierto antes que la aberrante, se los llamaría de otra manera.

Estudiando los genes con más detenimiento, los investigadores descubrieron cómo regulan el crecimiento y la multiplicación celular en armonía. Algunos de los genes controlaban la producción de ciertos receptores que sobresalían de la superficie de la célula: moléculas preparadas para responder a las señales de otras células. Cuando estas antenas moleculares reci-

bían un mensaje, transmitían la información internamente al
núcleo de su propia célula: instrucciones para activar la maquinaria por medio de la cual se dividirían en células hijas. Si el
gen mutaba, la célula podía producir demasiados receptores o
receptores en exceso sensibles. Inducidos a responder al silen-
cio por miedo, abrumaban a la célula con falsas alarmas. Otros
genes rotos podían desencadenar mensajes instando a las células vecinas a inundarla de sustancias químicas estimulantes del
crecimiento. O, en su estado hiperactivo, la célula cancerosa
podía reaccionar exageradamente a sus propias señales, orde-
nándose a gritos que creciera.

Los genes emparentados con *src* mutan en cáncer de colon
y en muchos otros. Los genes *ras* dañados se presentan en diversos tumores malignos humanos: pancreáticos, colorrectales,
tiroideos, pulmonares y melanomas. Lo único que se requiere
para convertir un *ras* bueno en un *ras* malo es una mutación
puntual —una G por una T, A o C—, una errata al azar en un
mensaje con cientos de letras. Otras mutaciones se producen
en la división celular cuando un gen normal se copia demasiadas veces. Genes *ras* reiterados se encuentran en los cánceres
de pulmón, ovario, vejiga y otros. Los *myc* vacilantes ayudan a
originar un cáncer cerebral infantil llamado neuroblastoma.
Algunas mutaciones son aún más desgarradoras: un cromosoma podría romperse y luego unirse a otro, colocando en posiciones contiguas dos genes previamente alejados entre sí. En
el linfoma de Burkitt, una mutación de estas características sitúa a un gen *myc* junto a un desconocido imperioso que induce
a su nuevo compañero a manifestarse en exceso, emitiendo
atropelladas señales que llevan a la célula a dividirse y dividirse y dividirse.

Era una posibilidad aterradora, eso de que una única mutación bastara para llevar a un gen a poner la directa y dar
origen a un tumor mortal. Pero ni siquiera un oncogén posee
tanto poder. Los investigadores averiguaron que introducir
un oncogén o incluso dos en una célula por lo general no era
suficiente para activar un cáncer, a menos que la célula hubiera acumulado ya defectos anteriores. Los organismos vivos se rigen por un equilibrio giroscópico en el que una
fuerza extrema procedente de una dirección se encuentra con

un impulso que la contrarresta. Así como la década de 1970 fueron los años del oncogén, en la de 1980 los científicos empezaron a descubrir anti-oncogenes, genes cuya finalidad era responder a rápidos estallidos de división celular ralentizando el proceso.

Al igual que los proto-oncogenes, estos genes atenuadores del crecimiento formaban parte de los atributos de una célula normal, y también se los descubría cuando algo iba mal. El retinoblastoma es un cáncer infantil caracterizado por el crecimiento desbocado de las células fotosensibles de los ojos. El primer síntoma podría ser un extraño resplandor blanco en la mirada de un niño fotografiado con flash. Si se detecta precozmente, esta dolencia puede tratarse con quimioterapia, radiación, cirugía láser o la extirpación del ojo. De lo contrario, el desenlace puede ser horroroso: la expansión del tumor hasta expulsar el ojo de la cuenca. Fotos de manuales del siglo XIX muestran el grotesco resultado, que todavía se produce entre los pobres en los países en vías de desarrollo. El cáncer se inicia cuando un gen llamado *Rb*, abreviatura de «retinoblastoma», adolece de una mutación y pierde su capacidad para moderar el crecimiento excesivo.

Pero el *Rb*, cuyo nombre, como muchos otros, se debe a las circunstancias casuales de su descubrimiento, no existía con la única finalidad de contener el retinoblastoma. En cuanto los científicos empezaron a buscar genes *Rb*, los hallaron por todo el organismo, y faltaban o estaban dañados en cánceres de vejiga, mama y pulmón. A diferencia de un oncogén como *myc* o *ras*, los genes atenuadores del crecimiento como *Rb* brillan por su ausencia. Como heredamos los cromosomas de ambos progenitores, los genes existen a pares. En una célula individual, basta con que un solo oncogén comience a comportarse mal para que surjan los problemas. Con genes como *Rb*, deben eliminarse las dos copias. Si se pierde una sola, la otra seguirá ahí para enviar señales de moderación.

Se han descubierto docenas de genes de finalidad análoga: *PTEN, apc, vhl, p53*: «supresores tumorales», otro torpe nombre lanzado al mundo por la tendencia humana a fijarse en las cosas solo cuando se rompen. En una radio antigua, uno puede introducir los dedos enguantados y extraer una lámpara de vacío brillante y caliente de su alojamiento, provocando un ensordecedor chirrido en el altavoz. Alguien que se topa con el fenómeno por primera vez podría llamar a ese componente «supresor de chirridos». Pero los circuitos integrados son mucho más complejos. Lo mismo puede decirse de los genes supresores. Algunos producen receptores que atienden señales inhibidoras: órdenes de genes vecinos para que dejen de rebasar sus límites. Otros codifican enzimas que acallan las órdenes de los genes estimuladores del crecimiento. El ritmo de la división celular se rige por los engranajes moleculares de un reloj del ciclo celular, y los genes supresores tumorales participan también en el control del tiempo.

Uno de ellos, *p53*, se sitúa en el centro de una red de canales químicos que controla el ciclo vital de una célula. Si uno quiere dar inicio a un cáncer, solo tiene que eliminar *p53*. Si una célula está dañada y se divide demasiado deprisa, los sensores externos captarán señales de advertencia de los vecinos hacinados. Los sensores internos detectarán desequilibrios químicos o ADN roto. Al declararse la emergencia, *p53* intervendrá y reducirá la velocidad del reloj para que pueda repararse el ADN. Enzimas correctoras examinan el genoma. Si una hebra de la doble hélice del ADN se ha corrompido, puede usarse la otra hebra como plantilla para guiar la reparación. Pueden extraerse las secciones dañadas y sintetizarse un recambio para colocarlo en su sitio.

Si la reparación del ADN se interrumpe y otras medidas no pueden salvar a una célula que está mutando descontroladamente, *p53* inicia la muerte celular programada, o apoptosis. El nombre proviene de la palabra griega que describe las hojas caídas. Cuando un embrión se desarrolla para formar un cuerpo pequeño, produce muchas más células de las que necesita, y la apoptosis es el medio por el cual se desprende del excedente. Las membranas interdigitales de manos y pies se reducen. Cúmulos de neuronas son esculpidos hasta crearse un cerebro pensante. La apoptosis no es solo una gran explosión celular, sino también un complejo procedimiento por el que las señales de muerte activan el equivalente molecular a unas cargas de profundidad estratégicamente colocadas. El núcleo implosiona, el citoesqueleto de la célula se desintegra. Los restos microscópicos son engullidos por otras células y una posible futura malignidad desaparece.

A través de mutaciones aleatorias unas cuantas células aprenden a desbaratar o hacer caso omiso a las señales de muerte, y entonces se duplican y duplican y duplican. Una célula normal puede dividirse solo entre cincuenta y sesenta veces, principio conocido como «límite de Hayflick». El recuento lo llevan los telómeros, unos tapones en los extremos de los cromosomas que cada vez se acortan un poco. En cuanto los telómeros se reducen por debajo de cierto tamaño, la mitosis se detiene y la célula agotada y gastada queda fuera de la circulación. Células como las del sistema inmunológico, que deben dividirse repetidamente, producen telomerasa, una enzima que recoloca una y otra vez los tapones en los extremos de los cromosomas. Las células cancerosas también han aprendido este truco, adquiriendo por medio del ensayo y error de la mutación la información necesaria para producir su propia telomerasa. Pueden reproducirse indefinidamente.

Dotadas de lo más cercano a la inmortalidad que hay en la naturaleza, la célula y sus descendientes crecen en número de manera exponencial, y cada división da origen a una nueva rama del árbol genealógico. Las ramas se dividen de forma fractal en más ramas, y cada uno de estos linajes —estos caminos con múltiples bifurcaciones— acumula mutaciones. Provistos de diversas rutinas y aptitudes para la supervivencia, los clanes compiten por el dominio.

Conforme se desarrolla esta evolución, el tumor naciente adquiere más herramientas de carcinogénesis. Las enzimas llamadas proteasas devoran el tejido sano. Moléculas de adhesión celular mantienen en su sitio la masa en expansión. Llevando la invasión a un nivel nuevo, se envían señales a células sanas a fin de reclutarlas para que se unan al ataque. Unas células llamadas «fibroblastos» sintetizan obedientemente proteínas para el sostén estructural del tumor. Las células endoteliales —las que revisten los sistemas linfático y circulatorio— son instadas a colaborar en la formación de vasos que nutren el tumor y suministran vías para la metástasis. Los macrófagos y otras células inflamatorias, acudiendo en tropel a combatir la invasión, son persuadidos a participar en su expansión, produ-

101

ciendo sustancias que estimulan la angiogénesis, la linfangio-génesis y la creación de más tejido maligno. Aquí encontramos otra paradoja del cáncer. La colección de recursos normalmente empleados para cicatrizar una herida —destruyendo tejido antiguo enfermo y sustituyéndolo por desarrollo nuevo sano— se vuelve del revés, subvertida para fomentar la malignidad.

Todos estos mecanismos están tan entrelazados que puede ser difícil saber dónde acaba uno y empieza otro. ¿Qué hacen las células cancerosas y qué hacen sus adláteres? En otro tiempo se creía que los tumores eran agrupaciones homogéneas de células malignas. Ahora se los compara a órganos corporales, sistemas de partes engranadas. Existe una diferencia esencial. Los órganos se vinculan en una red de órganos, cada uno de los cuales desempeña un papel determinado. Un tumor, en cambio, intenta independizarse, como si un riñón hubiera decidido ser libre e iniciar una nueva vida por su cuenta.

6

«Cómo aceptan su destino las células del corazón»

*E*n cierto sentido espeluznante, un embrión se parece tanto a un tumor que los primeros días del embarazo son como la incursión de una excrecencia maligna. En cuanto un óvulo se fertiliza, desciende por la trompa de Falopio, dividiéndose una y otra vez. Varios días después se ha convertido en una bola compuesta de docenas de células idénticas, que proceden a reunirse en dos regiones. La capa exterior se convertirá en la placenta, mientras que la masa interior de células dará origen al feto.

Intercambiando señales con la pared uterina, esta masa en expansión, llamada «blastocisto», se prepara para implantarse, el siguiente paso de un embarazo con éxito. Para excavar una abertura, las enzimas disolventes de proteínas erosionan la superficie del revestimiento uterino. Conforme el blastocisto se abre hueco, proceso que los embriólogos denominan «invasión», las moléculas de adhesión celular contribuyen a garantizar un agarre firme. Normalmente un intruso así sería rechazado por considerarse tejido ajeno, pero se envían mensajes al sistema inmunológico para conseguir su cooperación. Si todo transcurre según lo previsto, el blastocisto se convierte en embrión y empieza a estimular la angiogénesis, vasos en crecimiento que se conectan al suministro sanguíneo de la madre. En cada paso del camino las interacciones moleculares del embarazo son como las que se producen durante la génesis de un tumor.

A medida que prosigue la ocupación, las células del interior del feto comienzan a propagarse en una metástasis bien orquestada. Primero se reúnen en tres capas, el endodermo, el mesodermo y el ectodermo (interior, media y externa). Las células de cada una de estas regiones primordiales emprenden su propio camino, desplazándose a nuevas posiciones. En este viaje empiezan a diferenciarse. El hueso y el cartílago van aquí, la dermis va allá, y se inicia el tendido de los nervios y los vasos sanguíneos. Lo que al principio son células madre totipotentes —tablas rasas— se convierte en células específicas del organismo. No hay un supervisor central. Cada célula contiene todo el genoma, y mientras prosigue la diáspora, los genes se activan y desactivan en distintas combinaciones produciendo el conjunto único de proteínas que dota de identidad a una célula. Las células endodérmicas dan lugar al revestimiento de los tractos digestivo y respiratorio y forman el hígado, la vesícula y el páncreas. Las células del mesodermo forman los músculos, los cartílagos, los huesos, el bazo, las venas, las arterias, la sangre y el corazón. Las células del ectodermo forman la piel, el pelo y las uñas, así como la cresta neural, que acaba convirtiéndose en el sistema nervioso y el cerebro.

En tanto que los tumores se desarrollan por medio de mutaciones aleatorias, los fetos lo hacen con arreglo a un plan. Pero cuanto más a fondo lo estudian los biólogos, más paralelismos encuentran. Conforme se desarrolla el feto, células epiteliales estrechamente relacionadas —de las que forman los tejidos— deben desprenderse para poder trasladarse a otras ubicaciones. Pasan a ser errantes y se las llama «células mesenquimales». Cuando llegan a su destino, pueden transformarse otra vez en células epiteliales y reagruparse en nuevos tejidos. Este proceso, conocido como la transición epitelio-mesenquimal, o EMT por sus siglas en inglés, también se produce durante la cicatrización, cuando las células son enviadas a reparar heridas en lugares lejanos. Parece lógico pensar que el cáncer haya encontrado la manera de adoptar la EMT como vehículo de metástasis, y existen pruebas de que así es. Los carcinomas, los cánceres más corrientes, se derivan de células epiteliales. Cambiando temporalmente de identidad, podrían dispersarse más fácilmente por el organismo. Durante la transición incluso adquirirían cualidades como las de las células madre del feto: la capacidad de reproducirse profusamente y generar un nuevo tumor. No habría necesidad de que la célula del cáncer se topara con estas dotes camaleónicas a través de mutaciones aleatorias. El programa, como una reliquia de los primeros tiempos, estaría esperando ya preparado en el genoma como un libro olvidado en un estante. Sencillamente tendría que releerse.

Deseoso de aprender más sobre los complejos procesos de la vida y la antivida, una mañana viajé a Albuquerque, donde la Sociedad de Biología del Desarrollo celebraba su reunión anual. Esta ciencia consiste esencialmente en manipular los genes que desempeñan una función en el desarrollo embriónico y luego ver qué clase de deformidades aparecen. Experimentando con insectos, gusanos, peces y otras criaturas de laboratorio, los biólogos están reconstruyendo lentamente los pasos que llevan de un óvulo fertilizado a un adulto plenamente formado. Al igual que hormigas en ámbar, los procesos celulares se han preservado y transmitido a través de las bifurcaciones de la evolución. Cuando se activan a destiempo, pueden generar cáncer humano.

Había un sinfín de nuevos resultados que dar a conocer desde la reunión del año anterior. La única manera de acogerlos todos era organizar sesiones simultáneas. «Organogénesis», «El control espaciotemporal en el desarrollo», «Ramificación y migración», «Generación de asimetría»… un amplio despliegue de ideas extrañas y atractivas. Saltando de una sala a otra, pude hacer una cata de los últimos informes sobre los genes que dirigen el desarrollo del hígado en el pez cebra o del cerebro en la ascidia, o sobre aquellos que se aseguran de que la tráquea se separe bien del tracto digestivo en el ratón embriónico. Uno podía averiguar cómo se determina el sexo en el gusano *C. elegans*, o cómo la apoptosis —la muerte celular programada— esculpe los genitales de la mosca de la fruta. Hubo charlas sobre el modo en que los anfibios y las planarias regeneran partes corporales amputadas, así como especulaciones acerca de la razón por la que eso es algo que no pueden hacer los mamíferos.

Muchos de los genes que dirigen el desarrollo se descubrieron en primer lugar en la mosca de la fruta. Al mutar o destruirse, causan deformaciones, y por eso se les han asignado nombres como «sin alas», «rizado», «alisado», «man-

105

chado» y «alborotado». Las mutaciones en un gen llamado «erizo» pueden ser la causa de que crezcan cerdas inesperadamente en la parte inferior de las larvas de la mosca de la fruta. (Un gen erizo humano interviene en la aparición de pelo a partir de los folículos, lo que induce a pensar en posibles tratamientos para la alopecia.) Los genes llamados caracol, babosa y giro son mencionados en las rotaciones de la transición epitelio-mesenquimal.

A medida que los científicos descubrían variaciones, enloquecían aún más con la nomenclatura. Erizo del desierto, erizo indio y erizo sónico. A un gen llamado «fleco» se unió poco después «fleco maníaco», «fleco radical» y «fleco lunático». Cuando se producen mutaciones durante la formación del embrión, pueden ocasionar deformidades y cáncer neonatal. Esta nomenclatura absurda ha suscitado cierto malestar entre quienes sufren el doloroso desenlace de los defectos en el desarrollo. Un investigador médico lo expresó así: «El extravagante sentido del humor… a menudo pierde mucho en la traducción cuando se dice a alguien que su hijo, aquejado de una enfermedad grave, padece una mutación de un gen como Erizo Sonic ("sónico"), Slug ("babosa") o Pokémon». Este último, propuesto como nombre para un oncogén, fue retirado ante la amenaza de demanda de Nintendo, el fabricante de los juegos Pokémon. Ahora se lo conoce por el nombre menos evocador de Zbtb7.

Sega no presentó ninguna demanda cuando los biólogos se apropiaron del personaje de su videojuego, el Erizo Sonic. Aunque la empresa hubiera querido entablar un pleito, pronto ya era demasiado tarde. Enseguida se vio que el erizo sónico, descubierto en 1993, era uno de los componentes más poderosos del desarrollo animal. Los primeros indicios aparecieron en la década de 1950, cuando las ovejas que pastaban en los montes de Idaho empezaron a dar a luz corderos deformes. En los casos más horrendos, tenían un solo ojo en el centro de la frente, y en muchos de ellos el cerebro no se había dividido completamente en los hemisferios izquierdo y derecho. Después de pasar tres veranos conviviendo con las ovejas, un científico del Departamento de Agricultura descubrió la causa. La sequía las impulsaba a ascender más en las montañas, hasta alturas donde se alimentaban de una azucena llamada *Veratrum californicum*. Los experimentos de laboratorio constataron que las ovejas preñadas que comían la planta parían mutantes ciclópeos. La sustancia química mutagénica se aisló y se denominó ciclopamina. Actuaba, según observaron los biólogos, anulando las señales del gen erizo sónico. (Las ovejas también desempeñaron un papel destacado en el episodio de la *Odisea* donde Ulises y sus hombres visitan la isla de los Cíclopes. Atrapados en una cueva, Polifemo, el monstruo de un solo ojo, los devora, uno por uno, hasta que Ulises lo ciega con una lanza que él mismo construye. Sus soldados y él escapan atados al vientre de las ovejas de Polifemo.)

En Albuquerque, el erizo sónico estaba presente en una sesión tras otra. Pone en marcha una compleja cascada molecular —lo que los biólogos llaman el camino de señalización de shh (por la sigla en inglés de «sonic hedgehog»)— en la que también intervienen genes alisados, manchados y otros. En los mamíferos, el erizo sónico contribuye a establecer la simetría izquierda-derecha del cuerpo y el cerebro y guía la estructuración del esqueleto y el sistema nervioso, conectando los huesos con los músculos y revistiéndolos de piel. Una dosis de ciclopamina no es la única manera de bloquear su funcionamiento. En el embrión en desarrollo, las mutaciones pueden anular al erizo sónico, dando lugar a una deformidad humana conocida como holoprosencefalia. Como ocurre con los corderos, el cerebro del bebé no se bisecciona en hemisferios debidamente. Puede aparecer una nariz con un solo orificio o una boca con un solo incisivo central en lugar de dos y, en los casos más graves, un ojo ciclópeo en plena frente como una lámpara de minero. Son muchas las cosas que tienen que salir bien durante la formación de un niño: que las señales químicas adecuadas se produzcan, se transmitan y se reciban en los lugares debidos, en la concentración debida y en el momento debido. Con mayor frecuencia de lo que nos pensamos, algo se tuerce. Según se calcula, más o menos uno de cada 250 embriones en su primera etapa es holoprosencefálico. Estos embarazos suelen acabar en aborto, por lo que el defecto aparece solo en uno de cada 16.000 neonatos vivos. La mayoría de estos bebés muere, pero aquellos con síntomas no muy acusados pueden vivir durante años.

En tanto que una señalización escasa del erizo sónico puede ocasionar defectos de nacimiento, un exceso de señales puede producir la formación de malignidad tanto en niños como en adultos: un tumor cerebral llamado meduloblastoma, por ejemplo, o también el carcinoma basocclular, el cáncer más común (y normalmente inocuo) en los humanos. Estas excrecencias cutáneas tienden a aparecer lentamente y se eliminan con facilidad en la consulta del dermatólogo. Pero en personas con el síndrome de Gorlin, la conducta hiperactiva del erizo puede provocar la aparición de centenares de carcinomas. Un estudio descubrió que una crema que contenía ciclopamina combatía las excrecencias, y el Departamento de Alimentos y Medicamentos ha aprobado un tratamiento en el que interviene otro inhibidor del erizo.

Las charlas de la mañana me dejaron «rendido» (ese también es el nombre de un gen, como lo es «chisporroteado»), y durante la sesión de los pósters decidí pasearme tranquilamente entre el material expuesto. En lo que se ha convertido ya en una tradición en los encuentros científicos, se colocaron tableros de corcho fila tras fila para que los científicos —normalmente estudiantes de posgrado y doctores de nuevo cuño— pudieran exponer grandes carteles explicando mediante imágenes y palabras algunos de los logros de sus experimentos. Años atrás, cuando frecuentaba congresos de neurociencia, echar una ojeada a los pósters me ayudaba a formarme una idea de por dónde iban los tiros. Una vez más me vi inmerso en un nuevo territorio apasionante y a ratos desconcertante. Esa tarde en particular había 148 pósters sobre la biología del desarrollo, y muchos de los investigadores estaban más que dispuestos a explicar los detalles.

Mientras recorría uno de los pasillos, intentando evitar que me acorralaran, me detuve por un momento ante una presentación titulada «El factor de transcripción novel implicado en la neurogénesis», a la que aparentemente no atendía nadie.

«¿Quiere que le explique mi póster?» De pronto se acercó una joven. Por su placa identificadora, supe que era Emma Farley, del Imperial College de Londres. Por norma, yo prefería lidiar con los pósters a solas, pero era difícil resistirse a su entusiasmo. Empezando por el ángulo superior izquierdo, me contó

108

que una molécula, la Dmrt5, dotada de un dígito molecular llamado «dedo de cinc», quizás ayudara a controlar los interruptores genéticos durante la maduración del cerebro. Los experimentos se hacían con ratones y pollos. La seguí como buenamente pude mientras ella me miraba a la cara de vez en cuando en busca de indicios de comprensión. ¿Qué nivel debía dar a su explicación?

«¿Con qué animal trabaja usted?», preguntó finalmente. *Drosophila, Xenopus, C. elegans...* eran tantas las posibilidades. Le dije que era escritor de temas científicos. Ella bajó el nivel un par de grados hasta que alcancé a captar lo esencial. Agradecido por su paciencia, me dirigí al vestíbulo, me senté con mi portátil y busqué en Google «dedos de cinc», «Dmrt5» y «Emma Farley». Vi que había recibido un premio por una versión anterior de su póster. Pieza a pieza, fui construyendo un mapa.

En cuanto uno se tropieza con una nueva palabra extraña, el cerebro parece desarrollar receptores para ella. Mientras me paseaba ante otros pósters, términos que hacía solo unas horas me resultaban desconocidos acudieron a mí una y otra vez. No comprenderemos el cáncer sin comprender su desarrollo, y era sorprendente la cantidad de información nueva acumulada desde el encuentro anterior, como quedaba reflejado en los títulos, rebosantes de esa curiosa terminología. «La señalización Fat-Hippo («hipopótamo gordo») regula la proliferación y diferenciación del neuroepitelio óptico de la drosofila.» (Durante el desarrollo, los genes Hippo contribuyen a determinar el tamaño de los órganos e intervienen en ciertos cánceres.) «Fox1 y Fox4 regulan el ensamblaje específico de los músculos en el pez cebra y son necesarios para las funciones músculo-esqueléticas y cardiacas.» (Cuando mutan, también pueden impulsar el desarrollo de tumores malignos.) Para captar la atención respecto a los hallazgos, algunos pósters incluían un giro caprichoso. «1 + 1 = 3» exploraba la relación sinérgica entre dos hormonas en el crecimiento de las plantas. «¿Qué ha sido de mi cola?» trataba de la gallina araucana, criada con una mutación que afecta a sus vértebras inferiores.

De todas las presentaciones que vi aquel día, una quedó profundamente grabada en mi mente. Zigzagueando por otro

GEORGE JOHNSON

pasillo de pósters, con títulos a mi izquierda y títulos a mi derecha, me detuve en seco ante ocho simples palabras: «Cómo
aceptan su destino las células del corazón». Para entonces ya
sabía que «destino de la célula» es un término técnico, no filo-
sófico, que alude a la célula plenamente diferenciada, una en la
que se ha activado la combinación adecuada de genes para crear
una célula epidérmica, una célula muscular, una célula cerebral. Y el tema de este estudio en concreto no era el corazón
humano, sino el de una modesta ascidia. Aun así, las palabras
poseían una resonancia poética.

A poco menos de dos kilómetros del congreso de biología se
hallaba el hospital universitario adonde Nancy y yo habíamos
acudido no hacía mucho tiempo para su operación. Las células
cancerosas son aquellas que se rebelan contra su destino —es-
peran mucho más—, y para Nancy saber que el cáncer estaba
en el útero hacía las cosas aun más difíciles. El reloj biológico
se había convertido en una bomba de relojería: antivida.

Habíamos empezado el día con mal pie. La recepcionista
nos atendió con brusquedad, ajena o indiferente al hecho de
que la mujer educada y callada con quien hablaba llevaba dentro un cáncer que podía matarla. El administrativo responsable
de la sección de ingresos se mostró cordial pero pidió disculpas:
no había ninguna cama disponible. Al igual que una compañía
aérea, el hospital practicaba intencionadamente el *overboo-
king*. Quizás eso sea inevitable en un complejo hospitalario
importante que además actúa como principal centro traumato-
lógico del estado. En todo caso, Nancy sería introducida en el
sistema informático como «flotante»: sin asignación hasta que,
en algún momento posterior a la intervención, quedara una
cama libre en alguna sala. Una flotante. El administrativo no
debía de saber que en la jerga policial es así como llaman a un
cadáver que aparece flotando en un lago.

Cuando volví a ver a Nancy esa mañana, estaba tendida en
una camilla y la preparaban para el quirófano. Era admirable
ver con qué valentía sobrellevaba aquello. En presencia de un
supervisor, una estudiante de enfermería pinchaba a Nancy en
una vena para extraerle sangre. Falló de largo y alcanzó un

110

nervio, provocándole una lesión que persistiría mucho después de cicatrizar la herida de la intervención. Esa mañana el percance nos pareció una nimiedad. Llegaron el anestesiólogo, y poco después el cirujano, ofreciendo palabras tranquilizadoras. La puerta de dos hojas se abrió y se llevaron a mi mujer.

Eran las once y media de la mañana del primer viernes de noviembre. Nos previnieron que la intervención sería larga. Encontré una silla en una amplia sala de espera. Cuando me cansaba de estar sentado, me paseaba por los pasillos. Después buscaba otro sitio donde sentarme. Pasaron dos horas, luego tres. No quería alejarme demasiado por miedo a no ver al cirujano o algún ayudante salir a informar. Recé, si es que puede llamarse así a repetir obsesivamente palabras de súplica en la cabeza. Mi único dios era el de Einstein: las leyes que rigen la masa y la energía al desplegarse en la distorsión del espacio-tiempo. Mientras mi propio tiempo se ralentizaba, pensé en la extraña belleza de la historia de la creación de la propia ciencia. La manera en que mucho tiempo atrás se entrelazaron en la tierra unos átomos con otros para formar una multitud de moléculas de todas las formas y tamaños. La manera en que estas pizcas de materia se reunieron con otras en incontables configuraciones, hasta que en algún punto del camino apareció una capaz de reproducirse. La manera en que átomos sueltos se adhirieron a los recovecos de dicha configuración, y lo que salió del molde fue otra pequeña estructura idéntica a la primera. Y luego se repitió el proceso, y la materia engendró materia una y otra vez, hasta que en algún lugar de las aguas azules de la Tierra la maquinaria autoperpetuante quedó atrapada en una pequeña burbuja membranosa. Había nacido la célula ancestral. Se dividió una y otra vez, copiándose en células hijas que volvían a copiarse. Entretanto, dentro de las células, las moléculas se modificaban sutilmente, mutaban por generación espontánea o a causa del entorno radiactivo de la Tierra. Pero, entre las nuevas células que surgieron, algunas estaban más capacitadas que otras para medrar. Llegaban antes a la comida o se alejaban más deprisa del peligro. Algo similar a las células cancerosas debió de aparecer en el caldo primigenio: salvaje, satánico, que proliferaba a costa de los demás. Pero serían las células capaces de congregarse y cooperar las que formarían criaturas pluricelulares, dando origen a la flora y la fauna, las criaturas de la Tierra, esos exquisitos montajes en los que de vez en cuando una célula como la que apareció dentro de Nancy revertía a su estado salvaje.

Ensoñación tras ensoñación, la tarde dio paso a la noche, y yo seguía sin tener noticia. Debía de haber recorrido todos los metros lineales de todos los pasillos de todas las plantas abiertas. Me sorprendió lo fácil que era vagar de acá para allá por el hospital sin placa de identificación. Salí a la calle, donde fumaban los auxiliares y otros miembros del personal. Pasé junto a la sala de urgencias, adonde llegaban en ambulancia las víctimas de puñaladas, atropellos y disparos. Volví a subir por la escalera hasta la planta de cirugía y me senté de nuevo. Saqué el portátil e intenté trabajar en un libro que estaba escribiendo. Trataba de Henrietta Leavitt, la mujer que a principios del siglo XX descubrió las estrellas titilantes que los astrónomos utilizan como balizas para medir el vacío del universo. Murió, sin hijos, de cáncer de estómago. No tardó en llegar el hermano de Nancy. La Tierra había seguido girando y fuera ya había oscurecido. La cafetería cerró, y las luces se apagaron. Nos echaron a un pasillo, donde una familia —los otros únicos visitantes todavía en la planta— esperaba el resultado de la larga intervención de otra persona.

Finalmente, a las siete y media, ocho horas después de entrar Nancy en el quirófano, salió el cirujano, con la mascarilla colgada del cuello, como es costumbre. En lo que se denomina una histerectomía radical modificada, le había extraído los ovarios, las trompas de Falopio y el útero, donde un tumor —el que había iniciado todo aquello— había penetrado a una profundidad de tres milímetros en el revestimiento endométrico y empezado a propagarse hacia el extremo superior del cuello uterino. Desde ahí el cáncer había descendido por uno de los ligamentos redondos, que ayudan a mantener el útero en su sitio, y ocupado tejido circundante en el camino hacia la ingle derecha, el lugar donde apareció ese ganglio linfático hinchado. Una vez ahí, invadió la piel y, a través del sistema linfático, saltó a los ganglios de la ingle izquierda. También en la región pélvica se habían detectado ganglios linfáticos agrandados, dos de ellos peligrosamente cerca de una vena, pero aún no estaba claro si eran también cancerosos. Todo el tejido enfermo y sospechoso había sido extirpado, y se habían mandado muestras para una biopsia.

Pese a todo eso había también buenas noticias. No se observaban indicios de que el cáncer hubiera afectado a ninguno de los órganos próximos al útero: la vejiga, el recto... El cáncer no había aprendido a ramificarse hacia el sistema sanguíneo. Había sido una operación limpia, sin necesidad de transfusión. Nancy solo había perdido trescientos centímetros cúbicos de sangre, poco más de una taza. En las anotaciones para el informe que se redactaría pasados unos días, el cirujano escribió: «Complicaciones: ninguna».

Nos llevó a la sala de recuperación, donde yacía Nancy, apenas despierta. Sonrió al vernos y acto seguido volvió a sumirse en la inconsciencia, sintiéndose ya a salvo por esa noche. Ahora, recordando todo aquello, me invade la tristeza que sentía mi mujer por no haber tenido hijos en nuestra vida, tristeza que ella muchas veces había intentado explicarme, inducirme a sentir en mi propio corazón. Ahora los hijos no eran ya una opción, ni conmigo ni con nadie. En lugar de un embrión crecía dentro de ella un cáncer, uno que, como todos los cánceres, se había apropiado de algunos de los mecanismos de la embriogénesis.

113

7

De dónde viene el cáncer realmente

*E*n la década de 1890 William T. Love, previendo un boom económico en las orillas del río Niágara, empezó a excavar un canal. Circundaría las cataratas del Niágara, permitiendo viajar a las embarcaciones entre el lago Erie y el lago Ontario. Más importante aún, el caudal desviado se utilizaría para generar energía hidroeléctrica. Surgiría allí un sinfín de nuevas industrias, atraídas por un suministro aparentemente inagotable de energía; los trabajadores se desplazarían a modernas fábricas desde un núcleo urbano modélico que se llamaría Model City.

El proyecto de Love dependía en gran medida de la necesidad de clientes ávidos de energía eléctrica, que en aquellos tiempos se generaba de una forma llamada «corriente directa», promovida por Thomas Edison. La corriente directa no podía transportarse muy lejos porque perdía intensidad. Las bombillas de los clientes que vivían al final del tendido eléctrico brillaban menos que las de aquellos instalados más cerca de la planta generadora. Pero las ventajas del Niágara no duraron mucho. Más o menos en las fechas en que se inició la excavación del canal de Love, el inventor serbio Nikola Tesla y su jefe, George Westinghouse, introdujeron los generadores de corriente alterna y los transformadores. Al cabo de poco tiempo, la electricidad producida en el Niágara y otras partes podía elevarse a altos voltajes y transportarse por todo el país. Eso, unido al gran pánico económico de 1893, puso fin al proyecto del canal de Love, dejando una zanja inacabada de unos mil metros de longitud y treinta metros de ancho que los residentes de Niagara Falls, Nueva York, adoptaron para practicar la natación y el patinaje sobre hielo.

Pese a que el proyecto de Love fue un fracaso, otros sectores industriales, incluidos los fabricantes de productos químicos, se asentaron en las orillas del río, y en los años cercanos a la Segunda Guerra Mundial, Hooker Electrochemical Company adquirió el canal abandonado para usarlo como vertedero. A lo largo de la siguiente década la empresa desechó unas 22.000 toneladas de residuos tóxicos, incluidos carcinógenos como el benceno y la dioxina. En 1953, el emplazamiento, ahora cerrado y cubierto de tierra, fue entregado, previo pago simbólico de un dólar, al departamento de enseñanza local, dejando claro que contenía vertidos químicos. Se construyó allí igualmente un colegio de primaria y el ayuntamiento concibió la posibilidad de convertir el antiguo vertedero en un parque.

Durante las dos décadas siguientes la tierra colindante con el canal se vendió y se urbanizó, y a finales de los años setenta, después de un par de años anormalmente lluviosos, los residentes empezaron a quejarse de un olor nauseabundo. Cuando en 1977 un funcionario de la Agencia para la Protección del Medio Ambiente fue a realizar una inspección, vio barriles oxidados de desechos que habían aflorado a la superficie. Rezumaban residuos de los socavones abiertos en varios jardines traseros, y en una de las casas se filtraban en el sótano. «Los olores impregnan la ropa y se adhieren a los zapatos», informó el funcionario. Al cabo de tres días su suéter aún apestaba. Se evacuó todo el vecindario, se declaró el estado de emergencia nacional y empezaron las investigaciones.

Se han escrito libros en un intento de repartir entre Hooker, el departamento de enseñanza, los promotores inmobiliarios y el ayuntamiento de Niagara Falls las culpas de lo que, como todos coinciden, fue un desastre medioambiental. (Joyce Carol Oates incorporó esta historia a una novela.) Igual de difícil ha sido determinar los daños causados por el vertedero a la salud pública. Al principio de esta crisis, la Agencia para la Protección del Medio Ambiente calculó que la gente que vivía en las inmediaciones del canal de Love tenía una entre diez posibilidades de contraer cáncer a lo largo de la vida solo por haber respirado el aire contaminado. Pero varios días después la agencia admitió un error matemático: el incremento en el riesgo era en realidad uno entre cien, y muy inferior para personas que vivían a unas manzanas de allí. Otro informe de la Agencia para la Protección del Medio Ambiente reveló que algunos de los 36 residentes que se sometieron voluntariamente a análisis presentaban indicios de daño cromosómico, más de lo que se consideraba normal. Pero un comité de expertos médicos encabezado por Lewis Thomas, máximo responsable del Memorial Sloan-Kettering Cancer Center, lo desechó por considerarlo «inadecuado» y tan mal realizado que «perjudicaba la credibilidad de la ciencia». Un estudio posterior de los Centros para el Control de la Enfermedad no detectó un exceso de aberraciones cromosómicas.

El cáncer puede tardar décadas en desarrollarse, y aquellos que siguieron de cerca el caso esperaban los resultados de un estudio retrospectivo de treinta años llevado a cabo por el Departamento de Sanidad del estado de Nueva York. Con tantas variables yuxtapuestas, esta clase de estudios están marcados por la incertidumbre. La edad, el sexo y la proximidad al canal debían tomarse en consideración. Casi la mitad de los 6.026 residentes que fueron examinados trabajaban en empleos donde la exposición ocupacional podía ser un riesgo, y más o menos dos tercios de ellos habían sido fumadores. Aproximadamente la misma proporción consumía bebidas alcohólicas.

Una vez concluido el estudio, los epidemiólogos informaron de que el índice de defectos de nacimiento para hijos de personas que habían vivido cerca del canal era el doble que el de Niagara County y también superior al del resto del estado. En comparación con la población en su conjunto, había nacido un número ligeramente mayor de niñas que de niños: un indicativo más de que las sustancias químicas del canal de Love podían tener repercusiones genéticas. Pese a los indicios de efectos teratogénicos, el estudio no encontró pruebas convincentes de que la vida junto al canal hubiera causado cáncer a las personas. Unos cuantos tipos de cáncer se daban un poco más de lo esperado, pero las cifras eran tan pequeñas que se consideraron dentro del intervalo de probabilidades. El índice total de cáncer era en realidad un poco inferior al de la población general.

Los defectos de nacimiento y el cáncer pueden deberse ambos a mutaciones, así pues, ¿por qué debería haber señales de uno sin el otro? Cabe la posibilidad de que las células en división de un embrión en desarrollo fueran más sensibles a influencias perturbadoras que las células de una persona plenamente formada. Y si bien una sola mutación podría bastar para hacer descarrilar un proceso de desarrollo, normalmente se requerirían varios de estos impactos para que una célula de un órgano se apartara del camino y se volviera cancerosa. Pero incluso después de tres décadas, la aparente ventaja de salida proporcionada por el canal de Love no había sido suficiente para generar un exceso evidente de tumores malignos.

Para muchos de quienes nos criamos durante los exuberantes comienzos del movimiento ecologista de las décadas de 1970 y 1980, ese resultado era difícil de creer. Estábamos bajo la influencia de *Primavera silenciosa*, la elegante advertencia de Rachel Carson sobre los pesticidas y el medio ambiente, y de feroces polémicas como *The Politics of Cancer* de Samuel Epstein. Nos preocupaba la sacarina y el tinte rojo número dos, y posteriormente el Alar en las manzanas. Nos hablaban de una epidemia moderna de cáncer —«la plaga del siglo XX»—, impuesta al público por empresas irresponsables y sus vertidos. Los aditivos de los alimentos, los pesticidas y los herbicidas, los productos de limpieza doméstica... todo esto, según se decía, corrompía nuestro ADN. Éramos peones en «un tétrico juego de la ruleta química», advirtió Russell Train, el administrador de la Agencia para la Protección del Medio Ambiente, en un artículo publicado por periódicos de todo el país. «Extrañas criaturas nuevas que son obra nuestra nos rodean, en el aire, en el agua, en la comida y en las cosas que tocamos. Cuando nos alcanzan, no notamos nada. Puede que sus efectos nocivos no se manifiesten hasta pasadas unas décadas, en forma de cáncer, o incluso generaciones más tarde en forma de genes mutados.» Estábamos en medio de lo que el historiador Robert Proctor llamó «las Grandes Guerras del Cáncer».

«El noventa por ciento del cáncer es medioambiental»,

117

oíamos decir una y otra vez. Algunas de las advertencias tenían un sesgo conspiratorio: las empresas que fabricaban productos químicos cancerígenos también creaban los fármacos utilizados en los tratamientos de quimioterapia. Se beneficiaban del cáncer por partida doble. Esa clase de retórica era extremista, pero el mensaje general era muy verosímil. Muchos productos químicos manufacturados se consideran cancerígenos. Se encuentran entre los agentes conocidos y sospechosos incluidos en el *Informe sobre carcinógenos* de 499 páginas del Programa Nacional de Toxicología. Según el grado de exposición, los trabajadores de industrias que utilizan o producen estas sustancias asumen un riesgo mayor para la salud. Conforme las sustancias químicas se difundieran por la atmósfera, forzosamente se pondrían de manifiesto graves efectos en el público, primero en el presente y cada vez más año tras año con la acumulación de genes rotos.

Algunos de nuestros temores se basaban en un malentendido. Los epidemiólogos definen «medio ambiente» de una manera muy amplia para abarcar todo aquello que no es resultado directo de la herencia: el tabaco, la alimentación, el ejercicio, los embarazos, los hábitos sexuales, cualquier clase de comportamiento o práctica cultural. Los virus, la exposición a la luz solar, el radón, los rayos cósmicos... todo ello se define como medioambiental. Para saber en qué medida el cáncer se hallaba determinado por la herencia y en qué medida por estos factores extrínsecos, los científicos de la década de 1950 estudiaron poblaciones de negros cuyos antepasados fueron capturados por los esclavistas y trasladados a Estados Unidos y los compararon con parientes suyos que se quedaron en África. Se observó que el cáncer hepático y el linfoma de Burkitt alcanzaban un índice muy alto entre los africanos, pero no entre los negros estadounidenses. Los cánceres de pulmón, páncreas, mama, próstata y otros se daban mucho más entre los negros de Estados Unidos que entre los africanos. Otros investigadores detectaron pautas similares. Se sabía que los hombres japoneses tenían una tasa más alta de cáncer de estómago pero más baja de cáncer de colon en comparación con los japoneses residentes en Estados Unidos. Cuando se trasladaban a este país, la situación cambiaba. Tendían a adoptar los cánceres de sus anfitriones y dejar atrás los cánceres autóctonos. Dado que los genes seguían siendo los mismos, debían de intervenir otros factores aparte de la herencia.

A finales de los años setenta, los estudios migratorios realizados a lo largo de décadas llegaron a la misma conclusión: para el noventa por ciento de los casos de cáncer se requería algún tipo de influencia externa. Algo «medioambiental». Existía la probabilidad de que una persona empezara con ventaja respecto al cáncer por haber heredado un gen dañado. Pero la mayoría de las mutaciones que desencadenaban un tumor maligno se adquirían a lo largo de la vida. Eso era una noticia alentadora para la salud pública y la prevención. Pero a menudo se interpretaba erróneamente en el sentido de que casi todo cáncer se debía a la contaminación, los pesticidas y los desechos industriales. Eso concordaba tan bien con el resto de nuestra visión del mundo que eran pocos los incentivos para analizarlo en mayor profundidad. Voces más serenas reclamaron una perspectiva más equilibrada, pero fueron las advertencias más extremas las que se consagraron en la percepción pública. Si nosotros o alguien a quien conocíamos contraía cáncer, enseguida nos preguntábamos si la culpa era de las grandes corporaciones estadounidenses.

Había algo más en todo esto que política y semántica. En 1973, no mucho después de declarar Richard Nixon la guerra al cáncer, el Programa de Vigilancia, Epidemiología y Resultados Finales del Gobierno, llamado SEER por sus siglas en inglés, empezó a reunir información sobre la incidencia y la mortalidad del cáncer —es decir, con qué frecuencia la población contraía cáncer y con qué frecuencia moría a causa de él— a partir de los datos recogidos en los registros estatales. Durante años la visión dominante había sido que, salvo por el cáncer de pulmón, los índices generales se mantenían estables, pero en 1976, cuando los datos del nuevo SEER se compararon con estudios anteriores del Instituto Nacional del Cáncer, el número de casos nuevos parecía haber aumentado bruscamente, incluso tomando en cuenta el envejecimiento de la población. Eso parecía ser la confirmación que muchos buscaban.

119

Combinar dos series de estadísticas, elaboradas a partir de distintas fuentes con arreglo a distintas reglas, por fuerza tiene que crear problemas. Ya muy al principio los epidemiólogos advirtieron que las comparaciones no eran válidas y no debían extraerse conclusiones: no había pruebas de una epidemia de cáncer. Para formarse una idea más clara de cuál era la situación a la que se enfrentaba la población, el Departamento de Evaluación Tecnológica de Estados Unidos encargó un estudio a Richard Doll y Richard Peto, dos epidemiólogos de la Universidad de Oxford que se habían labrado un nombre al establecer la relación entre el tabaco y el cáncer, así como los efectos carcinógenos del amianto. Habría sido difícil encontrar a dos científicos más consumados en su especialidad.

Para empezar, tenían que decidir qué cifras dar por buenas. Aunque las estadísticas sobre la incidencia del cáncer —el número de casos nuevos en una población— mejoraban, todavía no eran fiables. Lo que parecía un mayor número de cánceres nuevos podía ser resultado de mejores diagnósticos, historiales médicos más precisos y una creciente proporción de población que buscaba y recibía atención médica. Los certificados de defunción de décadas anteriores también eran sospechosos. Los médicos podían acceder a la petición familiar de no inscribir en los registros públicos el estigma del cáncer. Se cometían frecuentes errores tanto en el diagnóstico como en la consignación de datos en los historiales. Una persona que moría de cáncer de pulmón podía constar como víctima de una neumonía. Una muerte a causa de un tumor cerebral no diagnosticado podía atribuirse a senilidad. Podía establecerse que un paciente moría de cáncer cuando en realidad la causa era otra. La situación mejoró en 1933, cuando los estados empezaron a informar de las defunciones a un registro central, y a mediados de siglo se puso en marcha un plan de clasificación estandarizada. (Antes el cáncer de útero y de cuello de útero se metían en el mismo saco, y el linfoma de Hodgkin, una forma de malignidad de las células sanguíneas, se consideraba erróneamente una enfermedad infecciosa.) A partir de 1950, y empleando los índices de defunción como la mejor aproximación disponible a la proporción de cáncer, los autores elaboraron un intrincado análisis que ocupaba más de cien densas páginas de texto, tablas y gráficos, con seis meticulosos apéndices. Además de realizar sus propios cálculos, revisaron también los hallazgos de otros trescientos y pico estudios.

Desde su publicación en 1981, «The Causes of Cancer» («Las causas del cáncer») de Doll y Peto se ha convertido en uno de los documentos más influyentes en epidemiología del cáncer. Concluía que la gran mayoría de los cánceres son «evitables», producidos por factores que, en gran medida, están al alcance del control humano. En el 30 por ciento de las muertes por cáncer, el tabaco era una causa. En cuanto a la dieta, la proporción era del 35 por ciento, y en cuanto al alcohol, era del 3 por ciento. El 7 por ciento de las defunciones guardaba relación con «comportamientos reproductivos y sexuales», lo que incluía el retraso de la maternidad o la promiscuidad y la renuncia a los hijos. (Tener múltiples parejas se identificó como riesgo para el cáncer de útero, si bien se desconocía aún que el agente era el virus del papiloma humano.) Otro 10 por ciento del cáncer se atribuyó sin mucha convicción a diversas infecciones y el 3 por ciento a fenómenos «geofísicos»: exposición a los componentes ultravioletas de la luz solar y la radiactividad natural procedente del suelo y los rayos cósmicos. Para las muertes debidas a carcinógenos producidos artificialmente, incluidos los radioisótopos, los porcentajes eran muy bajos: 4 por ciento por exposición ocupacional, 2 por ciento por la contaminación del aire, el agua y los alimentos, 1 por ciento por los efectos secundarios de tratamientos médicos (incluidas las radiografías y la radioterapia) y menos del 1 por ciento por productos industriales como la pintura, los plásticos y los disolventes, o los aditivos en los alimentos. El resto era de origen desconocido, con la insinuación de que podían intervenir el estrés psicológico o un sistema inmunológico vulnerable. Excepto por el cáncer de pulmón, concluyeron Doll y Peto, «la mayoría de los tipos de cáncer comunes hoy día en Estados Unidos se deben principalmente a factores que están presentes desde hace mucho tiempo».

Era una conclusión difícil de digerir. Cualquier caso espe-

121

cífico de cáncer tiene múltiples causas: medioambientales (en el sentido más amplio), además de las predisposiciones hereditarias y la escurridiza influencia de la mala suerte. Pero para la población en general las sustancias químicas vertidas por las fábricas o los aditivos polisilábicos contenidos en los alimentos eran por lo visto una parte menor de la ecuación. Eran un componente —«hay demasiada ignorancia para que pueda justificarse la complacencia», escribieron los autores—, pero mucha mayor importancia tenía nuestra forma de vida y el efecto de esta en la tendencia natural de una célula a desmandarse y reafirmar su imperativo darwiniano. Lo más revelador de todo es que Doll y Peto descubrieron que el cáncer no aumentaba rápidamente, como uno habría esperado si era cierto que estábamos sometidos a una eflorescencia de agresiones recién inventadas. Una vez dejados de lado el cáncer de pulmón y otros tumores malignos estrechamente relacionados con el tabaco (orales, laríngeos, esofágicos y otros), y tenido en cuenta el envejecimiento demográfico, la mortalidad por cáncer entre personas menores de 65 años había disminuido regularmente en casi todas las categorías desde 1953. (Eso también parecía válido en gran medida para los estadounidenses de mayor edad, pero estas cifras, basadas en informes censales y médicos anteriores, se consideraron menos fiables.) La menor mortalidad no se debía a que hubiese mejorado la curación del cáncer, concluyeron los autores, sino a que el número de casos nuevos no se incrementaba. En cuanto el SEER se estableció más sólidamente y la calidad de los datos mejoró, se confirmó que no había un aumento alarmante en la incidencia de cáncer.

Doll y Peto no estaban solos en sus hallazgos. Dos estudios menores, uno en Estados Unidos y otro para la ciudad industrial de Birmingham, Inglaterra, habían ofrecido porcentajes análogos, atribuyéndose la mayor parte del cáncer al tabaco y a una mezcla de otros factores definidos como integrantes del estilo de vida, y considerándose la exposición ocupacional responsable solo de un pequeño porcentaje. Pero «Las causas del cáncer» fue el estudio de mayor alcance realizado. Sus conclusiones fueron, naturalmente, las que querían oír los máximos responsables de la industria, y las per-

122

sonas comprometidas con la lucha contra los problemas generados por la contaminación industrial empezaron a poner en duda el informe. El argumento del estilo de vida se desechó, tachándose de elemento de distracción: culpar a las víctimas en lugar de a los perpetradores. Si bien el tabaco era claramente una influencia importante, tal vez un número significativo de fumadores no habría padecido cáncer de pulmón sin la ayuda adicional del aire contaminado o los carcinógenos sintéticos, un efecto sinérgico complejo. Al margen de lo que ocurriera con los índices generales, la incidencia de algunos cánceres parecía estar aumentando, sobre todo entre los ancianos y los grupos minoritarios. Quizá lo que Doll y Peto atribuyeron a diagnósticos mejores en realidad eran indicios de venenos cancerígenos que se acumulaban uniformemente y entrarían en erupción pasados unos años en un devastador brote de cáncer. Cuando los índices de cáncer de pulmón empezaron a incrementarse en las primeras décadas del siglo XX, el dato se descartó también como fruto de mejores diagnósticos. Solo con el paso del tiempo quedó claro el verdadero horror que estábamos infligiéndonos a nosotros mismos.

123

Mientras los epidemiólogos seguían atentos a la aparición de una epidemia de efecto retardado, Bruce Ames, inventor del test de Ames, comenzaba también a poner en tela de juicio que las sustancias sintéticas fueran una amenaza significativa. Fue Ames quien, allá por 1973, utilizó experimentos con bacterias para demostrar que los carcinógenos, al menos en su mayoría, causaban cáncer induciendo mutaciones genéticas. (No todos los carcinógenos son mutágenos. Algunos pueden actuar de manera más indirecta. Matando las células del esófago e incrementando su índice de reemplazo, el alcohol aumenta la probabilidad de errores de copia aleatorios.) En la época en que dicho test acabó por consolidarse, inicialmente la mayor preocupación de Ames eran los posibles riesgos derivados de todo aquello que el hombre moderno estaba vertiendo en el mundo. Sus primeras investigaciones contribuyeron a imponer prohibiciones sobre carcinógenos empleados como retardantes de llama en los pijamas infantiles y en los tintes para el cabello. Participó en los esfuerzos para persuadir a las autoridades californianas de la conveniencia de endurecer su normativa en cuanto a cierto pesticida agrícola. Se convirtió en una especie de héroe de la ecología. Más tarde comenzó a someter a prueba sustancias químicas que se producían en la naturaleza y descubrió que un número sorprendente de estas parecía dañar también el ADN.

Tenía su lógica en sentido evolutivo. Desde el origen de los tiempos las plantas han desarrollado la facultad de sintetizar sustancias químicas que ahuyentan a los depredadores: bacterias, hongos, insectos, roedores y otros animales. Ames describió algunos de estos pesticidas naturales en un artículo publicado en *Science* en 1983. La pimienta negra utilizada para condimentar nuestra comida contiene safrol y piperina y causa tumores en los ratones. Las setas comestibles son portadoras de hidracinas, que son cancerígenas. El apio, la chirivía, el higo y el perejil tienen furocumarinas cancerígenas. En el chocolate hay teobromina, y en diversas infusiones herbales se encuentran alcaloides pirrolizidínicos. A lo largo de los años, Ames siguió llevando la cuenta. En 1997 dio a conocer que, de 63 sustancias naturales halladas en las plantas, 35 fueron identificadas como cancerígenas en las pruebas. Su ejemplo más llamativo fue una taza de café: 19 carcinógenos distintos, incluidos el acetaldehído, el benceno, el formaldehído, el estireno, el tolueno y el xileno. En total, calculó, la gente ingería diez mil veces más pesticidas naturales que manufacturados. Quienes buscaban causas químicas para el cáncer, dijo, buscaban en el lugar equivocado.

De hecho, dudaba que los venenos de la naturaleza causaran realmente mucho cáncer. Suele olvidarse que su artículo de *Science* también incluía numerosos antioxidantes y otros elementos presentes en las plantas que, cabía suponer, proporcionaban cierta protección. Era posible, propuso Ames, que lo bueno compensara lo malo, que en suma comer fruta y verdura pudiera reducir la incidencia del cáncer. Pero en realidad nadie lo sabía.

El mensaje de Ames era, en último extremo, que nos preocupábamos demasiado por ambas clases de sustancias químicas, las naturales y las artificiales. La mitad de todo aquello que se sometió a prueba, escribió, resultaba cancerígeno, pero eso no significaba necesariamente que las sustancias fueran peligrosas. Los presuntos carcinógenos se administran a los roedores utilizando lo que se conoce como dosis máxima tolerada: la cantidad que los animales pueden tomar sin experimentar efectos debilitadores. Esto equivale a muchas veces la dosis a la que está expuesta la gente en el mundo. Este planteamiento tiene cierta lógica. Supongamos que exponer a diez mil personas a cierta sustancia química da un único caso de cáncer. Para una población de diez millones, quiere decir que hay mil casos potencialmente prevenibles. Para demostrar el peligro, habría que administrar la sustancia a decenas de miles de ratones, experimento que tendría un coste de decenas de millones de dólares. La alternativa es administrar megadosis a muchos menos animales y ver si una proporción significativa de ellos resulta afectada. El problema, afirmó Ames, era que las grandes concentraciones de cualquier sustancia extraña pueden causar graves alteraciones físicas en un animal. Al percibir el daño en los tejidos, el organismo reacciona como si hubiese recibido una herida, desencadenando el proceso de curación. Eso implica la aceleración de la mitosis: generar nuevas células rápidamente para sustituir las dañadas. Con tanto ADN duplicado, las probabilidades de mutaciones aleatorias serían superiores, como también lo sería la posibilidad de contraer una de las combinaciones fatales. En términos técnicos, la mitogénesis incrementa la mutagénesis.

Los toxicólogos salieron en defensa de los test aduciendo que era un término medio razonablemente aceptable. Y al igual que Doll y Peto, Ames fue acusado por sus detractores más severos de plegarse a los intereses de los contaminadores y desviar la atención de un problema real. Quizá los venenos medioambientales están acumulándose en el torrente sanguíneo humano, casi imperceptibles pero sumándose en pequeños incrementos al índice de cáncer de fondo. Un informe reciente de un grupo asesor de la Casa Blanca sostenía que los ensayos con animales en realidad subestiman la carcinogenicidad: lo contrario de lo que Ames defiende desde hace mucho tiempo. Los ensayos suelen practicarse con roedores adolescentes que se sacrifican cuando concluye el experimento. Eso pasa por alto los efectos de la exposición prenatal y en la infancia, así como los tumores de desarrollo tardío. La alternativa sería administrar sustancias químicas a animales preñados y hacer un seguimiento de la salud de las crías en su desarrollo durante toda la vida, hasta la adultez y la muerte natural. Tampoco tiene en cuenta las interacciones sinérgicas. Según estimaciones, en tiempos modernos se han introducido en el mundo más de ochenta mil nuevas sustancias. El número de combinaciones es infinito. Solo se somete a prueba una pequeña proporción de los nuevos compuestos, cuando ya se sospecha que han causado cáncer. Tomando en consideración estos factores, el comité llegó a la solemne conclusión de que el número de casos de cáncer relacionado con los carcinógenos industriales «se ha infravalorado notablemente».

Si bien muchos científicos criticaron el informe por considerar que exageraba mucho la amenaza de las sustancias químicas sintéticas y concedía un crédito injustificado a un punto de vista disidente, pocos negarían que es necesario mejorar los ensayos toxicológicos. La Academia Nacional de las Ciencias ha observado que los avances en biología celular e informática introducen ensayos rápidos de alto rendimiento que permiten el análisis de muchas más sustancias químicas y combinaciones de sustancias químicas. En lugar de utilizarse animales, las pruebas pueden realizarse en células mantenidas con vida en placas de laboratorio. La esperanza es que los nuevos carcinógenos se identifiquen rápidamente y se tomen medidas para reducir su incidencia. Si todo eso ocurriera, podrían disminuirse más los índices de cáncer. Eso solo puede ser beneficioso. Pero resulta difícil sostener que el efecto sería muy amplio.

Con el paso de los años, no ha aparecido ninguna epidemia. Teniendo en cuenta el envejecimiento de la población, los datos estadísticos recopilados por el SEER revelan que los índices de mortalidad a causa del cáncer en efecto aumentaron gradualmente en medio punto porcentual al año desde 1975 hasta 1984 —el tabaco era sin duda un factor— y a un ritmo menor hasta 1991, pero a partir de entonces empezó a decrecer moderadamente y así sigue ocurriendo desde entonces. Las tasas de incidencia revelan algo similar, aunque la panorámica es un poco más compleja. Al igual que los índices de mortalidad, los de incidencia se elevaron gradualmente desde 1975 hasta principios de la década de 1990, con un pico de nuevos casos documentados entre 1989 y 1992, años en que el índice aumentó un 2,8 por ciento anual. El principal motivo de este pico fue al parecer la mayor asiduidad de las pruebas de prevención para dos de los cánceres más comunes. El número de casos de cáncer de próstata detectados se disparó en un 16,4 por ciento al año antes de caer bruscamente, y el cáncer de mama en un 4,0 por ciento. Después, las tasas de incidencia, al igual que las de mortalidad, iniciaron un lento descenso.

Las cosas siguen igual año tras año cada vez que el Instituto Nacional del Cáncer publica el «Informe a la nación sobre el estado del cáncer». También han prevalecido las pruebas de que un gran porcentaje de casos puede atribuirse al estilo de vida. Siguen variando las opiniones sobre qué elementos son los más importantes, y los alimentos concretos —cuánta carne roja y procesada es mala, cuántas raciones de fruta y verdura son buenas— han dado paso a la sospecha de que la falta de ejercicio y el exceso de peso son los mayores responsables. En un artículo retrospectivo publicado 25 años después de «Las causas del cáncer» se seguía atribuyendo un 30 por ciento del cáncer al tabaco. La obesidad y la inactividad eran la causa del 20 por ciento, la dieta del 10-25 por ciento, el alcohol del 4 por ciento y los virus del 3 por ciento. Un estudio de la Agencia Internacional de Investigación sobre el Cáncer de la Organización Mundial de la Salud ofreció unas cifras comparables en Francia. La exposición ocupacional y los agentes contaminantes ocupaban un lugar mucho más bajo en la lista. Otros estudios han revelado proporciones parecidas en el Reino Unido y otros países industrializados.

En medio de todo esto, siguen llegando noticias de *clusters* de cáncer en vecindarios, como aquellos sobre los que yo había leído en Los Álamos y en Long Island y había visto en forma de ficción en *Erin Brockovich*. Pero en casi todos los casos resultan ser ilusiones estadísticas, más ejemplos del efecto «tirador de Texas». Entre los que no lo son, solo unos pocos se han relacionado con un contaminante medioambiental. A lo largo de las décadas, una incidencia anormal de cáncer entre trabajadores ha dado lugar a la identificación de ciertos carcinógenos; por ejemplo, el vínculo entre el mesotelioma y el amianto, y entre el cáncer de vejiga y las aminas aromáticas (también presentes en el humo del tabaco). Pero incluso los *clusters* ocupacionales son poco comunes.

Las pautas observables en Occidente se cumplen también en el resto del mundo a medida que va desarrollándose. Los países más pobres tienden a verse dominados al principio por cánceres que se propagan con las relaciones sexuales y el hacinamiento: los inducidos por virus. Están el virus del papiloma humano y el cáncer del cuello uterino, las hepatitis B y C y el cáncer de hígado, el *Helicobacter pylori* y el cáncer de estómago. Con una mayor higiene y el creciente uso de la citología (y más recientemente la vacuna contra el VPH), es posible que empiece a remitir el cáncer de cuello uterino. Pero nuevos cánceres ocuparán su lugar. A medida que las mujeres decidan tener menos hijos y sus hijas mejor nutridas empiecen a menstruar a una edad más temprana, es posible que aparezcan más cánceres de útero y mama inducidos por estrógenos. La educación, las vacunas, unas mejores condiciones sanitarias... todo ello reduce los cánceres de hígado y estómago, pero al mismo tiempo el cáncer colorrectal aumenta conforme un mayor número de gente se traslada del campo a la ciudad y se vuelve indolente. Pasan de estar desnutridos a estar sobrealimentados, con todos los desequilibrios nutricionales que acompañan a una dieta moderna. Los cánceres de la pobreza dan paso a los cánceres de la prosperidad. El cáncer de próstata, una enfermedad de ancianos, se convierte en un problema cuando la esperanza de vida se alarga hasta los setenta y ochenta años. El cáncer de pulmón se incrementa cuando las compañías tabaqueras emigran a mercados menos discriminatorios. La industrialización trae consigo nuevos peligros de exposición ocupacional.

128

Las cosas no encajan limpiamente. Los índices de cáncer pueden parecer más altos en un país que en otro por la disponibilidad de pruebas de prevención. Es más probable detectar el cáncer en las zonas urbanas que en las rurales. Más allá de las incertidumbres estadísticas, una mezcla de ingredientes —dieta, genética y prácticas culturales— puede causar variaciones sorprendentes. La incidencia del cáncer de boca en la India puede deberse al hábito de masticar betel y, vaya ocurrencia, fumar con el extremo encendido del cigarrillo dentro de la boca. Beber mate casi hirviendo puede explicar los altos índices de cáncer de esófago en los países sudamericanos. Japón, una sociedad próspera, sigue siendo el primer país del mundo en cuanto a índice de cáncer de estómago. La razón se atribuye a menudo a la dieta: una preferencia cultural por el pescado salado. El cáncer de mama en Japón es bajo para ser una nación tan desarrollada, pero aumenta rápidamente.

Un día, mientras intentaba asimilar todo esto, me encerré en mi despacho y empecé a descifrar las estadísticas más recientes del SEER. Concentrarse en los índices de cáncer generales puede camuflar detalles interesantes, y me pregunté qué podía estar acechando por debajo. El principal impulsor en la reducción de las cifras ha sido una disminución o nivelación en los que son con diferencia los cánceres más comunes: el cáncer de próstata en hombres, el cáncer de mama en mujeres y el cáncer de pulmón y colorrectal tanto en hombres como en mujeres. Al mismo tiempo, los cánceres que parecen ir en aumento —el melanoma, por ejemplo, y el cáncer de páncreas, hígado, riñón y tiroides— se encuentran entre los menos comunes. La incidencia anual del cáncer de páncreas es de 12,1 casos por 100.000, en comparación con los 62,6 casos de cáncer de pulmón y bronquios. Año tras año los datos fluctúan muy ligeramente. Con cifras tan bajas, puede resultar difícil saber si los aumentos son reales o ilusorios, fruto de la mejora del registro de datos y el diagnóstico precoz.

Esa es una de las persistentes dificultades a las que se enfrenta la epidemiología. Cuanto más escaso es el cáncer, más sujetas están las cifras a fluctuaciones aleatorias: el equiva-

129

lente estadístico del ruido. Los cánceres en la infancia se encuentran entre los menos comunes, oscilando su incidencia entre 0,6 casos por 100.000 para el linfoma de Hodgkin, 3,2 para el cáncer de cerebro y sistema nervioso y 5,0 para la leucemia. Los índices de mortalidad para estas enfermedades malignas se han reducido más o menos a la mitad respecto a hace solo unas décadas, uno de los grandes triunfos de la medicina. Pero las tendencias en la incidencia —cuántos niños contraen cáncer— es casi imposible de descifrar. Si bien hay ciertas pruebas de un aumento general, es difícil saberlo con certeza. Un incremento de 11,5 casos por cada 100.000 en 1975 a 15,5 en 2009 da miedo. Pero para los años entremedias las cifras son muy oscilantes. El índice era casi el mismo, 15,2, ya en 1991. Al año siguiente se redujo a 13,4, y once años después, en 2003, era de 13,0. Al siguiente fue de 15,0, luego de 16,4, luego de 14,2. ¿Cuál será el próximo? Lo mismo sería lanzar una moneda al aire.

Cada cáncer cuenta una historia distinta. Durante muchos años, el cáncer de pulmón disminuyó entre los hombres por el efecto retardado del abandono del tabaco. Las mujeres empezaron a fumar más tarde en el siglo, y por tanto su índice siguió aumentando. Solo en fecha reciente han dado un giro descendente. Un pico en el cáncer de mama en el último cuarto del siglo XX —incluidos los tumores in situ de lento crecimiento que, según algunos médicos, no deberían clasificarse como cáncer— puede explicarse por las mejoras en el diagnóstico y una menarquía más temprana. La disminución reciente puede deberse en parte a una caída en el uso de la terapia de reemplazo hormonal durante la menopausia. Los índices crecientes de melanoma, que empezaron a darse mucho antes de descubrirse el agujero en la capa de ozono, suelen atribuirse a la popularidad de los baños de sol, los salones de bronceado y la ropa más escueta que protege menos la piel de los rayos ultravioleta. Otra razón puede hallarse en los viajes internacionales. La gente de climas septentrionales, con la piel más clara, ahora tiene una mayor tendencia a pasar parte de su tiempo en lugares más soleados. Lo que puede parecer un aumento de tumores malignos en la infancia, sostiene el Instituto Nacional del Cáncer, se debe probablemente a la mejora en las tecnologías de diagnóstico por imagen y la reclasificación de algunos tumores benignos como malignos. Es posible que la obesidad en la infancia tenga algo que ver.

A la hora de analizar las cifras se puede hilar tan fino como se quiera. Explorando en las voluminosas cifras del SEER, es posible desglosar los cánceres concretos por sexo, edad, raza y zona geográfica. Si se elige una combinación de datos demográficos, los distintos cánceres zigzaguean arriba y abajo. El cáncer abunda más en los hombres negros que en los blancos, pero se da menos en las mujeres negras que en las blancas. Si se ahonda más en los números, los cánceres de próstata, pulmón, hígado, páncreas, cuello uterino y colorrectales son más frecuentes en los negros estadounidenses, en tanto que el índice de estos es inferior por lo que se refiere al cáncer de piel y de útero y los tumores cerebrales malignos. Los pigmentos cutáneos más oscuros ofrecen protección contra el sol. Pero las otras discrepancias son difíciles de desentrañar. Cabría esperar que muchas minorías padecieran una peor nutrición, tasas más altas de alcoholismo y tabaquismo y atención médica de peor calidad, y que vivieran en zonas más contaminadas y trabajaran en empleos más arriesgados. Pero los hispanos, los indios americanos, los nativos de Alaska y los naturales de las islas del Pacífico presentan niveles de cáncer significativamente inferiores a los de los negros o los blancos. Son muchas las variables que intervienen.

Si se hurga más hondo, surgen más incongruencias. Para todas las razas, la incidencia de cáncer cerebral en años recientes oscila entre los 4,23 casos por 100.000 en Hawái y los 7,54 en Iowa. Eso podría llevar a la sospecha de que la agricultura ejerce una influencia. Me pregunté qué debía de ocurrir al lado de Iowa, en Kansas y Nebraska, pero esos estados no participan en el SEER. Para el cáncer de hígado, Hawái va en cabeza con 10,68, y Utah ocupa el último lugar con un 3,94. ¿Eso se debe a la abstinencia del alcohol de los mormones o a una diferencia de la incidencia del virus de la hepatitis? Horas después, abandonando el laberinto numérico, me desesperó la idea de que jamás le encontraría un sentido a todo eso. Sería mucho más fácil si el cáncer lo provocaran de una manera obvia los contaminantes químicos. En cambio, se

131

da una amalgama de innumerables pequeñas influencias. Entre ellas destaca la entropía, la tendencia natural del mundo al desorden. De las múltiples mutaciones que se requieren para iniciar un cáncer, no hay manera de saber cuál fue causada por qué. O en el caso de las mutaciones espontáneas —los errores de copia— si existió siquiera una causa.

Imaginé un ejército de clones, genéticamente idénticos, pasando por la vida bajo las mismas condiciones en las mismas zonas geográficas. Comerían los mismos alimentos, adoptarían las mismas conductas, y algunos morirían de cáncer a los cincuenta o sesenta años en tanto que otros sucumbirían décadas más tarde por cualquier otra cosa. Como lo expresaron Doll y Peto, «la naturaleza y el entorno repercuten en la probabilidad de que un individuo desarrolle cáncer». Pero es la suerte la que determina quiénes de nosotros lo desarrollamos realmente.

132

8

Adriamicina y pozole para Nochebuena

*E*ntre las sustancias químicas incluidas en la lista de carcinógenos del Programa Nacional de Toxicología consta una molécula de aspecto simple llamada cisplatino. Se forma cuando un átomo de platino se une a dos átomos de cloro y dos grupos de amoníaco. Sintetizado por primera vez en 1844 por un químico italiano que experimentaba con sales de platino, el cisplatino recibió poca atención durante más de un siglo. De pronto, a principios de la década de 1960, se descubrió que poseía poderosos efectos biológicos.

Como tantos hallazgos científicos, este fue fruto del azar: una incursión en una hipótesis que viró inesperadamente en otra dirección, respondiendo a preguntas que nadie había sabido formular. En su laboratorio de la Universidad del Estado de Michigan, Barnett Rosenberg exploraba el comportamiento de las células en presencia de electricidad. Le sorprendió lo mucho que la forma estirada y fibrosa de una célula en plena mitosis se parecía a las líneas de campo creadas cuando se coloca un imán bajo una hoja de papel salpicada de limaduras de hierro. El medio por el cual se divide una célula no se entendía bien, y se preguntó si acaso podía ser que interviniera algún efecto electromagnético.

Reduciendo el problema a términos más simples, puso dos electrodos metálicos en una placa de organismos unicelulares, *Escherichia coli,* y aplicó una corriente eléctrica. Las bacterias no tardaron en dejar de dividirse. Sin embargo, cada una de ellas siguió alargándose, produciendo nuevo protoplasma que se extendía como un espagueti hasta que la célula era unas trescientas veces más larga que ancha. Cortó la corriente y las células empezaron a dividirse con normalidad otra vez. Era como tener el dedo en un interruptor mitósico.

Décadas después seguía acordándose de ese momento: «Dios mío, uno no descubre a menudo cosas como esa». Inmediatamente empezó a pensar en el cáncer. «Si pudiéramos controlar el crecimiento de una célula con un campo eléctrico, podríamos controlar algunas células con un tipo de frecuencia, otras células con otro tipo de frecuencia, y luego podríamos atacar un tumor eligiendo una única frecuencia e incidiendo solo en las células tumorales y no en las normales.» Pero entonces se produjo la mayor sorpresa. No era la electricidad lo que interrumpía la mitosis. Los electrodos utilizados en el experimento eran de platino, elemento que él había elegido ex profeso porque era químicamente inerte. Pero, por el proceso de la electrólisis, algunos iones de platino accedían a la solución, donde se combinaban con otros átomos para formar cisplatino.

Rosenberg pasó a probar los efectos de la molécula en los metazoos, criaturas que, como nosotros, se componen de muchas células. Una pizca de cisplatino puro bastaba para matar un ratón. Pero en dosis muy diluidas causaba la reducción de los sarcomas. El cisplatino también tenía la capacidad de detener otros cánceres, y con el paso de los años los científicos descubrieron cómo actúa. Antes de que una célula pueda reproducirse, la doble hélice debe relajar sus bucles para que la información molecular pueda copiarse y trasmitirse a la siguiente generación. El cisplatino creaba puentes entre las dos hebras helicoidales. Esta camisa de fuerza química bloquea la mitosis y causa una gran alteración en la célula. Esta intenta recuperarse enviando enzimas reparadoras del ADN. Cuando eso falla, se inicia la apoptosis y la célula se autodestruye. El cisplatino puede afectar a cualquier célula del organismo, pero como las células del cáncer se dividen a un ritmo más rápido, soportan lo peor del ataque. Una vez destruido el cáncer, el resto del organismo recobra la salud como buenamente puede.

Tras ensayos clínicos en la década de 1970 para determinar cuánto cisplatino podía administrarse a una persona sin matarla, fue aprobado por el Departamento de Alimentos y

Medicamentos. Pasó a conocerse como la penicilina del cáncer. Debido a su efecto en otras células que se dividen rápidamente —los folículos capilares y las células del revestimiento gastrointestinal y la médula ósea—, tenía severos efectos secundarios. Los pacientes padecían unas náuseas escalofriantes y se les caía el pelo. Podían producirse lesiones en los riñones y el sistema nervioso, y como el cisplatino manipulaba el ADN de una célula, aumentaba el riesgo de causar un cáncer secundario además del que los oncólogos tenían que tratar. Por lo regular, una cosa compensaba la otra. Para el cáncer de testículo, el índice de curación alcanzó el ciento por ciento. Otros tumores respondían peor, pero la sustancia química, combinada a menudo con radioterapia, podía ralentizar los cánceres de otros órganos y prolongar la vida. A veces podía salvarla.

El cisplatino, como averiguamos en los días posteriores a la operación de Nancy, sería uno de los agentes que se utilizarían en el intento de matar cualquier metástasis restante que pudiera quedar oculta dentro de ella, capaz de permanecer en estado latente durante muchos años. También le administrarían doxorrubicina, que, como el cisplatino, actúa impidiendo la replicación del ADN. La doxorrubicina tiene su propia historia, no menos curiosa. El «rubi» de su nombre procede de su origen como pigmento rojo producido por una cepa de bacterias. Los microbios se descubrieron en una muestra de suelo en Italia, y el fármaco también se llama adriamicina, por el mar Adriático. Un nombre bonito, pero consta igualmente en la lista oficial de presuntos carcinógenos. Además de causar náuseas, otro efecto secundario puede ser la disminución del recuento de glóbulos blancos, con lo que aumenta la vulnerabilidad a las infecciones. Lo peor de todo es que puede provocar lesiones en el corazón, y se sabe que el riesgo crece cuando la adriamicina se combina con paclitaxel, otro inhibidor de la mitosis que se le administraría a Nancy. Nada de esto es peor que estar muerto. El paclitaxel (o Taxol) se aisló inicialmente en la corteza del tejo del Pacífico, *Taxus brevifolia*. Este descubrimiento no se debió al azar sino que fue resultado de un programa gubernamental destinado a analizar sistemáticamente miles de plantas en busca de sustancias que fueran citotóxicas pero tolerables —aunque fuese escasamente— para el cuerpo humano. Ese es el carácter brutal de la quimioterapia. Los primeros agentes químicos se derivaron del gas mostaza, cuyos efectos antimitósicos se descubrieron en víctimas de la guerra química. El Mustargen, que se usa para combatir el linfoma de Hodgkin y otros cánceres, se llama también mostaza nitrogenada y está incluido en la lista elaborada por la Convención de Armas Químicas de 1993.

Todo tumor es único, un ecosistema de células en competencia que se desarrollan sin cesar adaptándose a nuevas amenazas. Atacar un cáncer con una combinación de fármacos aumenta las probabilidades de matarlo. En el caso de Nancy, la triple arremetida fue especialmente feroz. Inicialmente se creyó que el origen de su metástasis era el adenocarcinoma endometrioide, el cáncer de útero más corriente y con un índice de supervivencia bastante alto. Pero cuando enviaron del laboratorio de patología el informe posquirúrgico, la cosa se complicó. De todos los ganglios linfáticos extirpados, solo dos parecían cancerosos, y el adenocarcinoma hallado en el endometrio se consideró de grado bajo, lo cual significaba que las células no habían experimentado muchas mutaciones y seguían bien diferenciadas. En su mayor parte semejaban aún células endometriales. La invasión en el revestimiento del útero era superficial. Nada de eso tenía sentido. ¿Cómo era posible que un cáncer de voluntad tan débil hubiera formado metástasis tan deprisa?

Por lo visto, la respuesta estaba en un pólipo de un centímetro de tamaño que también se había extraído del tejido endometrial y sometido a biopsia. Aquí las células se diferenciaban mucho menos y semejaban lo que los patólogos llaman «tumor seroso papilar», presente a menudo en el cáncer de ovario y uno de los más perniciosos. Pero ni el cirujano ni el patólogo vieron señales de cáncer en los ovarios, que habían sido extraídos en la histerectomía. Lo que había descendido con tal determinación por el ligamento redondo y penetrado en la zona inguinal era al parecer un cáncer muy poco común denominado carcinoma seroso papilar uterino. El poco material publicado al respecto difícilmente podría ser más desalentador: «El CSPU presenta una propensión a la propagación precoz intraabdominal y linfática ya desde el momento de su aparición —ha escrito un oncólogo—. A diferencia de los carcinomas ováricos serosos indistinguibles histológicamente, el CSPU es una enfermedad quimiorresistente desde el principio... El índice de supervivencia es desmoralizante, incluso cuando el CSPU es solo un componente menor... y la metástasis generalizada y la muerte pueden producirse incluso en aquellos casos en que el tumor está aislado en el endometrio o en un pólipo endometrial». Este nuevo diagnóstico, «adenocarcinoma mixto con zonas de tipo papilar de grado intermedio», no era concluyente. Las células del ganglio carecían de una de las características habituales: pequeñas protuberancias o pezones que el patólogo llamó frondas papilares. Pero cada cáncer es distinto, y el CSPU era la definición a la que más se acomodaba.

Revisando los informes médicos años más tarde, vi que había indicios de CSPU, o algo semejante, casi desde el principio: una frase ya en el primer informe patológico donde se señalaba que las células examinadas poco después de aparecer el bulto presentaban una «arquitectura micropapilar». Si los médicos sospecharon a partir de esa observación que el CSPU era una posibilidad, no nos lo dijeron. Era raro que fuera con la malignidad que crecía dentro de ella. El CSPU es un cáncer característico de mujeres mayores y más delgadas que ataca mucho después de la menopausia y es especialmente común entre afroamericanas. No se cree que esté ligado a una mayor exposición a los estrógenos y al hecho de no haber tenido hijos. «No existen factores de riesgo», como expresaron sin ambages dos autores. Según un artículo, solo entre el 5 y el 10 por ciento de las mujeres con CSPU en fase 4 —lo que tenía Nancy— seguían con vida pasados cinco años.

Después de leer el pronóstico, encontré un artículo, «La mediana no es el mensaje», escrito por Stephen Jay Gould, el biólogo evolutivo, después de diagnosticársele un mesotelioma a los cuarenta años. Este cáncer poco frecuente, relacionado con la exposición al amianto, por lo general afecta el tejido que rodea los pulmones. Gould lo tenía en el peritoneo, el revestimiento de la cavidad abdominal. En cuanto se recuperó de la cirugía y empezó con la quimio, comenzó a investigar desaforadamente y descubrió enseguida que el cáncer se consideraba incurable y la tasa mediana de mortalidad después del diagnóstico era de ocho meses. En apariencia eso significaba que probablemente moriría en menos de un año. Pero Gould empezó a descifrar las estadísticas. La mediana, como explicó en su artículo, es un valor muy distinto de la media. Es el punto intermedio en un intervalo de números. Si hay un grupo de siete personas y se nos dice que la estatura mediana es de metro setenta, sabemos que tres de las personas son más bajas y tres son más altas. Lo que eso no nos indica son los extremos. El intervalo de estaturas podría ser típico, agrupándose en torno a la mediana. Pero podría también haber una persona anormalmente baja por debajo del metro cincuenta, o un gigante, o cualquier combinación de estos, y aun así salir una mediana de metro setenta, siempre y cuando esa fuera la estatura de la persona situada en la posición central del grupo.

138

Respecto a la edad de supervivencia, se convenció Gould, era más probable que hubiera un exceso de gigantes que de enanos. La cifra más baja que podría darse es el cero —el paciente recibe el diagnóstico en el momento de la muerte—, pero el número más alto era en esencia indefinido. Representada en un gráfico con ocho meses como punto medio, la distribución sería asimétrica: comprimida al lado izquierdo entre cero y ocho, pero dispersa a la derecha, incluyendo periodos de supervivencia de doce meses, veinticuatro meses o muchos más. Mientras leía sobre el cáncer, Gould descubrió que en efecto había personas que habían sobrevivido varios años. Se persuadió de que él tenía todas las razones para creer que se hallaba en esa larga cola sesgada a la derecha. Era joven, por lo demás sano, y como profesor de Harvard tenía acceso a la mejor asistencia médica, incluido un nuevo tratamiento experimental. «Todos los biólogos evolutivos saben que la variación en sí es la única esencia irreductible de la naturaleza —escribió—. La variación es la realidad pura y dura, no un conjunto de medidas imperfectas para determinar una tendencia central. Las medias y las medianas son las abstracciones.» Al final resultó que Gould estaba en la punta de esa cola. Vivió casi veinte años más, hasta 2002 —un año antes del diagnóstico de Nancy—, cuando murió a causa de un cáncer de pulmón con metástasis que, según sus médicos, no guardaba relación con el anterior. Nancy no era una abstracción. Era joven, sana, sus médicos parecían ser de los mejores. Nos aferramos a esa idea cuando empezó a someterse a la quimioterapia.

En diciembre, poco antes de la primera sesión de Nancy, su padre murió del derrame cerebral que la había obligado a volver a su casa en Long Island tres meses antes. Deseaba con todas las células de su cuerpo —así lo expresó ella— regresar allí, pero los médicos lo desaconsejaron. Así pues, en lugar de ir, vimos un vídeo del funeral. Al recordar esos días, un año después de concluirse la quimio y la radioterapia, ella escribió un breve artículo, «Adriamicina y pozole para Nochebuena».

Empieza explicando que es el 22 de diciembre y ella inicia la segunda tanda de lo que serán siete sesiones de dos días de infusiones intravenosas, una cada tres semanas. Los adornos navideños cuelgan en la sala de quimio, y en el puesto de enfermeras hay una casa de pan de jengibre que se ha ido llenando de caramelos y galletas para los pacientes. Ahora está casi vacía.

Para que las numerosas inyecciones fueran lo menos dolorosas posible, se le implantó un catéter bajo la clavícula derecha: un pequeño reservorio artificial instalado bajo la piel. Está provisto de una membrana de silicona a través de la cual pueden introducirse las agujas y va conectado internamente a un catéter de plástico unido a una de sus venas. El dispositivo permanecerá implantado durante los siguientes meses hasta que concluya la terapia.

Nancy ve que uno de los «asientos de primera clase» está vacío: una cómoda butaca reclinable de cuero con una vista despejada de los montes Sangre de Cristo, adonde hemos ido de excursión muchas veces. El cielo presenta un color gris, con indicios de una posible nevada navideña. Cuando se aco-

139

moda, yo acerco una silla y empieza otra ronda de la nueva rutina de nuestra vida. Primero el espray anestésico para insensibilizar la zona en torno al catéter; luego la premedicación, los fluidos y el antiemético, todo como preparativo para la jeringuilla llena de doxorrubicina, alias adriamicina. Por su aspecto, le recuerda el refresco en polvo rojo Kool-Aid, y ese será luego el color de su orina. Mientras su organismo asimila esta primera citotoxina, piensa que faltan dos días para la Nochebuena, cuando unos amigos vendrán a casa a cenar pozole y tamal, una tradición en Santa Fe. Llega la enfermera con el cisplatino, y Nancy intenta recibir esas sustancias químicas que penetran por el agujero en su pecho como un obsequio, una cuerda de salvación, por más náuseas que tenga luego. Intenta representarse el shock de todas esas células cancerosas que se dividen desenfrenadamente cuando de pronto su ADN se bloquee: todas esas deliciosas explosiones apoptósicas.

Hay que pasar en esa sala cuatro horas para que se administren los fármacos del día. Al final de la jornada, volvemos a casa en coche y regresamos al día siguiente para el paclitaxel y cuatro horas más allí sentados. A media tarde, cuando la enfermera se acerca con una inyección de Neulasta, que estimula la médula ósea para reemplazar los glóbulos blancos eliminados por la quimio, sabemos que ha superado la segunda sesión. Tres semanas para recobrarse y luego vuelta a empezar.

Las primeras noches de estos interludios eran las más difíciles. Nancy se despertaba a oscuras, a veces con tal sigilo que no la oía levantarse para ir al baño. Una mañana me contó que se había sentido tan débil que se tumbó un rato en la alfombrilla del cuarto de baño antes de volver a la cama. ¿Por qué no me había llamado, y cómo era posible que yo no me hubiera despertado? Años más tarde leí que, debido a los efectos tóxicos de la quimioterapia, se recomienda a los familiares que duerman en habitaciones separadas y no compartan el cuarto de baño. Eso no lo sabíamos, y no creo que me hubiera importado.

A falta de unas horas para la Nochebuena se sentía un poco mejor, y antes de la llegada de nuestros invitados salimos a dar un paseo en la oscuridad por las calles sin asfaltar, adornadas con «farolitos», las tradicionales lámparas hechas con bolsas de papel, arena y velas. Iluminan el camino para el Niño Jesús, o eso cuenta la leyenda. Nos detuvimos junto a una de las fogatas, las «luminarias», para calentarnos las manos y las piernas. A Nancy le dolían los huesos a causa de la Neulasta. Eludiendo Canyon Road, que empezaba a estar muy concurrida, continuamos el paseo por las calles secundarias. Cuando llegamos a Acequia Madre, la estrecha calleja que discurre junto a la antigua acequia de la ciudad, nos topamos con algo que nunca habíamos visto. En el patio del colegio, un hombre lanzaba farolitos voladores: globos de papel de seda con una vela dentro que ascendían y luego se autoinmolaban en el cielo. A mí, tradicionalista como soy, este toque moderno me pareció una intrusión. Pero daba por hecho que Nancy vería el lado positivo.

Nos acercamos al mago, observamos a la gente allí reunida, y de pronto una luz se eleva como un globo aerostático de papel en miniatura. ¡Increíble! Lo seguimos con la mirada hasta que la luz se pierde de vista. Luego, otro. Es imposible para quien se acerca no ver este camino de luz.

Los invitados llegarán dentro de una hora. De pronto estoy impaciente por encender nuestro propio fuego, comer y atender a las visitas. Subimos por la cuesta hacia casa. En lo alto, veo una luz brillante en el cielo: ¿eso qué es? Se aleja de mí lentamente. ¿Es posible? El farolito volador sigue elevándose, resplandeciendo como si nunca fuera a apagarse. Observo, sabiendo que mi padre también puede verlo.

Pasan tres semanas —no recuerdo que hiciéramos nada para celebrar la Nochevieja—, y luego vuelta otra vez a la quimio. Con qué rapidez lo inconcebible se convierte en rutina. Pese a su resignación ante este azaroso golpe a la vida y su agradecimiento a los médicos, Nancy lo ponía todo en tela de juicio, y allí estaba yo para ayudarla en las tareas de investigación. ¿Debían administrarle topotecán? Ella había leído que ese fármaco se había utilizado contra el carcinoma

seroso capilar y que los índices de respuesta de la doxorrubicina y el cisplatino no eran los deseados. ¿O acaso la incorpo-
ración del paclitaxel decantaba la balanza? «El
cisplatino/adriamicina es sin duda superior», se apresuró a
contestar el cirujano (el oncólogo y él nos habían dado sus direcciones de correo electrónico). Adjuntó resúmenes de tres
artículos del *Journal of Clinical Oncology and Gynecologic
Oncology* para comparar. Pensé en el informe quirúrgico que
había escrito, tan claro, conciso y bien redactado. Estábamos
tratando con médicos que se mantenían al día en las investigaciones y se expresaban de manera sólida y convincente.

Un día el oncólogo de Nancy nos dio un artículo, publicado solo unos meses antes, titulado «HER2/neu Overexpression: Has the Achilles' Heel of Uterine Serous Papillary
Carcinoma Been Exposed?» [«Sobreexpresión de HER2/
neu: ¿Ha quedado al descubierto el talón de Aquiles del carcinoma seroso papilar uterino?»] El HER2/neu es un gen
que envía mensajes codificados a los receptores que responden a factores de crecimiento epidérmico humano: emite señales a las moléculas que fomentan la mitosis. Suele llamarse simplemente HER2. Algunas células del cáncer de
mama tienen demasiadas copias del gen. En lugar de dos, una
de cada progenitor, hay cincuenta o cien y en la membrana
de la célula se acumulan los receptores. Lo normal es que
haya decenas de miles de receptores. Una célula del cáncer de
mama HER2 positiva podría tener dos millones. Reaccio-
nando descontroladamente a las señales para estimular el
crecimiento, las células se multiplican con enloquecida determinación. Se concibió un fármaco llamado Herceptin para
buscar los receptores y cerrarlos, en el cáncer de mama y posiblemente también en otros.

Aunque más precisas que el trabucazo de la quimio, estas
nuevas «terapias dirigidas» no siempre fueron tan dirigidas
como parecen. Seguían produciéndose daños no deseados en
células sanas, y al igual que con otros fármacos, el cáncer desarrollaba antídotos y contraestrategias, mutaciones que le
confieren resistencia. Pero en vista de lo que habíamos oído,
la posibilidad descrita en el nuevo estudio se nos antojó una
noticia inusualmente prometedora. Muchas células CSPU,

descubrió el autor, también sobreexpresaban HER2 —incluso más que en el cáncer de mama— y se debilitaban en presencia del Herceptin. No informaba de resultados clínicos exitosos —se trataba de experimentos in vitro—, pero al menos se había abierto otra vía. Y casi igual de deprisa se cerró. Se pidió una prueba diagnóstica de las células cancerosas de Nancy, pero dio negativo. La cantidad de HER2 era normal. El Herceptin no era una opción, pero nos preguntamos qué otras posibilidades existían, hallazgos demasiado nuevos para haber llegado a las publicaciones especializadas.

Nos ayudaron en la investigación algunos de mis colegas que escribían sobre ciencia y salud para *The New York Times*: Sandra Blakeslee, Denise Grady, Jane Brody y Lawrence Altman, un médico que decidió muy al principio de su carrera escribir sobre medicina en lugar de ejercerla. Altman era el periodista a quien acudir cuando el *Times* necesitaba un artículo para explicar qué dolencia aquejaba al presidente de Estados Unidos. (Su nombre había sido mencionado en un episodio de *El ala oeste de la Casa Blanca* cuando el ficticio presidente Bartlet ofrecía una rueda de prensa para hablar de su esclerosis múltiple.) Cuando decidimos buscar una segunda opinión en el Centro del Cáncer MD Anderson de Houston, Altman envió un email a John Mendelsohn, el director, y nos dieron hora para la última semana de enero. Tuvimos más suerte que la mayoría en muchos sentidos.

143

Cualquiera con cáncer difícilmente puede resistirse a la atracción del Anderson. Su eslogan era «Para que el cáncer pase a la historia», y enseguida llegó un impresionante paquete de información. Un enorme folleto con fotografías de médicos y pacientes sonrientes describía cuánto más lejos podía llegar el Anderson que un hospital local. Por mediación del Departamento de Relaciones con el Paciente Invitado y los Servicios de Viaje para el Paciente, uno podía contratar billetes de avión con descuento sin penalizaciones por cambios de última hora. Había un conserje. El hotel Jesse J. Jones Rotary House ofrecía habitaciones en el propio recinto. El sobre incluía mapas y bonos de aparcamiento junto con instrucciones para orientarse en el extenso campus del Anderson. «No se deje abrumar por nuestras dimensiones —se aconsejaba al paciente—. Estamos aquí para guiarlo en su viaje por nuestros pasillos.»

Había un Centro de Aprendizaje con vídeos y libros médicos de consulta y una Biblioteca de Ocio para quienes preferían una buena novela. Una Sala de Manualidades, una Sala de Música/Juegos, y todo eso no venía al caso. La gente iba al Anderson porque es uno de los centros de investigación más grandes y respetados del mundo. Si había algo nuevo que saber sobre el CSPU o pruebas de tratamientos experimentales, sin duda el Anderson estaría al corriente.

La noche de nuestra llegada tomamos una cena insípida pero probablemente sana en el restaurante del Rotary House y luego volvimos a nuestra habitación para esperar la mañana. En la televisión se sintonizaba un canal del Anderson en circuito cerrado, y cuando lo pusimos, emitía ejercicios de visualización y meditación: cierra los ojos e imagina que fluye por ti la luz dorada de la salud. No parecía muy científico, pero cualquier cosa que aliviara el estrés poco daño podía hacer. A la mañana siguiente llegamos temprano a la cita con el profesor de oncoginecología, uno de los grandes nombres de la especialidad, que también actuaba como ayudante especial del director del centro del cáncer. A esas alturas Nancy había perdido ya toda su espesa mata de pelo castaño, pero estaba tan guapa como siempre con su pañuelo atado a la cabeza. Otra paciente, recién diagnosticada de cáncer, se acercó para preguntar cómo era cuando se le caía a una el pelo. ¿Ocurría de golpe o gradualmente? Pronto se preocuparía por otras cosas.

Se habían enviado por adelantado los historiales médicos y los portaobjetos desde Nuevo México, y el médico conocía ya los informes quirúrgicos y patológicos y el protocolo de quimioterapia. «CSPU... ese es complicado», comentó. Nancy se marchó para someterse a un rápido reconocimiento, y cuando ella y el médico regresaron, tomamos todos asiento en su consulta. Coincidió en todo con los oncólogos de Santa Fe. Era exactamente lo mismo que habría hecho él en el Anderson. «Está usted recibiendo una atención puntera», aseguró. Salimos del edificio con una sensación de alivio y cierta decepción. Era tranquilizador contar con su visto bueno, pero habíamos llegado con la esperanza de que nos dieran a conocer algún nuevo hallazgo de laboratorio, una prometedora prueba clínica, algo de la magia del Anderson.

Con el resto del día por delante, visitamos el Centro Espacial de Lyndon B. Johnson al sur del Houston central y vimos el antiguo Centro de Control de Misiones, el nexo de operaciones para el *Apollo 11* cuando un ser humano pisó la luna por primera vez. En aquel entonces todo parecía posible. Ya otra vez en la ciudad, visitamos la capilla de Rothko. Años antes, cuando vivíamos en Nueva York, Mark Rothko y Jackson Pollock eran nuestros dos artistas preferidos en el Museo de Arte Moderno. Las pinturas en que Pollock usa la técnica del *dripping* siempre me creaban la impresión de estar escrutando el interior de la frenética mecánica de un cerebro humano, ideas destellando y trazando espirales que oscilaban entre orden y caos. Pollock estimulaba mientras que Rothko, con sus grandes bloques de color desdibujados, apaciguaba. Dentro de la capilla de forma octogonal, el pintor había llevado a su máxima expresión esta serenidad: ocho paredes con enormes lienzos negros. Las contemplamos intentando encontrar pautas, algún significado sutil.

145

9

Ahondar en la célula cancerosa

*L*as cosas rara vez son tan sencillas como parecen, y lo que a primera vista es complejo pueden ser simples ondas en la superficie de un mar insondable. La mecánica de la malignidad con la que poco a poco empezaba a sentirme cómodo —conforme a la cual una única célula adquiría mutación tras mutación hasta descender en espiral por la madriguera del cáncer— fue descrita con toda precisión por dos científicos, Douglas Hanahan y Robert Weinberg, en una demoledora síntesis publicada en 2000 bajo el título «The Hallmarks of Cancer» [«Los rasgos distintivos del cáncer»]. Ambos autores son investigadores respetados. Weinberg, pionero en el descubrimiento de los primeros oncogenes y supresores tumorales, constaría en cualquier lista de los pensadores más destacados y originales en esta especialidad.

La idea de que el cáncer surge de una acumulación de mutaciones en una célula normal se remonta a varias décadas atrás. Pero fueron Hanahan y Weinberg quienes concentraron una creciente masa de resultados de laboratorio y percepciones teóricas en seis características que debe adquirir una célula cancerosa cuando se desarrolla, en su desordenada versión de evolución darwiniana, para convertirse en la criatura llamada tumor. Debe adquirir la habilidad de estimular su propio crecimiento y desatender las señales de advertencia que la conminan a reducir la marcha. Es ahí donde intervienen los oncogenes y supresores tumorales. Debe aprender a soslayar la salvaguarda de la muerte celular programada y a derrotar a los contadores internos —los telómeros— que por norma limitan el número de veces que puede dividirse una célula. Debe aprender a iniciar la angiogénesis —la creación de sus propios vasos sanguíneos— y finalmente a devorar el tejido circundante y formar metástasis.

Más de una década después de su publicación, «Los rasgos distintivos del cáncer» seguía siendo el artículo citado con más frecuencia en la historia de la prestigiosa revista *Cell*, lo que equivale a decir que puede ser el artículo más influyente acerca de la biología del cáncer. Conocida como la «teoría monoclonal» (una célula que se divide y las ramificaciones de su árbol de descendientes se llama «clon»), la imagen presentada en «Los rasgos distintivos del cáncer» sigue siendo el paradigma dominante, como la teoría del big bang en cosmología. La creación empezó como una singularidad —un punto primordial de masa-energía— y se expandió hasta formar el universo. Un cáncer empieza por una célula renegada —fue Weinberg quien popularizó ese término— que se expande para formar un tumor. Una vez establecido este mapa aproximado, los dos científicos esperaban que se produjera un renacimiento en la comprensión del cáncer:

> Desde hace ya décadas somos capaces de pronosticar con precisión el comportamiento de un circuito integrado electrónico desde el punto de vista de sus partes constituyentes: sus componentes interconectados, cada uno de ellos responsable de la adquisición, procesado y emisión de señales con arreglo a una serie de reglas establecidas con precisión. Dentro de dos décadas, cuando ya se hayan trazado plenamente los diagramas del cableado de todos los caminos de señalización celular, será posible dibujar el «circuito integrado de la célula» completo. [...]
>
> Una vez se conozca el mecanismo con claridad holística, la prognosis del tratamiento del cáncer se convertirá en una ciencia racional, irreconocible por quienes ejercen la medicina en la actualidad. [...] Nos representamos fármacos anticáncer dirigidos a cada una de las capacidades distintivas del cáncer. [...] *Imaginamos que un día la biología del cáncer y su tratamiento —en el presente un mosaico de biología celular, genética, histopatología, bioquímica, inmunología y farmacología— se convertirán en una ciencia con estructura conceptual y coherencia lógica que compita con las de la química y la física.*

¡Una física del cáncer! En la década y pico que ha transcurrido desde esta inmodesta predicción, los científicos han seguido poniendo al descubierto nuevas capas de complejidad. Dentro del microchip biológico llamado célula, existen componentes dentro de componentes y un sistema de circuitos tan denso y fluido que a veces parece imposible distinguir las hebras. Subiendo un nivel, lo que ocurre dentro de una célula cancerosa no puede comprenderse plenamente sin tener en cuenta su lugar en una compleja red de comunicaciones entre otras células. Cuando se publicó el artículo «Los rasgos distintivos del cáncer», los científicos ya empezaban a comprender que los tumores no son masas homogéneas de células malignas, sino que también contienen células sanas que contribuyen a producir las proteínas que necesita el tumor para expandirse y atacar tejidos y para conectarse al suministro sanguíneo. Este ecosistema aberrante ha acabado llamándose microentorno del cáncer, y se han dedicado a su comprensión congresos y publicaciones enteros.

148 Para complicar aún más las cosas, se ha tomado conciencia gradualmente de que los cambios genéticos que pueden llevar a la aparición del cáncer no tienen por qué producirse necesariamente a través de mutaciones: supresiones, añadidos o redistribuciones de las letras de nucleótidos en el ADN de una célula. El mensaje puede alterarse de maneras más sutiles. Pensemos en lo que sucede durante el desarrollo normal. Cada célula del feto porta el ADN heredado de sus progenitores: las instrucciones genéticas que necesita un organismo para manufacturar sus numerosas partes. A medida que las células se dividen y diferencian, la secuencia permanece intacta, pero solo ciertos genes se activan para producir las proteínas que confieren su identidad única a una célula de la piel o a una célula del riñón. Hasta ahí todo forma parte de la biología conocida. Lo que no se me había ocurrido es que, a medida que la célula prolifera, esta configuración debe guardarse y transmitirse a su progenie.

Los científicos han construido una imagen aproximada de esta mecánica. Las etiquetas moleculares pueden ligarse a un gen de un modo que lo incapacita permanentemente: le impide expresar su mensaje genético. (Como las etiquetas son grupos metilo, este proceso se conoce como «metilación».) Los genes también pueden potenciarse o suprimirse retorciendo la forma del genoma. En la imagen icónica, las espirales entrelazadas de ADN flotan con la elegancia de una medusa en solitario aislamiento. Pero en la realidad caótica de la célula, las dos hebras helicoidales se enredan en torno a grupos de proteínas llamadas «histonas». Los grupos metilo y otras moléculas pueden ligarse a la propia hélice o a su núcleo proteico y hacer que todo el conjunto se flexione. Cuando esto ocurre, unos genes quedan al descubierto y otros ocultos. Las alteraciones de este tipo, que modifican la función de una célula a la vez que, por lo demás, dejan su ADN indemne, se llaman «epigenéticas». «Epi-», que viene del griego, puede significar «sobre», «encima». Del mismo modo que una célula posee un genoma, posee también un epigenoma: una capa de software dispuesta sobre el hardware del ADN. Al igual que el propio genoma, el epigenoma se conserva y transmite a las células hijas.

Todo esto induce a pensar que quizás el cáncer no sea solo cuestión de genes rotos. Cabe la posibilidad de que las perturbaciones en una célula —los carcinógenos, la dieta e incluso el estrés— redistribuyan las etiquetas epigenéticas sin causar directamente mutaciones en el ADN. Supongamos que normalmente un grupo metilo impide que un oncogén —uno que estimula la división celular— se exprese. Si eliminamos la etiqueta, la célula podría empezar a dividirse desenfrenadamente. Por otro lado, la producción de excesivas etiquetas podría desactivar un gen supresor tumoral que normalmente mantiene a raya la mitosis. Libre de proliferar, la célula sería vulnerable a más errores de copia. Así, los cambios epigenéticos darían lugar a cambios genéticos, y cabe pensar que estos cambios genéticos inciden en la metilación, desencadenando más cambios epigenéticos… y así sucesivamente.

Fuera del laboratorio, el entusiasmo ante esta situación se ve impulsado tanto por la esperanza como por el miedo. Los mecanismos epigenéticos tal vez proporcionen una vía para que una sustancia actúe como carcinógeno a pesar de haberse demostrado que es incapaz de dañar el ADN. Pero estos cambios, a diferencia de los daños genéticos, podrían ser reversibles. Es todavía un misterio en qué medida intervienen los mecanismos epigenéticos. Como todo lo que ocurre en una célula, la metilación y la modificación de histonas están controladas por los genes, y se ha observado que estos mutan en distintos cánceres. Acaso al final todo se reduzca a mutaciones. Sin embargo unos cuantos científicos han planteado que en realidad el cambio empieza con alteraciones epigenéticas, creando las condiciones para transformaciones más destructivas.

Más inquietante aún es la polémica idea conocida como «teoría de las células madre del cáncer». En un embrión en desarrollo, las células madre son aquellas capaces de renovarse indefinidamente —son en esencia inmortales—, dividiéndose una y otra vez a la par que permanecen en un estado indiferenciado. Son agentes de la potencialidad pura. Cuando se necesita cierto tipo de tejido, los genes se activan conforme a una pauta específica y las células madre dan origen a células especializadas con identidades fijas. En cuanto el embrión crece y se convierte en una criatura, las células madre adultas desempeñan una función similar, preparadas para diferenciarse y sustituir a células que han sido dañadas o han llegado al final de su vida. Dado que los tejidos sanos surgen de un pequeño grupo de estas poderosas antepasadas, ¿por qué no podría ser válido lo mismo para ciertos tumores?

Esto supondría un giro inesperado en la concepción convencional de que cualquier célula cancerosa que ha adquirido la combinación adecuada de mutaciones es capaz de generar un nuevo tumor. Imaginemos, en cambio, que el crecimiento y la propagación de un cáncer son impulsados por una pequeña cantidad de células especiales, aquellas que de algún modo están dotadas de una cualidad intrínseca llamada «condición de célula madre». Del mismo modo que las células madre normales generan piel, hueso y otros tejidos, las células madre del cáncer generarían las diversas células que constituyen el resto de un tumor. Pero solo las células madre del cáncer poseerían la capacidad de replicarse indefinidamente, metastatizarse y sembrar otro tumor maligno. ¡Cuánto facilitaría eso las cosas a los oncólogos! Quizá la quimioterapia falla porque no afecta a las células madre del cáncer. Si se eliminaran estos pilares, la malignidad se vendría abajo.

Es una posibilidad prometedora, pero cuanto más me

adentré en la materia, más confusa me resultaba. ¿Realizan las otras células del tumor funciones como la angiogénesis que contribuyen a mantener la malignidad? ¿O son solo material de relleno? ¿Y de dónde proceden las células madre del cáncer? ¿Empiezan como células madre normales (iguales a aquellas que generan piel) y son dañadas por las mutaciones? ¿O son células madre fetales que sobreviven hasta la vida adulta y de pronto un día enloquecen? ¿O han surgido, como las otras células que pugnan por un puesto dentro de un tumor, a través de la variación y la selección aleatorias? Quizá las células omnipotentes empiezan como células tumorales «corrientes» que mudan su identidad y revierten a esa forma primigenia. Algunos experimentos inducen a pensar que en el caos de un tumor, las células cambian de identidad constantemente, pasando de células con propiedades de célula madre a células sin esas propiedades.

Mientras pugnaba por encajar todo esto y verlo desde una perspectiva general, sentí alivio al advertir que los investigadores parecían tan desconcertados como yo. Algunos científicos tenían la convicción de que esta hipótesis indicaba el camino que debía seguirse en el futuro; otros le atribuían una importancia limitada, considerándola una nota a pie de página de la teoría dominante. Sin embargo todo cuadra: la concepción subyacente del cáncer como proceso darwiniano —que surge, como la propia vida, de la variación y la selección aleatorias— permanecería en gran medida intacta. Pero yo, como lego tratando de entender la esencia del cáncer, me sentí intimidado ante la posibilidad de hallarme todavía ante más recovecos.

El lugar donde mejor se aprecia el pleno alcance de lo que ocurre en las fronteras es la reunión anual de la Asociación Americana para la Investigación del Cáncer, la mayor y más importante de su género en el mundo. Se celebraba a principios de primavera en Orlando, Florida, y cuando hice escala en Atlanta, percibí ya su efecto dominó. Jóvenes científicos corrían por el aeropuerto cargados con largos tubos de cartón para proteger sus pósters. Cada uno de estos, una vez desplegado, describiría una minúscula pieza del rompecabezas en expansión. Juntos, más de 16.000 científicos y otros especialistas de 67 países convergían en Orlando, donde se presentarían más de 60.000 nuevos trabajos —en sesiones de pósters y simposios— en el transcurso de cinco días. Había pocas distracciones. El enorme centro de convenciones de Orlando y sus alrededores constituyen un mundo aislado de hoteles, franquicias de cadenas de restaurantes y salas de reuniones, una especie de Las Vegas en versión aburrida. Dentro de esta burbuja de aire acondicionado, yo esperaba asimilar lo máximo posible.

En tanto que en la modesta reunión sobre biología del desarrollo a la que asistí en Albuquerque tenía tres sesiones simultáneas, aquí se desarrollaban más de una docena, desde las siete de la mañana hasta entrada la noche, programándose en medio, superpuestas, las conferencias y sesiones educativas principales. Con una copia del programa tan gruesa como un listín telefónico (o el equivalente sin peso en sus teléfonos móviles), los informívoros diseñaban sus estrategias de caza. En cuanto empezaba a agotarse el tiempo de un ponente en una charla de las 10.30, se oía un rumor de sillas al apresurarse la gente a salir sigilosamente camino de una presentación en otra sala a las 10.45. La geografía era un factor a tener en cuenta. Salir de «Tripas, microbios y genes» (los hallazgos recientes sobre el papel de las bacterias en la aparición de ciertos tumores) para llegar al final de «Redes de señalización de la ubicuitina en el cáncer» requería un vigoroso paseo de diez minutos por el interior del recinto. Una sugerente planta más abajo estaba la zona de exposiciones, donde los laboratorios farmacéuticos tentaban a los transeúntes con enormes cafeteras exprés salidas de una película *steampunk*: un cappuccino y biscotes a cambio de escuchar una presentación de Merck o Lilly sobre un nuevo fármaco contra el cáncer. En el stand de Amgen, los visitantes ven con gafas 3-D un increíble vídeo que les permite dar un paseo virtual por el interior de un tumor en plena angiogénesis. Desde hace más de una década Amgen desarrolla un inhibidor de la angiogénesis. Combinado con el paclitaxel en una prueba clínica, prolongó la vida de mujeres con cáncer de ovario recurrente de 20,9 meses a 22,5 meses, o lo que es lo mismo, unos cuarenta y ocho días.

Mientras veía el vídeo, pensé en el entusiasmo generado

trece años antes, cuando un científico de Harvard, Judah Folkman, descubrió lo que por un breve tiempo pareció el efecto de una bala de plata. Para cada mecanismo de una célula, existe un contramecanismo que lo mantiene bajo control. La angiogénesis es el medio normal por el que la sangre se suministra a tejidos recién creados. Las moléculas llamadas angiostatina y endostatina, que se producen de manera natural para inhibir la angiogénesis —no conviene que crezcan nuevos vasos sanguíneos en cualquier parte— habían revelado sorprendentes efectos en la supresión de tumores en ratones. James Watson, el célebre biólogo molecular, apareció citado en la primera plana de *The New York Times*: «Judah va a curar el cáncer en menos de dos años». Después escribió una carta al director insistiendo en que sus declaraciones al periodista habían sido más cautas, y a continuación pasó a declarar, con el mismo fervor, que en el laboratorio de Folkman se llevaba a cabo «la investigación sobre el cáncer más apasionante que he visto en la vida, y nos da esperanzas de que todavía es posible un mundo sin cáncer». Watson no era el único que pensaba así. El director del Instituto Nacional del Cáncer describió los resultados de Folkman como «destacados y extraordinarios» y «lo más apasionante en el horizonte», antes de añadir la habitual advertencia de que lo que surtía efecto con los ratones no necesariamente surtía efecto con las personas.

153

No surtió efecto, naturalmente. Resultaba difícil reproducir los experimentos, y posteriores investigaciones revelaron que ciertos inhibidores de la angiogénesis podían agravar las cosas: en tales casos el tumor contraatacaba mediante una metástasis más vigorosa hacia territorio seguro. Ahora hay inhibidores en el mercado, pero los resultados distan mucho de lo que se había previsto. Utilizado junto con los venenos difusos habituales, el Avastin puede dar unos cuantos meses más de vida a una paciente con un coste de decenas de miles de dólares. Los efectos secundarios incluyen perforación gastrointestinal y graves hemorragias internas. Inhibir la angiogénesis puede entorpecer la cicatrización de las incisiones quirúrgicas y otras heridas. Varios meses después del congreso de Orlando, el Departamento de Alimentos y Medicamentos, sopesando los riesgos y los beneficios, anuló una de-

cisión anterior y prohibió el uso del Avastin como tratamiento para el cáncer de mama con metástasis.

Tan lúgubres realidades parecían muy lejos de la gran sesión inaugural, donde Arthur D. Levinson, pionero en el di-
seño de terapias dirigidas, fue homenajeado por su «liderazgo
y extraordinarios logros en la investigación del cáncer». Se
mencionó concretamente su papel en el desarrollo de «fármacos de éxito» como el Avastin. Levinson es el presidente de Genentech, que también produce Herceptin para el tratamiento
del 15-20 por ciento de los cánceres de mama que son HER2
positivo, aquellos con sobreabundancia de receptores estimulantes del crecimiento. Para el cáncer de mama metastásico, el
Herceptin puede alargar unos meses la vida de una mujer. Empleado en las primeras fases de la enfermedad, los efectos del
fármaco son más sorprendentes. Cuando se acompañaba de
Herceptin la quimioterapia corriente, el 85 por ciento de las
mujeres se libraban del cáncer después de cuatro años, en comparación con el 67 por ciento de aquellas que no habían consumido el fármaco. La prueba se interrumpió pronto para que las
mujeres del grupo de control pudieran beneficiarse (y así Genentech pudiera reducir el plazo de entrada en el mercado).
Cuando corrió la voz de la nueva terapia, las pacientes con cáncer de mama que antes temían descubrir que su tumor fuera
HER2 positivo —un tipo especialmente pernicioso y agresivo— ahora casi se alegraban al conocer la noticia.

No obstante, ningún fármaco contra el cáncer es tan bueno
como parece. El Herceptin también puede afectar a células sanas con un número normal de receptores HER2, y existe un
elevado riesgo de fallo cardíaco congestivo. Incluso el Gleevec,
el «máximo logro» de la terapia dirigida, tiene su lado oscuro.
Con este fármaco casi siempre puede mantenerse a raya la leucemia mieloide crónica, pero debe tomarse indefinidamente
para evitar que el cáncer se reproduzca. También hay problemas con otra clase de fármacos que aspiran a suprimir los tumores fortaleciendo las defensas inmunológicas del organismo. Se introducen en el torrente sanguíneo unos
potenciadores del sistema inmunológico llamados citocinas, o
se extraen y modifican las células inmunes del propio paciente
para potenciar su poder mortífero y luego se reinyectan. El pe-

154

ligro con estas terapias experimentales es que el sistema inmunológico adopte un comportamiento tan vigilante que reac-
cione de manera excesiva y descontrolada, confundiendo al
propio organismo con un intruso e iniciando una respuesta au-
toinmune catastrófica.

Mientras me planteaba qué se considera un «fármaco de
éxito», empezó a sonar música de cuerda para animar a los presentes. Era la primera vez que yo veía algo así: un congreso
científico con su propia banda sonora. Harold Varmus, el director del Instituto Nacional del Cáncer, salía en ese momento al
escenario. Para dar cabida a un aforo de varios miles de personas, la imagen de cada ponente se proyectaba en seis series de
dobles pantallas: una mitad para las imágenes del atril, la otra
para la presentación en PowerPoint. Las imágenes eran tan
grandes que el ponente, visto de lejos, parecía cómicamente pequeño, el hombre detrás de la cortina en *El mago de Oz*. Varmus empezó con una buena noticia: los índices generales de incidencia y mortalidad seguían reduciéndose poco a poco cada
año. Eso, naturalmente, teniendo en cuenta el envejecimiento
de la población. La aterradora realidad, recordó a los presentes,
es que una generación tras otra de quienes nacieron durante el
boom de la natalidad cumplen ahora entre sesenta y setenta
años: la edad de máxima incidencia del cáncer. Incluso con un
modesto descenso en la cantidad de cáncer per cápita, la cifra
absoluta de casos se elevará. Al mismo tiempo, la financiación
estatal de la investigación ni siquiera se mantiene al nivel de la
inflación. «No solo somos pobres, sino que vivimos en un país
sumido en la incertidumbre», lamentó Varmus.

Viendo esas exuberantes presentaciones apoyadas en técnicas audiovisuales vanguardistas, me resultaba difícil pensar en
el cáncer como el hijastro abandonado de la medicina. Toda la
investigación médica se ha visto amenazada por los recortes
presupuestarios. Pero cuando se añade a las subvenciones estatales el dinero que se va hacia la investigación farmacéutica (la
justificación dada para esos precios de cinco cifras en los fármacos) y los dólares privados recaudados en las telemaratones
y donados por los ricos con la esperanza de conjurar su propia
muerte o dedicar una nueva sala de un centro médico al recuerdo de un ser querido, vemos que grandes recursos se des-

tinaron al minucioso conocimiento del cáncer. ¿Acaso miles de millones de dólares adicionales procurarían pronto medicamentos nuevos, siempre un paso por detrás del horizonte, que eliminarían el cáncer en fase avanzada sin los daños colaterales de la quimioterapia y la radiación, dando no solo semanas o meses de vida sino una curación real? ¿Descenderían los índices de mortalidad tan drásticamente como ha ocurrido con las enfermedades coronarias? ¿La gente dejaría de lamentarse de estar perdiendo la guerra contra el cáncer?

Hay mucho dinero de por medio en la lucha, y me sorprendió la cantidad de investigadores universitarios de primera línea que tenían vínculos con el mundo comercial. Elizabeth Blackburn, que abandonaba la presidencia de la AACR, había ganado el premio Nobel por su investigación sobre los telómeros y la telomerasa. Era también fundadora y presidenta del consejo asesor de una empresa llamada Telome Health, Inc. A lo largo de la semana todas las presentaciones empezaron con la diapositiva obligatoria en la que se revelaba cualquier conflicto de intereses. Era evidente que el requisito despertaba malestar. Algunos ponentes mostraban el texto tan deprisa que era imposible leerlo. Me acordé de esos anuncios de coches en televisión donde una voz cómicamente acelerada escupe la letra menuda y los descargos de responsabilidad. Una ponente de una sesión plenaria dijo atropelladamente que había perdido esa diapositiva. (Habría explicado que ella y su marido eran cofundadores de una empresa farmacéutica de capital abierto que desarrolla terapias dirigidas contra el cáncer.) Otros ponentes declararon con orgullo, a menudo entre aplausos, que no tenían nada que revelar, y uno dijo que su mayor conflicto de intereses era que durante veinticinco años había trabajado en un tratamiento para el cáncer de piel «y por tanto quiero realmente que esto funcione».

Varmus, uno de los gigantes de la ciencia médica, compartió el premio Nobel con J. Michael Bishop por su innovadora obra sobre virus y oncogenes. Pareció alegrarse de dejar de lado los asuntos económicos para pasar a la ciencia y las cuestiones más desconcertantes a las que se enfrentaba: ¿por qué algunos cánceres —por ejemplo el de testículo, así como algunas leucemias y linfomas— pueden eliminarse mediante la quimioterapia exclusivamente, en tanto que otros presentan una obstinada resistencia? ¿Cuáles son los mecanismos biológicos que explican que los obesos padezcan mayor riesgo de cáncer? ¿Por qué los pacientes con enfermedades neurodegenerativas como el parkinson, el huntington, el alzhéimer y el síndrome del X frágil parecen tener un riesgo menor en cuanto a la mayoría de los cánceres? ¿Por qué es tan distinta la tendencia a desarrollar cáncer de los diferentes tejidos del organismo? Mientras escuchaba, se me ocurrió que nunca había oído hablar de cáncer de corazón. (Sí se da, pero es muy raro.)

Durante el resto de la mañana otras lumbreras subieron al estrado para hablar del futuro, cada una precedida por la estimulante melodía y la diapositiva de los descargos de responsabilidad. Usando la más avanzada tecnología, los investigadores secuencian los genomas de las células cancerosas mucho más rápidamente de lo que parecía posible hace solo unos años. Comparando los genomas de los tumores con los de células normales, ven con mayor precisión que nunca las mutaciones que pueden producir malignidad. Algunos de los resultados han sido sorprendentes. Según la idea generalizada, se requieren por término medio cinco o seis genes dañados para decantar una célula. Pero dos casos del mismo tipo de cáncer (cáncer de mama, pongamos, o cáncer de colon) no tienen por qué surgir a través de la misma combinación de alteraciones genéticas. La investigación genómica indica que en algunos cánceres pueden intervenir docenas e incluso centenares de mutaciones. De los aproximadamente 25.000 genes presentes en el genoma humano, se han identificado al menos 350 como posibles genes del cáncer: aquellos que pueden alterarse de un modo que confiere ventaja competitiva. Según ciertos pronósticos, es posible que el número ascienda a millares.

«El cáncer no es una enfermedad. Son cien enfermedades distintas.» ¿Cuántas veces se ha dicho eso? Ahora se habla del cáncer como decenas de miles de enfermedades, cada una con su propia firma molecular. Algún día, cuando estas tecnologías se desarrollen, puede que los científicos sean capaces de analizar de manera rutinaria las características únicas de cada cáncer individual y proporcionar a cada paciente una terapia personalizada. Es mucho esperar.

ϒ

Abandonamos el auditorio, varios miles de asistentes, y nos dispersamos por los amplios espacios del centro de congresos. Cada sala de conferencias y cada pasillo de pósters ofrecía más variaciones sobre el tema del cáncer. Se daba el fenómeno de la polarización: la manera en que una célula sana puede distinguir entre el derecho y el revés. Esto permite a las células epiteliales orientarse dentro de un tejido de modo que el pelo, las escamas y las plumas se inclinen todos en la misma dirección. En la mitosis, una célula debe polarizarse, repartiendo su contenido antes de dividirse por la mitad en células idénticas. Una célula migratoria presenta polarización cuando transporta sus proteínas de una manera que le permite seguir moviéndose hacia delante y no hacia atrás, como si avanzara en su propia cinta transportadora. Se han descubierto algunos de los circuitos moleculares que intervienen en la polarización, y en una célula cancerosa son una de las cosas que pueden torcerse. Si eso es un síntoma o una causa de la malignidad es otra de las incógnitas.

Mientras se planteaba esta cuestión, en otra sala los investigadores hablaban de las muchas clases distintas de muerte celular. Desactivar la apoptosis es un rasgo distintivo del cáncer, y el efecto característico de la quimioterapia es activarla de nuevo. Pero también existe la autofagia (la célula devora sus propias entrañas), la entosis (una célula canibaliza a su vecina) y la necroptosis, en la que, como en la apoptosis, intervienen moléculas llamadas receptores de muerte y RIPs (la sigla del epitafio se deriva en inglés de «proteína que interactúa con receptor»). Tal vez estas también puedan manipularse para controlar el cáncer. Hay un *Journal of Cell Death* [«Revista sobre la muerte celular»], y una mujer entre el público llevaba una camiseta negra con las enigmáticas palabras MUERTE CELULAR 2009: LA GIRA *UNPLUGGED*. Cuántas pequeñas subculturas incluso en el mundo del cáncer.

Otros ponentes reflexionaron sobre el misterio de por qué las células cancerosas pasan de un metabolismo aeróbico a un metabolismo anaeróbico, consumiendo glucosa vorazmente en un fenómeno conocido como «efecto Warburg». Esta manera menos eficiente de consumir energía las ayudaría a sobrevivir en los confines desprovistos de oxígeno de las profundidades del tumor. Pero las células también experimentan esta transformación cuando disponen de oxígeno de sobra. Una razón podría ser que el metabolismo alterado les permite incorporar una mayor cantidad de la materia prima que necesitan para construir nuevas partes y proliferar. Hubo ponencias sobre las formas en que una célula cancerosa puede evitar ser destruida por el sistema inmunológico, o alterarlo en su propio provecho, captando macrófagos como aliados en la causa. La lenta quemazón de la inflamación crónica está relacionada de algún modo con muchas enfermedades —la artritis reumatoide, la enfermedad de Crohn, el alzhéimer, la obesidad, la diabetes— y también desempeña un papel en el cáncer. Los estómagos inflamados por una respuesta inmunológica a la bacteria *Helicobacter pylori* o los hígados inflamados por el virus de la hepatitis tienen más propensión al cáncer. Pero ¿en qué medida es causa y en qué medida es efecto? La circuitería química todavía está desvelándose. Se dedicó toda una sesión a explicar por qué las moléculas llamadas sirtuinas, que participan en el proceso de envejecimiento, también desempeñan un papel en la inflamación, la obesidad y, por consiguiente, el cáncer.

En definitiva, la biología se reduce a la comunicación entre genes —dentro de la célula o de una célula a otra— en una continua charla molecular. Yo no me había planteado sin embargo que los genes de los tejidos humanos también pueden comunicarse con los genes que residen en los microbios que ocupan nuestros cuerpos. Tal vez eso debería haberme parecido evidente. Nuestra piel y nuestros aparatos digestivo y respiratorio están plagados de bacterias. Muchas de ellas realizan una función simbiótica: las bacterias en los intestinos segregan enzimas que contribuyen a la digestión. Los genes contenidos en estas criaturas unicelulares transmiten señales de microbio a microbio, y también pueden cruzar señales con las células humanas. Pese a que concebimos las bacterias como pasajeros, estas superan en número a nuestras propias células en una proporción de diez a uno. Más impresionante aún es el hecho de que el número total de genes microbianos que albergamos cada uno de nosotros —el microbioma— supera en número a nuestros genes humanos en una proporción de cien a uno. Incluso existe un Proyecto del Microbioma Humano para secuenciar los genomas de estos agentes celulares libres. El cáncer es una enfermedad relacionada con la información, con señales celulares confusas. Ahora hay otro espacio que explorar.

El genoma, el epigenoma, el microbioma... Los científicos ahora también hablan del proteoma (el conjunto total de proteínas que pueden expresarse en una célula) y el transcriptoma (todas las moléculas de ARN de distintas clases). Están asimismo el metaboloma, el lipidoma, el reguloma, el aleloma... el degradoma, el enzimoma, el inflamasoma, el inetractoma, el operoma, el pseudogenoma... El exposoma es todo a lo que estamos expuestos en el medio ambiente, y el conductoma incluye los factores de la forma de vida que pueden alterar nuestro riesgo de cáncer. El biblioma es la acumulación de textos en incesante expansión sobre todo lo científico, y la maldición de esta era de microespecialización y proliferación de «-ómicas» es separar el ridiculoma del relevantoma.

Mientras tomaba notas en mi bloc o recorría los pasillos cavilando sobre alguna extraña idea nueva, pensé en lo mucho que ha cambiado con los años nuestra comprensión de la biología celular. Recordé la emoción de cuando leí *La doble hélice* de James Watson durante una excursión en mi etapa universitaria y cuando, más tarde, sentado junto a una chimenea en una cabaña en plena montaña, devoré los fragmentos del magnífico libro de Horace Freeland Judson *The Eighth Day of Creation: Makers of the Revolution in Biology*, publicados en tres entregas por la revista *The New Yorker*. La genética molecular parecía tan diáfana y nítida como las estructuras de Lego. Pese a su inmenso poder para crear y regir la vida, los genes se componían de combinaciones de solo cuatro letras de ácido nucleico: G, C, A y T. Cada una poseía un único contorno, y estas pautas de bultos y surcos se copiaban del ADN al ARN mensajero y luego se transportaban a los ribosomas, las estructuras celulares que usaban información para formar proteínas. En estas forjas, otras moléculas llamadas ARN de transferencia actuaban como adaptadores para emparejar cada triplete de letras del ácido nucleico con un aminoácido en concreto: las veinte unidades que, dispuestas en cierto orden, se convertían en una clase determinada de proteína. Dichas proteínas incluyen las enzimas que contribuyen al funcionamiento de la maquinaria genética. La simplificación máxima de la teoría fue lo que Francis Crick denominó el «dogma central»: ADN a ARN a proteína.

No tardarían en llegar las complicaciones. No todo fragmento de ADN formaba parte del código proteico. Algunas secuencias se empleaban para crear ARN mensajero y ARN de transferencia. Otras servían como mandos de control, que subían y bajaban el volumen de un gen para modular la producción de su proteína. Con todo este complejo engranaje, casi podía abrigarse la fantasía de que todo era producto de un ingeniero. Pero la naturaleza era mucho menos ordenada. Los genes, por ejemplo, no eran continuos. Se interponían fragmentos de galimatías. Cuando el mensaje genético se reimprimía en el ARN mensajero, estos borrones (llamados intrones) tenían que eliminarse. Eran accidentes de la evolución y de la entropía. De hecho, de todo el genoma solo un pequeño porcentaje parecía tener una finalidad. El resto acabó conociéndose como ADN basura: un batiburrillo de detritos, genes estropeados y desechados a lo largo de millones de años. Algunos de estos pseudogenes habían sido introducidos de extranjis por los virus. Otros se creaban cuando un gen verdadero se copiaba erróneamente y se pegaba en otra parte del genoma. Al no haber ninguna razón de peso para librarse de los desechos, se siguieron acarreando de generación en generación.

Resultaba casi inconcebible que una parte tan grande del genoma permaneciera silente e inerte. En su incesante proceso de reajuste, la evolución sin duda encontraría nuevas finalidades para las partes desechadas. A principios de la década de 1990, los científicos empezaron a observar una nueva clase de ARN producida a partir del ADN basura. Cuando estas moléculas se unían a un ARN mensajero, le impedían entregar su información. Debido a su pequeño tamaño, se las llamó micro-ARN (en la lexicografía de la biología celular, esta clase de términos suelen comprimirse). Se presentaban en distintas formas, y a medida que aumentaban o disminuían en número, regulaban la producción de diversas proteínas. Como casi todo lo demás en la célula, por fuerza tenían que desempeñar una función en el cáncer. Supongamos que hubiera un microARN cuyo papel fuera bloquear la expresión de un oncogén destinado a promover el crecimiento. Si la célula produjera este regulador en cantidad insuficiente, fomentaría la proliferación. Un exceso de otra clase de microARN podría tener como consecuencia la represión de un supresor tumoral. De hecho, una sola de estas moléculas podría regular varios genes distintos, lo que llevaría a marañas de efectos enredados. Se pensaba que las mutaciones en el ADN basura eran inocuas. Pero si alteraban el equilibrio de microARN podían empujar a una célula más cerca de la malignidad.

Cuanto más detenidamente lo examinaban los científicos, más variedades de ARN encontraban. Algunas de estas moléculas pueden ser residuos: fragmentos rotos dejados por el funcionamiento diario de la máquina celular. Pero otras parecen estar ahí con un propósito. LincRNA (por sus siglas en inglés, con el significado de «largo intragénico no codificante»), siRNA (por sus siglas en inglés, con el significado de «pequeño de interferencia») y piRNA. Esto significa «interferente asociado a Piwi», y Piwi (por «testículo debilitado inducido por el elemento-P») es otro de esos genes con nombres tontos. Están asimismo Xist RNA y Hotair RNA. De dondequiera que vengan esos nombres, lo importante es que estas moléculas también pueden desempeñar un papel en la regulación de la química celular. Pueden causar un crecimiento celular desbocado si se altera su equilibrio. Unos cuantos científicos, reacios a subirse al carro, consideran que la importancia de los nuevos ARN se ha exagerado. Otros piensan que anuncian una revolución. Declarando que «el dogma central se ha quebrantado», un científico de Harvard, en su ponencia en Orlando, describió una teoría nueva arrolladora en la que los genes se comunican con pseudogenes en un nuevo lenguaje cuyas letras se componen de estos ARN exóticos. Si está en lo cierto, hay otro código que descifrar. Solo entonces podremos entender de verdad los circuitos celulares y cómo pueden averiarse.

Basura que no es basura. Genes —el 99 por ciento de ellos— que residen en nuestros microbios y no en nuestras propias células. El segundo plano parecía estar ocupando el lugar del primer plano, y eso me recordó lo ocurrido en cosmología cuando la mayor parte del universo resultó estar hecha de materia oscura y energía oscura. Aun así, pese a todas estas elucubraciones nuevas, la teoría del big bang en sí no perdió vigencia. No era tan limpia y sencilla como antes, pero proporcionaba las grandes pinceladas del cuadro, un marco que daba sentido a todo, aberraciones incluidas. Lo mismo parecía suceder con los rasgos distintivos. En Orlando, presentación tras presentación, los ponentes incluyeron una diapositiva en PowerPoint muy copiada que ilustraba los seis cánones de Hanahan y Weinberg. Sin esa piedra angular, todo habría sido caos. Solo un mes antes, los dos científicos habían publicado una segunda entrega de su trabajo: «Hallmarks of Cancer: The Next Generation» [«Los rasgos distintivos del cáncer: la siguiente generación»]. Volviendo la vista atrás para revisar la década transcurrida desde su anterior artículo, llegaron a la conclusión de que el paradigma era más sólido que nunca. Sin duda había complicaciones. En el microchip de la célula cancerosa, lo que antes parecía un único transistor quizá fuera un microchip dentro del microchip que ocultaba un sistema de circuitos propio más denso. Las células madre y los mecanismos epigenéticos acaso desempeñaran un papel mayor. Al final, quizás hubiera más de seis rasgos distintivos. La esperanza es que el número sea finito y relativamente pequeño.

Una noche durante el congreso me topé con un numeroso grupo de científicos que entraban en un salón de baile del hotel agotados después de todo un día absorbiendo y exudando información. Dentro las exuberantes mesas de un bufé libre estaban dispuestas estratégicamente: rosbif con queso azul de Oregón, pechugas de pollo a la caprese, tartitas de cangrejo, empanadillas de pollo. Los camareros, en seis mesas, ofrecían abundantes copas de buen vino. Era la recepción anual para el Centro del Cáncer MD Anderson. El logotipo institucional ya no era el mismo que cuando Nancy y yo fuimos allí un triste día de enero en busca de una segunda opinión. Ahora incluía un trazo que tachaba la palabra «cáncer». Me pregunté a qué cretino experto en marketing se le había ocurrido semejante idea. Quedaba de mal gusto, y desde el punto de vista de muchas de las víctimas del cáncer era de un optimismo cruel.

Después de la recepción de Anderson, el gentío pasó a un

163

salón de baile más amplio para tomar más copas y el postre y bailar por gentileza de la AACR. Un grupo de música soul, iluminado desde atrás con focos azules y rojos, interpretaba una antigua melodía de Smokey Robinson mientras el cantante, con un micrófono inalámbrico, intentaba animar a la gente a salir a la pista. Primero empezaron a bailar dos parejas, las siguieron media docena más, y a eso de las diez de la noche había ya cincuenta, girando como remolinos y atrayendo a otros a la pista. Cuando volví a salir al pasillo, el ritmo había disminuido y las luces se habían atenuado. El solista cantaba *Killing Me Softly*. Que es exactamente lo que el cáncer no hace: matar suavemente.

10

El desbarajuste metabólico

*E*n 1928, en un laboratorio del hospital St. Mary de Londres, Alexander Fleming descubrió la penicilina. Había estado cultivando la bacteria del estafilococo en una placa, y a su regreso de unas vacaciones se la encontró contaminada por una mancha de moho. En torno a la mancha se hallaban los cadáveres de las bacterias muertas. Fleming aisló el hongo y observó que, diluido al uno por mil, poseía aún potencia suficiente para matar los microbios. Pasó a demostrar que el hongo, del género *Penicillium*, actuaba también eficazmente contra el estreptococo, el neumococo, el meningococo, el gonococo, la difteria, el ántrax... muchas causas de muerte que ahora se vuelven inocuas con la administración de unas cuantas dosis de antibiótico, permitiéndonos vivir lo suficiente para contraer cáncer.

Desde entonces el St. Mary ha sido incorporado al campus de la facultad de medicina del Imperial College, y una tarde fui allí a través del Hyde Park para ver a Elio Riboli, director de la facultad de salud pública del Imperial. La carrera de Riboli como epidemiólogo abarca ya cuatro décadas, por lo que es la persona más indicada para reflexionar sobre los cambios en nuestras ideas sobre lo que causa y no causa cáncer. Los carcinógenos químicos eran por lo visto un factor mucho menos determinante de lo que yo sospechaba, y los argumentos a favor o en contra de ciertos alimentos eran tan difusos como siempre. Riboli parecía un hombre capaz de esclarecer esa confusión.

Era un día despejado de primavera, y mientras caminaba, intenté imaginar el ambiente sombrío de la Revolución Industrial, cuando se respiraba un aire denso cargado de humo y polvo de hulla. Fue en Londres a finales del siglo XVIII cuando Percivall Pott estableció la relación entre la exposición al hollín y el cáncer de escroto en los deshollinadores, una de las primeras observaciones en el camino a tientas del género humano hacia una teoría del cáncer. Los deshollinadores no eran personajes tan desenfadados como el que interpreta Dick Van Dyke en la película *Mary Poppins*. Por unos pocos peniques, chicos flacos a causa de la desnutrición se veían obligados a introducirse, a menudo desnudos, por los conductos mugrientos de las chimeneas. «El destino de estas personas parece especialmente duro —escribió Pott—. En la primera infancia son tratados muy frecuentemente con gran brutalidad, y viven al borde de la muerte a causa del frío y la inanición; los hacen trepar por chimeneas estrechas y a veces calientes, donde quedan enterrados, se queman y casi se asfixian; y cuando llegan a la pubertad, tienen muchas probabilidades de padecer una enfermedad altamente repulsiva, dolorosa y letal.» El tratamiento implicaba la extracción, sin anestesia, de la parte tumorosa del escroto. Esto debía hacerse de inmediato. Cuando el cáncer se propagaba a un testículo normalmente ya era demasiado tarde incluso para la castración.

> He llevado a cabo el experimento muchas veces; pero si bien las úlceras, tras la operación, en algunos casos cicatrizaban bien, y los pacientes abandonaban el hospital en buen estado, volvían por lo general al cabo de unos pocos meses con la misma enfermedad en el otro testículo o en las glándulas de la ingle, o con tal palidez, tal pesadumbre en el semblante, tal pérdida de la fuerza y tal dolor interno, frecuente y agudo, que eran prueba suficiente de la afección de algunas de las vísceras, y a eso pronto seguía una muerte dolorosa.

La causa del cáncer, cabe suponer, era la incrustación del hollín en las abrasiones de la piel. Los deshollinadores de la Europa continental, que llevaban prendas de protección —su traje se parecía al de un submarinista— no contraían cáncer, y el mal no se conocía en Edimburgo, donde las chimeneas, menos angulosas y estrechas que las de Londres, se limpiaban normalmente desde arriba con una escoba y un lastre acoplado. Pero era imposible trazar una simple flecha entre causa y efecto. Incluso entre los deshollinadores londinenses, el cáncer era muy poco común y podía tardar veinte años en desarrollarse. ¿Y por qué afectaba casi siempre al escroto —se dieron casos de «verrugas del hollín» en la cara— pero no a otras partes del cuerpo expuestas a la misma aplicación del carcinógeno por medio del raspado? Debían de intervenir otros factores. Me acordé de los experimentos de principios del siglo XX en que un científico japonés, Katsusaburo Yamagiwa, indujo tumores de distintas dimensiones, que oscilaban «desde el tamaño de un grano de arroz hasta el de un huevo de gorrión», aplicando alquitrán en las orejas de conejos. Pero era un procedimiento laborioso, con un alto índice de fracaso, y los tumores aparecían solo después de repetidas aplicaciones de esa mugre cancerosa.

La exposición ocupacional preocupaba también a Bernardino Ramazzini, un médico italiano que escribió *De Morbis Artificum Diatriba (Enfermedades de los trabajadores)*, obra publicada en 1700. Hombre de intereses muy amplios, no solo estudiaba a los obreros y comerciantes, sino también a los boticarios, los cantantes, las lavanderas, los deportistas, los agricultores e incluso los «hombres doctos», que incluían a matemáticos y filósofos, al igual que a médicos como él mismo. Todos eran propensos a diversas afecciones, pero el único cáncer que mencionó en el libro se producía entre las monjas. Ramazzini observó que tendían a padecer el cáncer de mama más que otras mujeres. «Todas las ciudades de Italia —escribió— tienen varias comunidades religiosas de monjas, y rara vez hay un convento que no albergue esta maldita peste, el cáncer, entre sus paredes.» Lo atribuyó al celibato y a una «misteriosa simpatía» entre el útero y los pechos, lo que también explicaría por qué la leche aparece oportunamente en las glándulas mamarias de las mujeres cuando quedan embarazadas. «Ciertamente debemos creer que el Divino Arquitecto diseñó el útero y los pechos con una estructura, un mecanismo que hasta la fecha no alcanzamos a entender —escribió—. Quizás el tiempo lo revele, ya que no se ha conquistado aún todo el dominio de la Verdad.»

Fue ya en el siglo XX cuando los científicos empezaron a

167

elaborar el complejo sistema de las hormonas sexuales que circulan por el torrente sanguíneo hasta distintas partes del organismo. Entre sus muchas funciones se incluye la de coordinar la actividad del útero y los pechos. Renunciando al embarazo y la lactancia y experimentando más ciclos menstruales, las monjas, sin saberlo, se exponían más a los estrógenos cancerígenos de su propio cuerpo, acelerando la división celular y elevando las probabilidades de mutación.

Una vida de celibato tenía también un efecto beneficioso. Un siglo y medio después otro italiano, Domenico Rigoni-Stern, observó que las monjas contraían menos cáncer en el cuello del útero, anticipando el descubrimiento de que la principal causa es el virus del papiloma humano, contraído a través del coito. El hollín de las chimeneas, las hormonas sexuales, en algunos casos un virus... son muchas las causas que pueden desatar una explosión celular y muchos los factores que siguen sin comprenderse.

Riboli, que se licenció en medicina y se doctoró en salud pública en la universidad de Milán en 1980, formó parte de un venerable linaje de médicos italianos que buscaba indicios de las peculiaridades del cáncer. Después de estudiar en Milán fue a Harvard para realizar allí otro doctorado en epidemiología. Cuando llegué al campus de Londres, me esperaba en su despacho. Alto y delgado, es un hombre distinguido y bien hablado que se ha tomado a pecho los datos que demuestran que controlar el peso y hacer ejercicio previenen tanto las enfermedades cardiacas como el cáncer. Durante la siguiente hora y media, conversamos sobre lo que él había averiguado en el transcurso de su investigación epidemiológica. Viendo en perspectiva los últimos meses, me sorprendió de nuevo el efecto pendular de la ciencia de la nutrición, donde lo que es bueno un día puede ser malo al día siguiente, y me pregunté: ¿en qué medida podemos controlar realmente si contraemos o no cáncer?

Cuando Riboli inició su carrera, era evidente que el humo del tabaco estaba causando una epidemia de cáncer de pulmón, y parecía lógico pensar que pudiera detectarse un origen químico también en otros cánceres: los contaminantes industriales incorporados al aire y el agua, los conservantes y los residuos de pesticidas en los alimentos. «El dogma era que el cáncer debía ser causado por carcinógenos», dijo. Sustancias químicas, virus, bacterias... alguna influencia exterior. Pero muy poco después surgieron indicios de que la hipótesis no se sostenía. «Pese a las exhaustivas investigaciones de algunos de los cánceres más comunes —como el cáncer de mama, el cáncer de colon, el cáncer de próstata—, no se vio que un carcinógeno aislado desempeñara un papel significativo en los humanos.» Riboli no quería decir que los agentes causantes del cáncer no incidieran en la población. «La gente puede estar expuesta a un gran número de carcinógenos en el aire y el agua que pueden causar, y de hecho causan, cáncer. Pero en el cincuenta o sesenta por ciento del cáncer no tenemos la menor idea de su procedencia.»

Solo una minoría de casos podía achacarse claramente a defectos genéticos heredados. Los estudios sobre poblaciones migratorias así lo han determinado. La gente que se trasladaba a otros países, portando los mismos genes, tenía un riesgo mayor de contraer, al cabo de una generación, los cánceres de sus anfitriones, y a menudo dejaban atrás los cánceres de su país de origen. Como sostuvo el influyente estudio de Doll y Peto, el factor más importante era la conducta humana, y la opinión general empezaba a ser que el factor más probable era lo que comíamos.

Las primeras pistas procedieron de experimentos de laboratorio. En lugar de aplicar alquitrán en las orejas de los animales, los investigadores intentaron darles de comer distintas variedades de alimentos para ver cuánto engordaban, o cuánta adiposidad acumulaban. «En una serie de experimentos, no se utilizaron carcinógenos químicos, pero modulando la dieta —modulando la adiposidad— se demostró que era posible modular la frecuencia de los tumores», explicó Riboli. Al principio dio la impresión de que un exceso de alimentos grasos era la causa. Pero nuevas investigaciones indicaron que el motivo no era tanto la grasa u otros ingredientes como la ingestión total de calorías: que la obesidad en sí era la fuerza primaria en el cáncer.

Algunos alimentos parecían representar pequeños riesgos. Las dietas demasiado ricas en sal se relacionaban con el cáncer de estómago, y la carne roja y procesada, con el cáncer de colon, posiblemente debido a las nitrosaminas, compuestos de N-nitroso, y otras sustancias. «No existía una asociación fuerte como la que hay entre el tabaco y el cáncer de pulmón, donde el efecto es enorme —dijo Riboli—. Al comparar unos estilos de vida con otros, vimos que en algunos casos el riesgo se multiplicaba por uno y medio o dos.» Cuando un riesgo es mínimo ya de entrada, aún duplicándolo, las probabilidades de que una persona contraiga cáncer son muy bajas. Pero cuando se calculan con respecto a poblaciones de millones, los efectos podrían tener un impacto significativo en la salud pública. No obstante, investigar a ese nivel requeriría amplios estudios epidemiológicos, que pueden ser frustrantemente difíciles de interpretar.

«La década de 1980 fue un periodo en extremo difícil», evocó Riboli. Los investigadores del cáncer se polarizaron en dos facciones. Le recordó a la Florencia de Dante, donde los belicosos güelfos se dividieron en los *Neri* y los *Bianchi*, los Negros y los Blancos. «Teníamos dos bandos, uno que sostenía que todo son carcinógenos medioambientales y otro que afirmaba que el cáncer puede desarrollarse sin ellos. Yo pasé del bando de la carcinogénesis al bando del estilo de vida.» Se interesó no solo en los factores que podían originar cáncer, sino también en los que podían prevenirlo.

Durante la década siguiente, colaboró en el esfuerzo de revisar unos cuatro mil estudios sobre nutrición y cáncer y ver qué pautas surgían, labor organizada por la Fundación Mundial para la Investigación del Cáncer y por el Instituto Americano para la Investigación del Cáncer. En 1997 los grupos publicaron su informe *Alimentos, nutrición y la prevención del cáncer: una perspectiva global*, que sirvió de inspiración a la campaña «5 al día», muy de moda en los años anteriores al diagnóstico de Nancy. Basándose en las mejores pruebas disponibles, parecía que la fruta y la verdura tenían notables propiedades: «Las dietas con una cantidad considerable de diversas verduras y frutas pueden reducir por sí solas la incidencia global de cáncer en más de un veinte por ciento». La recomendación número uno era seguir «dietas basadas predominantemente en vegetales» con cinco o más raciones al día. En su columna de *The New York Times*, «Salud Personal», muy leída, Jane Brody ofreció su resumen de las recomendaciones sumamente específicas del estudio:

> Los alimentos especialmente ricos en sustancias que protegen contra el cáncer incluyen la familia de la cebolla, la familia de la col (el brócoli, la coliflor, el repollo chino, la col rizada y las coles de Bruselas), las alubias y los guisantes, los tomates, la verdura y la fruta de colores amarillo y naranja intensos (como el boniato, el melón cantalupo y la calabaza), los cítricos, los arándanos y los frutos secos como las ciruelas pasas y las uvas pasas.

Ojalá hubiera sido todo tan fácil. Una década más tarde, en 2007, llegó la decepcionante segunda entrega. Riboli volvió a ser miembro clave del estudio. Al acumularse más y mejores pruebas, los argumentos a favor de la fruta y la verdura se vinieron abajo. Había aún pruebas entre «limitadas» y «probables» de que estos alimentos podían reducir levemente el riesgo de ciertos cánceres. Pero los autores llegaron a la conclusión de que «en ningún caso se considera ahora que las pruebas de protección son convincentes».

El problema con el primer informe (y en menor medida con su secuela) es que las conclusiones se basaban excesivamente en estudios retrospectivos, aquellos en los que había que confiar en que la gente se acordara con todo detalle de lo que había comido años e incluso décadas antes: el periodo de gestación de muchos cánceres. «Si se le pregunta a una persona de setenta años que tiene cáncer de colon cómo era su dieta a los cuarenta y cinco o cincuenta años, es una petición difícil —dijo Riboli—. En cosas como el tabaco o la bebida, la situación está más clara. Estos son hábitos muy repetitivos y estables.» Hábitos que uno recuerda. «Pero ¿con qué frecuencia come uno zanahorias? ¿Con qué frecuencia come peras? Cuantifique el número de peras, de fresas, de huevos, incluidos todos los huevos de los que uno no sabe nada porque están incluidos en recetas.» Riboli opinaba que podían encontrarse respuestas más fiables en estudios prospectivos, de los que observaban a una amplia población mientras esta seguía con su vida diaria. Después aquellos que desarrollaban cáncer podían com-

171

pararse con aquellos que no. «No necesitábamos acudir a alguien que estaba en cama con cáncer y preguntarle con qué frecuencia consumía ensalada —dijo Riboli—. Reunimos información de personas que llevan una vida normal.»

Mientras se realizaban los proyectos de la Fundación Mundial para la Investigación del Cáncer, Riboli había presionado para poner en marcha el Estudio Prospectivo Europeo sobre el Cáncer y la Nutrición (EPIC, por su sigla en inglés). Durante la década de 1990, los investigadores habían empezado a supervisar la salud de 520.000 personas en diez países. Se extraían periódicamente muestras de sangre, que se conservaban en nitrógeno líquido. Se registraban las estaturas, los pesos y los historiales médicos. Se recababa información sobre la dieta y la actividad física. A medida que la base de datos crecía, un año tras otro, los investigadores de varias universidades y agencias estatales empezaron a buscar correlaciones.

Unos cuantos resultados iniciales llegaron al informe de 2007, contribuyendo a restar importancia a la preocupación por la fruta y la verdura. Desde entonces han aparecido más sorpresas. Para cuando hablé con Riboli, unas 63.000 personas de la población de medio millón participante en el estudio tenía cáncer. Ahora eran mínimas las pruebas de que comer mucha fruta y verdura implicaba una gran diferencia. No reducía de manera evidente el riesgo general de contraer cáncer o siquiera los cánceres específicos como los de mama, próstata, riñones y páncreas. Se advertían indicios de un pequeño efecto protector, sobre todo entre los fumadores, para el cáncer de pulmón, boca, faringe y esófago. Pero era demasiado pronto para extraer algo más que vacilantes conjeturas. Además del tabaco, un factor de riesgo para muchos de esos cánceres era el consumo excesivo de bebidas alcohólicas, y se comprobó que la gente que fuma y bebe en exceso, como cabía esperar, era menos propensa a comer fruta y verdura. Un estudio preliminar puso de manifiesto que posiblemente estos alimentos desempeñaron un discreto papel en la disminución de los casos de cáncer de colon, pero eso también sigue siendo tema de debate.

En un editorial para el *Journal of the National Cancer Institute*, Walter C. Willett, un destacado nutricionista (estuvo al frente del influyente Estudio de la Salud de las Enfermeras, sobre dietas y estilos de vida) y colega de Riboli desde hacía mucho tiempo, llegó a la conclusión de que los investigadores habían sido «en extremo optimistas» y los hallazgos del EPIC solo corroboraban las pruebas de que «cualquier relación entre el consumo de fruta y verdura y el riesgo de cáncer es débil en el mejor de los casos». Con Doll y Peto había quedado claro que los carcinógenos sintéticos no eran el arma humeante, y ahora daba la impresión de que la fruta y la verdura no eran la bala mágica.

La dieta no era intrascendente. Fueron los investigadores del EPIC quienes calcularon que en el caso de un hombre de cincuenta años que comía mucha carne roja y procesada (160 gramos al día), el riesgo de contraer cáncer colorrectal en diez años era del 1,71 por ciento, un 0,43 por ciento más que para alguien que consumía menos de 20 gramos. Para comer 160 gramos diarios por término medio hace falta comer muchas hamburguesas y perritos calientes al cabo de un mes, y también aquí surgen complicaciones que deben tenerse en cuenta. El estudio introducía ajustes para el tabaco, la bebida y otros factores que generan confusión. Pero es posible que algún otro aspecto en el comportamiento de los carnívoros sesgara los resultados, y otros estudios han llegado a conclusiones contrarias. Siempre habrá incertidumbres en la epidemiología observacional y la inevitable pregunta de cuál es la causa y cuál el efecto. Acercarse a las respuestas exigiría ensayos aleatorios muy amplios en los que una población comiera religiosamente más de un determinado alimento y otra población comiera menos de ese alimento. Después de veinte o treinta años de imposición draconiana, quizá pudiera decirse con cierta seguridad si existe una diferencia en cuanto al riesgo de cáncer. Los datos que el EPIC espera reunir en las próximas décadas podrían ser la segunda mejor opción.

Yendo más allá de cuestiones puramente culinarias, el EPIC ha reforzado los argumentos contra la obesidad. Un estudio reveló que las mujeres mayores que habían aumentado entre 15 y 20 kilos desde los veinte años tenían un cincuenta por ciento

173

de probabilidades más de contraer cáncer de mama. Como en los antiguos experimentos con animales, la gordura en sí, fuera cual fuese la causa, parecía la fuerza impulsora. Junto con la falta de ejercicio, puede explicar hasta el 25 por ciento de cánceres, reduciéndose las pautas dietéticas a solo un cinco por ciento. Este es el mensaje que surge después de décadas de investigación nutricional y médica: comprender el cáncer no reside tanto en los alimentos que comemos como en la manera en que el cuerpo acumula y utiliza la energía.

En el centro de este rompecabezas metabólico encontramos la hormona insulina. Cuando comemos y nuestro nivel de glucosa (azúcar en sangre) aumenta, es la insulina, segregada por el páncreas, la que indica a nuestras células que quemen el combustible directamente y almacenen el exceso en forma de glicógeno (almidón) o grasa corporal. Cuando cae el azúcar en sangre, las células recurren a sus reservas convirtiendo el glicógeno de nuevo en glucosa. Cuando se necesita aún más energía, las células adiposas liberan sus provisiones a largo plazo. A veces, sin embargo, algo falla. El cuerpo produce insulina insuficiente o se insensibiliza a sus efectos. Cuando sucede esto último, el páncreas responde con una mayor producción de insulina. Las células reaccionan volviéndose aún más resistentes y por tanto se segrega más insulina. Esta espiral patológica —un trastorno llamado síndrome metabólico— interviene en afecciones crónicas como la hipertensión, la enfermedad cardiovascular, la diabetes y la obesidad. También desempeña un papel en el cáncer. Las razones son complejas. La insulina y otras hormonas estrechamente relacionadas conocidas como IGF (factores de crecimiento análogos a la insulina) pueden estimular a una célula cancerosa, alimentando la expansión de tumores e incluso fomentando la angiogénesis. La insulina interviene asimismo en la regulación de las hormonas sexuales. Además, un aumento de insulina acelera la acumulación de grasa corporal y las células adiposas sintetizan estrógenos. La insulina, los estrógenos, la obesidad, el cáncer... todo está ligado en el mismo nudo metabólico.

Tiene su lógica que se hayan desarrollado relaciones como estas. Una mujer debe estar bien alimentada para producir niños sanos. En tiempos de hambruna, no hay energía excedente

174

que almacenar, y la maquinaria metabólica reacciona disminuyendo la disponibilidad de estrógenos. No son buenos tiempos para concebir. Cuando hay más alimentos disponibles, la grasa se acumula —energía que la madre necesitará durante el embarazo y la lactancia— y se liberan más estrógenos, estimulando la ovulación y, después de la concepción, la producción de leche materna. He aquí la base de la «misteriosa simpatía» que se planteó Ramazzini hace más de tres siglos. Pero en una civilización donde la comida abunda, y demasiado, la simpatía se altera. La edad de la menarquía se reduce, incrementando el número de ciclos estrogénicos y aumentando el riesgo de cáncer de mama. Una mayor nutrición también puede desencadenar las hormonas que producen mayor estatura corporal, otro factor de riesgo para el cáncer. «Lo que esto viene a demostrar —explicó Riboli— es que algo que es solo una modulación de un proceso fisiológico normal, que sigue siendo normal y no causa ninguna enfermedad, tiene un importante impacto posteriormente en la vida al surgir el cáncer. Esta no es una carcinogénesis química o física o viral. Es una carcinogénesis metabólica.» La antigua idea del cáncer como estado de todo el cuerpo ha vuelto bajo una forma más sofisticada.

175

La cantidad de grasa almacenada también afecta al sistema inmunológico de maneras que podrían favorecer la malignidad. Además de las células adiposas, los tejidos grasos contienen cúmulos de macrófagos: células que acuden en tropel a los focos de infección para ingerir a los invasores y también pueden desviarse para ayudar en un ataque canceroso. Y las propias células adiposas segregan otros agentes que propician la inflamación: un mecanismo de curación que implica la creación rápida de nuevos tejidos. Existe una fina línea entre eso y el crecimiento tumoral. Hace más de un siglo Rudolf Virchow afirmó que la inflamación crónica, con su capacidad para acelerar la proliferación celular, era una causa de cáncer. (Eso podría explicar por qué la aspirina y otros fármacos antiinflamatorios, según algunos estudios, reducen el riesgo de cáncer.) La obesidad se ha descrito como una clase de «estado inflamatorio crónico de bajo nivel» y los tumores como «heridas que no cicatrizan». Quimiocinas, integrinas, proteasas... neutrófilos, monocitos, eosinófilos: es mucho lo que no se ve detrás de la simple sensación de una articulación palpitante o una herida caliente y purulenta. La inflamación también se ha vinculado al síndrome metabólico y la diabetes. El cáncer, la obesidad, la diabetes... la fuerza de estas conexiones se insinúa en estudios basados en personas muy obesas a las que se ha introducido un balón gástrico en un último intento de reducir el problema. Cuando su masa corporal disminuye, la diabetes remite, y hay pruebas de que contraen menos cáncer.

Cuanto más se ahonda en el tema, más enrevesado se vuelve. El cortisol, la hormona del estrés, y la melatonina, que regula el sueño, también se conectan a los bucles metabólicos relacionados con la energía, el flujo estrogénico y la inflamación. Los estudios epidemiológicos indican que las mujeres que trabajan de noche podrían tener un mayor riesgo de cáncer de mama. Teniendo en cuenta esto y otras pruebas del efecto de la luz solar y los ciclos del sueño en el organismo, la Organización Mundial de la Salud añadió «el trabajo en turnos que implica la alteración del ritmo circadiano» a su lista de probables carcinógenos, una vía más que puede justificar una exploración. Todos estos fenómenos se unen a las raíces celulares, y para comprender el cáncer será necesario examinarlos todos. La incidencia general del cáncer se ha estabilizado en décadas recientes. ¿Están aprendiendo nuestros cuerpos a ajustarse a los nuevos ritmos? Nunca conoceremos con certeza las diferencias entre los índices de cáncer del siglo XXI y los de hace cien años. Si a la larga ha habido un aumento, parte de la razón podría estar en los cambios modernos que sacuden nuestro núcleo metabólico.

Para cuando me puse en contacto con Riboli, sus colegas y él hablaban menos del brócoli, la coliflor, la col china, la col rizada y las coles de Bruselas, y más del equilibrio energético del cuerpo y cómo se ha desplazado el fulcro desde la antigüedad. Yo había leído los debates sobre la llamada paleodieta: ¿era más rica en fruta y verdura, o en carne y grasas? En cualquier caso, era baja en carbohidratos y azúcar refinados, los alimentos saturados de energía que acceden a la sangre muy deprisa, creando picos de insulina y alterando potencialmente numerosas cascadas bioquímicas. Hacia el final de la entrevista, Riboli sacó de su estantería una carpeta con gráficos. «A finales del siglo XIX, el consumo habitual de azúcar en la mayoría de los países europeos era de dos o tres kilos por persona al año —dijo—. Ahora es entre cincuenta y sesenta kilos.» Me representé una pila de azúcar de cincuenta kilos e imaginé que me la comía a lo largo de doce meses. Me acordé del periodista Gary Taubes, que sostiene que los hidratos de carbono y el azúcar, más que las grasas de la dieta y el exceso de comida, impulsan la epidemia moderna de obesidad y los daños que causa —incluido el cáncer— distorsionando la manera en que el organismo utiliza la energía.

Riboli y sus colegas sospechan que todos los alimentos altamente energéticos son un problema. Pese a su elevado número de calorías, pueden no saciarnos y llevarnos a desear más. «Si voy y compro una hamburguesa o un bocadillo, muy a menudo contiene entre 550 y 600 kilocalorías —dijo—. Si me preparo un buen plato de pasta, al estilo italiano, con un poco de salsa, pimiento y alguna verdura, apenas llego a las 500 kilocalorías. Pero tomo algo tan voluminoso que me quedo saciado. Como un sándwich y tengo la impresión de que no he comido nada, pero he tomado más kilocalorías, más energía.» Esa sensación de vacío puede espolear el deseo de comer una chocolatina. Tal vez eso sea razón suficiente para añadir más fruta, verdura y fibra a la dieta. Llenan el estómago, reducen la toma de energía y por tanto la carga de insulina.

El otro término de la ecuación de la energía es el ejercicio físico, y hoy día la gente puede llevar una vida más sedentaria. «Usted y yo estamos manteniendo una conversación muy agradable aquí sentados —dijo Riboli—. En otra época y en otro lugar quizá tuviéramos esta conversación paseando por un campo. Nos movemos menos y comemos más.» No obstante, el ejercicio no es una simple cuestión de quemar kilos. El esfuerzo abre el apetito, y uno puede responder consumiendo al menos tantas calorías como gasta. Más importantes pueden ser los efectos del ejercicio a la hora de mantener bajo control la insulina y otras hormonas. Bajemos de peso y hagamos más ejercicio. «Veinte años atrás esto eran solo ideas», continuó Riboli. Ahora el EPIC busca apoyo científico. El trabajo no ha hecho más que empezar. Una declaración oficial del EPIC promete explorar las complejas interacciones entre los factores

177

genético, metabólico, hormonal, inflamatorio y dietético. Más nudos que desenredar.

Le comenté a Riboli que ahora me sentía aún mejor por haber ido a pie a su despacho atravesando el Hyde Park. Se rio, y en cuanto guardé mi cuaderno, recorrimos vigorosamente el pasillo, salimos del edificio y me acompañó más allá de la verja del recinto hospitalario hasta la acera de Praed Street. Señaló una ventana del viejo edificio del hospital, la del despacho de Alexander Fleming. Me contó una anécdota que se ha convertido en parte de la leyenda: Fleming se dejó abierta sin querer la ventana, permitiendo así que las esporas del hongo de la penicilina contaminaran la placa de agar. Puede que ese detalle sea apócrifo, pero es un recordatorio alentador de que un gran descubrimiento médico puede producirse súbitamente por azar.

Mientras me dirigía a la estación de metro —ya había hecho bastante ejercicio por ese día—, pensé que con el cáncer nunca sería tan sencillo. Cada una de las enfermedades infecciosas que hemos derrotado venía originada por un único agente, un enemigo identificable que podía eliminarse o contra el que podía aplicarse una vacuna. Con el cáncer, tendríamos que llegar a controlar toda una serie de factores, incluido el batiburrillo de síntomas que surgen de los desequilibrios en el metabolismo de la energía. Y los mayores riesgos siempre estarán fuera de nuestro alcance: la vejez y la entropía. El cáncer no es una enfermedad. Es un fenómeno.

Lo que me dio más motivos para el optimismo es lo que el EPIC quizás encuentre en el futuro. En los años venideros, a medida que un mayor número de participantes en el estudio enferme de cáncer, los investigadores tendrán ocasión de analizar su sangre con toda minuciosidad para ver cómo era años o incluso décadas antes de aparecer el mal. Con tecnologías como la resonancia magnética nuclear, serán capaces de analizar miles de sustancias químicas en la sangre, buscando señales que puedan augurar la aparición futura de un cáncer. Esta es una manera muy distinta de realizar investigaciones médicas. Tradicionalmente un científico empieza postulando una hipótesis, basada en una observación o en un estudio estadístico o en una simple corazonada. Quizás un elevado nivel de cierta vitamina aumente o disminuya el riesgo de algunos cánceres. En ese punto se busca la prueba. Con recursos como los del EPIC pueden surgir conexiones que ninguna mente por separado habría llegado a sospechar. El resultado podrían ser pruebas fiables que proporcionen una advertencia precoz de malignidad del mismo modo que un índice de colesterol alto es un aviso de enfermedad coronaria. Tal vez para entonces podremos hacer algo al respecto.

11

Jugar con la radiación

*U*n carcinógeno incuestionable del que Riboli y yo no hablamos es la radiactividad. Aquí el mecanismo está claro: el núcleo inestable de un elemento como el radio emite partículas y rayos con tal energía que pueden desgarrar moléculas, romper enlaces químicos y causar toda suerte de alteraciones celulares. Las emanaciones así de potentes se conocen como radiación ionizante (los átomos despojados de electrones son iones). Si las partículas radiactivas no alcanzan a un gen directamente, induciendo una mutación, pueden dejar una estela de radicales libres corrosivos en el citoplasma de la célula, una alteración llamada «estrés oxidativo» que puede dañar el genoma de manera indirecta. La célula dañada, entrando en un estado de pánico, puede enviar señales a las células vecinas, induciendo más estrés y shock genómico. La mayor parte de la exposición que recibimos de este carcinógeno procede de fuentes naturales. Se dice que la principal fuente es el radón que se eleva del suelo.

Después de someter mi casa a una serie de pruebas para detectar la presencia del gas hace dos décadas, registrando por entonces una modesta cantidad, ya no volví a prestar gran atención a las advertencias. El radón, como el monóxido de carbono, es un asesino invisible, inodoro y silencioso, que sin embargo actúa lentamente a medida que las mutaciones aumentan año tras año. De las cerca de 160.000 muertes por cáncer de pulmón que se producen cada año en Estados Unidos, 21.000, o sea el 13,4 por ciento, pueden estar relacionadas con el radón, según afirma la Agencia para la Protección del Medio Ambiente. Lo que no suele oírse es que el tabaco también incide en el 90 por ciento de esas muertes aproximadamente. En todos los años de mi vida, yo había fumado un total de unos diez cigarrillos, y ninguno durante los últimos veinticinco años. Aun así, cuando empecé a saber más sobre el cáncer, sentí la necesidad de realizar otra prueba de radón, esta vez en una habitación donde había pasado recientemente muchas semanas escribiendo este libro.

Había sido un invierno anormalmente frío en Santa Fe. Para acceder a mi despacho en la planta superior es necesario subir por una escalera exterior. Es un desplazamiento fácil y pintoresco, pero a veces implica apartar la nieve a paladas. Por eso y por otras razones adquirí la costumbre de trabajar abajo, en una habitación que se construyó, como muchas en el viejo Santa Fe, sobre un semisótano sin pavimentar utilizado para alojar las instalaciones del sistema sanitario. Dos paredes de la habitación quedan hundidas algo más de metro y medio bajo el nivel del suelo y son de ladrillos de adobe hechos con la misma tierra en la que se asienta la casa. Durante varias semanas el frío fue tan intenso que no abrí las ventanas y mantuve cerrada a cal y canto la puerta entre el despacho y el pasillo para conservar el calor. En otras palabras, las condiciones podían propiciar el estancamiento del aire y lecturas máximas de gas radón.

Encargué un kit de prueba, lo coloqué en la mesa y pasadas cuarenta y ocho horas lo envié por correo al laboratorio mencionado en la hoja de instrucciones. Esta vez los resultados que me remitieron eran más del cuádruple de la cantidad que había antes: 22,8 picocurios por litro. Según la escala de la Agencia para la Protección del Medio Ambiente, que establece una correlación entre niveles de radón y riesgo, el límite máximo fijado es 20, y se recomendaba tomar medidas a partir de 4 picocurios por litro. Un curio es aproximadamente la radiación producida por un gramo de radio, así que un picocurio es una milbillonésima parte de eso: 2,2 desintegraciones nucleares por minuto. Como el radón se descompone rápidamente, emite partículas alfa (grupos de dos neutrones y dos protones) y se descompone en elementos menores, que flotan en el aire despidiendo a su vez partículas alfa. No llegan muy lejos —los rayos alfa pueden detenerse mediante una hoja de papel—, pero, debido a su enorme masa, propinan un duro golpe. El gas radón en sí se expulsa enseguida de los pulmones, pero las partículas hijas, inhaladas en cada aspiración, pueden adherirse a la humedad e irradiar las células. En ese aire estancado se producían cincuenta de esas explosiones submicroscópicas cada minuto por cada litro. El gráfico de la Agencia para la Protección del Medio Ambiente que acompañaba el kit me informó de que si mil personas que nunca han fumado se expusieran a veinte picocurios por litro a lo largo de toda su vida, treinta y seis de ellas contraerían muy probablemente cáncer de pulmón. Otra manera de plantearlo es que existe un riesgo para la vida del 3,6 por ciento. (Para los fumadores expuestos a esa cantidad de radón, las probabilidades se multiplican por siete.)

Mientras pensaba en esas cifras, empecé a sentir una opresión en el pecho. Me imaginé los pulmones cargados de miasmas de aire frío y radiactivo. En comparación con la astronómica cantidad de átomos presentes en una bocanada de aire, los cincuenta sucesos radiactivos que se producen cada minuto son una proporción absurdamente minúscula. Y solo una mínima parte de la metralla, esas partículas alfa, alcanzaría el tejido pulmonar y provocaría mutaciones genéticas. La mayoría de las mutaciones, me recordé, son inocuas. Nuestro ADN muta continuamente. Las células han desarrollado mecanismos para reparar ADN dañado o para autodestruirse si los daños son demasiado grandes. De todas las mutaciones que tienen lugar en un genoma, solo ciertas combinaciones podrían desencadenar un cáncer, y solo si otras muchas cosas se tuercen. A pesar de todas estas razones tranquilizadoras, existía un riesgo tangible.

La prueba se había llevado a cabo en condiciones tan estancas que la lectura por fuerza tenía que ser anormalmente alta. Medio año después, con un tiempo ya más benévolo, volví a realizar la medición. Esta vez coloqué el detector en el dormitorio (donde Nancy y yo habíamos dormido durante diecisiete años). Abrí y cerré las puertas y las ventanas conforme a mi rutina habitual. Esta vez, más cerca de las condiciones normales, la medición fue muy inferior: 7,8 picocurios. Una tercera lectura, en la canícula veraniega, cuando los ventiladores hacían circular el aire por toda la casa, dio solo 0,8 picocurios, muy por debajo de la media nacional. El promedio de mis tres lecturas era 10,5 picocurios (un riesgo del 1,8 por ciento). Mis probabilidades parecían ya mejores y me pregunté si podía reducirlas aún un poco más.

Las cifras de la Agencia para la Protección del Medio Ambiente se basan en el supuesto de que la gente pasa, por término medio, un 70 por ciento de su tiempo en casa, casi 17 horas al día. Eso sería mucho para alguien con un empleo a jornada completa fuera de su domicilio. Yo trabajo en casa, pero muy a menudo estoy arriba, donde mi exposición es, cabe suponer, mucho menor. El radón procede de la tierra y es ocho veces más pesado que el aire. Sin escalera interior ni calefacción por aire, me sentía seguro en el despacho de mi atalaya. En el piso de abajo suelo estar en partes de la casa donde los niveles de radón probablemente también son inferiores. (Quizá compre más kits de prueba.) Tomando en consideración todo esto, calculé que mi nivel de exposición era menor —reducir el cómputo en una cuarta parte me pareció razonable—, y luego calculé que de hecho era aún menor que eso. He vivido en la casa solo un tercio de mi vida. La división por tres recortaba el nivel a 2,6 picocurios —por debajo del nivel en que la Agencia para la Protección del Medio Ambiente recomendaba tomar medidas— y mi riesgo a alrededor del 0,3 por ciento. Las probabilidades de que un no fumador contraiga cáncer de pulmón en algún momento de su vida suelen fijarse en un 1 por ciento o menos. Si es así, vivir en esta casa vieja y cómoda podría haber elevado mis probabilidades a algo así como un 1,3 por ciento, de un riesgo minúsculo a un riesgo un poco menos minúsculo. Pero supongo que eso es un punto de vista egocéntrico. Calculado al nivel de toda la población, daría lugar a muchos cánceres.

Mis estimaciones eran aproximadas. Si quería datos más precisos, debería tener en cuenta todos los demás lugares donde he vivido. De niño ocupé una habitación en un sótano, pero también viví en la tercera planta de una casa adosada de Brooklyn y en la decimoséptima planta de un rascacielos de Manhattan. Teóricamente sería posible calcular la exposición a largo plazo mediante un análisis de laboratorio de mis gafas. Cuando las partículas alfa inciden en lentes de policarbonato, dejan huellas: recuerdos de la exposición a la radiación. Dichas huellas —suele haber miles por centímetro cua-

183

drado— pueden traducirse en lecturas de radón. Existe también un método a partir de cristal doméstico corriente. El producto de la descomposición del radón se deposita en los espejos, el vidrio de los marcos de fotos y las puertas de los aparadores y puede incorporarse al cristal. Midiendo la cantidad acumulada y teniendo en cuenta otras variables, los epidemiólogos pueden calcular a cuánto radón han estado expuestas las personas a lo largo de muchos años, no solo en su actual vivienda, sino durante todo el tiempo que los objetos en cuestión han sido de su propiedad.

Mientras pensaba en todas las palizas microscópicas que pude haber recibido, me pregunté de dónde habría sacado sus cifras la Agencia para la Protección del Medio Ambiente: la correspondencia entre tantos picocurios por litro y tantas muertes por cáncer de pulmón. Tampoco es que uno pueda encerrar a mil personas en un sótano y luego esperar a que algunos contraigan cáncer. La historia empezó en la década de 1970, cuando se descubrió que las casas de Grand Junction, Colorado, construidas sobre escoria rescatada de unas minas de uranio, poseían niveles elevados de radón. Asumiendo un gran coste económico, se extrajo el relleno radiactivo y se sustituyó, pero siguieron obteniéndose lecturas de radón altas. Más tarde se produjo un incidente con un ingeniero de la construcción llamado Stanley Watras, hecho que tuvo gran repercusión en los medios. En 1984 Watras trabajaba en una central nuclear de Pennsylvania. Cuando la central estaba casi acabada, se instalaron alarmas para detectar la radiación, y sonaban cada vez que Watras pasaba por delante. Sin embargo los reactores todavía no funcionaban, y no había material fisible en la central. La fuente de la contaminación resultó ser su casa, que daba una medición de 2.700 picocurios. No hacía falta construir una casa sobre escoria de uranio para tener aire radiactivo. Se descubrieron viviendas en todo el país que registraban una lectura positiva para el radón, y este procedía del terreno natural. El radón está con nosotros desde el principio.

En un intento de calibrar en qué medida el nivel de exposición era realmente una amenaza, los epidemiólogos empezaron a efectuar estudios de casos y controles, comparando los niveles de radón en personas que habían contraído cáncer de pulmón y en personas que no. Los resultados iniciales no fueron concluyentes: algunos estudios detectaron un mínimo efecto, y otros nada. Uno realizado en Winnipeg, que tenía los niveles de radón más altos entre dieciocho ciudades canadienses, no reveló influencia alguna en el cáncer de pulmón. Otros investigadores compararon los niveles medios de radón de distintas zonas geográficas. Tampoco se descubrió la menor asociación. Un estudio a nivel nacional determinó una correlación negativa, como si respirar radón en cierto modo proporcionara protección. Eso, o el estudio era defectuoso. Algunos detractores sospecharon que los resultados estaban sesgados por una relación inversa entre el tabaco y la cantidad de radón medido en los hogares. Tal vez el humo del tabaco incidía en el funcionamiento de los detectores de radón, o los fumadores tendían a vivir en casas más viejas, con más corrientes de aire, o a abrir más las ventanas.

Para obtener cifras mejores serían necesarias poblaciones mucho mayores o niveles de radón mucho más altos, los centenares o miles de picocurios por litro que pueden encontrarse en las minas subterráneas. Buscando respuestas, los investigadores estudiaron los índices de cáncer de pulmón entre los trabajadores de las minas de uranio de Colorado, Nuevo México, Francia, la República Checa, Canadá (una zona a orillas del Gran Lago del Oso tenía el evocador nombre de Port Radium) y Australia (Radium Hill). Estudiaron a mineros dedicados a la extracción de otros minerales en Canadá, China y Suecia, 68.000 hombres en total. De estos, 2.700 murieron de cáncer de pulmón. Eso equivale a un cuatro por ciento. Había que tener en cuenta ciertos factores que creaban confusión. La mayoría de los mineros, según se creía, eran fumadores, pero había pocos datos, o ninguno, sobre cuánto tiempo habían fumado y con qué frecuencia. Los mineros también están expuestos a los gases del gasoil, el sílice y otros polvos, que pueden tener efectos sinérgicos. Los trabajadores respiran con mayor intensidad que alguien que está preparando una cena o leyendo un libro en la cama.

Haciendo lo posible para corregir los sesgos introducidos por estas complicaciones, un comité del Consejo Nacional de Investigación empezó a analizar las cifras y a cuantificar la relación entre el radón y el cáncer de pulmón. Dieron por supuesto que debía de ser lineal: que una décima parte de la exposición lleva a una décima parte del riesgo. Algunos toxicólogos dudan que eso sea así y plantean más bien que existe un umbral por debajo del cual la radiación no causa daños. Pero la opinión imperante es que incluso las cantidades más pequeñas son potencialmente nocivas. Con maratonianas hazañas de cálculo estadístico, las cifras referentes a los mineros se ajustaron a la baja a fin de estimar el nivel de riesgo en las casas donde la exposición es muy inferior. En eso se basó el gráfico distribuido por la Agencia para la Protección del Medio Ambiente e incluido en mi kit de prueba.

Algunos detractores pensaron que extrapolar la situación de los mineros a la de los barrios residenciales era un salto demasiado grande. Pero en años recientes esas estimaciones se han visto respaldadas por investigaciones más amplias sobre las viviendas. El estudio más ambicioso se llevó a cabo en Iowa. El estado tiene los niveles medios de radón más altos del país. Se eligió a las mujeres como sujetos porque tendían a pasar más tiempo en casa. Como requisito, debían haber ocupado la misma vivienda durante al menos las últimas dos décadas. Los detectores de radón se colocaron en varios lugares de cada casa y se tomaron lecturas a lo largo de un año. Por medio de cuestionarios, los investigadores calcularon el porcentaje de tiempo que pasaban las mujeres en las distintas habitaciones o en otros edificios, o al aire libre, donde también se medían los niveles medios de radón. Cuando las mujeres se iban de vacaciones o en viaje de trabajo, se presuponía que recibían los niveles medios de radón de Estados Unidos. Se tenía en cuenta la exposición ocupacional, el tabaco (incluso si eran fumadoras pasivas) y otros factores. Al final se llegó a la conclusión de que una persona que vivía durante quince años en una casa con un nivel medio de radón de cuatro picocurios por litro podía incurrir en un «riesgo excedente» de más o menos 0,5. La incidencia del cáncer de pulmón ajustada por edad (para fumadores y no fumadores combinados) es de 62 casos por cien mil hombres y mujeres al año. En igualdad de condiciones, eso se incrementaría en la mitad, hasta 93 casos: 31 personas más padecerían el horror de lo que casi siempre es una enfermedad fatal.

Ningún estudio individual puede extraer conclusiones sólidas. El tamaño de la muestra es demasiado pequeño. Pero los estadísticos han procedido a amalgamar los datos produciendo lo que se conoce como un análisis combinado. Es un trabajo delicado. La investigación se realiza sobre distintas poblaciones según distintas metodologías. Al combinar los números, deben tomarse en consideración estas discrepancias. Tres de los análisis —en Europa, Norteamérica y China— dieron resultados similares a los obtenidos con los mineros, y la mayoría de los investigadores del radón ahora consideran el asunto zanjado.

Pero la epidemiología nunca es un libro cerrado. Mientras yo devoraba con ansiedad la bibliografía sobre el radón, conocí una hipótesis controvertida llamada «hormesis», según la cual pequeñas dosis de radiación no solo son inocuas, sino además beneficiosas. El hombre evolucionó en un mundo inmerso en radiación, sostiene, y se ha adaptado prácticamente a todas las agresiones más atroces. Un investigador del Johns Hopkins ha llegado recientemente a la conclusión de que en realidad niveles de radiación de hasta 6,8 picocurios por litro reducen el riesgo de cáncer de pulmón. En tanto que las partículas alfa causan mutaciones potencialmente cancerígenas, bajos niveles de radiación beta, gamma y rayos X pueden activar el sistema de circuitos epigenéticos implicados en la reparación del ADN y la apoptosis y potenciar la respuesta inmunológica. Si eso es cierto, reducir la exposición al nivel recomendado por la Agencia para la Protección del Medio Ambiente de hecho podría aumentar el riesgo de cáncer de pulmón. Pero eso sigue siendo una opinión disidente. Poniendo las pruebas en la balanza, decidí empezar a dejar un resquicio abierto en la ventana cuando trabajaba abajo, incluso los días de invierno. Por si acaso.

Ni siquiera la radiación procedente de una explosión nuclear, deliberada o accidental, ha causado ni mucho menos tanto cáncer como piensa la mayoría de la gente. En la catástrofe de la central nuclear de Chernóbil, en 1986, resultaron muertos cincuenta trabajadores casi de inmediato debido a los aproximadamente cien millones de curios que se liberaron. Se esperaba que después se produjera una oleada de cáncer. Pero casi dos décadas más tarde un grupo de estudio de las Naciones Unidas redujo la previsión del excedente: cuatro

187

mil muertes entre las seiscientas mil personas (trabajadores, evacuados y residentes cercanos) que recibieron la mayor exposición, o menos del uno por ciento. Se produjo un aumento del cáncer de tiroides entre las personas que se vieron expuestas en la infancia, pero el peor problema para la sanidad pública, concluyó el informe, fue psicológico. «La gente ha desarrollado un fatalismo paralizador porque piensa que corre un riesgo muy superior al que en realidad corre, y eso lleva a cosas como el consumo de drogas y alcohol, el sexo sin protección y el desempleo», declaró un investigador a *The New York Times*. El gobierno de Ucrania ha abierto recientemente el recinto de Chernóbil al turismo, y los ecologistas han descubierto que la ausencia de humanos ha convertido la zona en una meca para la fauna.

Las cabezas nucleares lanzadas sobre Hiroshima y Nagasaki en 1945 mataron al menos a 150.000 personas, o bien inmediatamente a causa del impacto, o durante los meses posteriores a causa de las heridas y el envenenamiento por radiación. Desde entonces los científicos supervisan la salud de aproximadamente 90.000 supervivientes. Calculan que la radiación de las explosiones ha producido un excedente de 527 muertes por cánceres sólidos y 103 por leucemia.

Tsutomu Yamaguchi sobrevivió a las dos explosiones. Estando de visita en Hiroshima por un viaje de trabajo, se hallaba lo bastante cerca de la zona cero para padecer graves quemaduras y una perforación de tímpanos. Después de pasar una noche en un refugio, volvió a su casa en Nagasaki, a tiempo de la segunda explosión. Murió en 2010, a los noventa y tres años. La causa fue un cáncer de estómago. Es imposible saber en qué medida la radiación incidió en la muerte del anciano, que había sobrevivido a tantos otros. Quizás el golpe definitivo fue una dieta a base de pescado salado.

Fue la leucemia la causa de la muerte de Marie Curie, la descubridora del radio (la madre del radón) a la edad de 66 años, «cáncer en forma líquida, fundida», como lo describió memorablemente Siddartha Mukherjee en *The Emperor of All Maladies*. Cuando la exhumaron en 1955 para concederle el honor de volver a enterrarla con su marido Pierre en el Panthéon, las autoridades francesas temieron que su cuerpo fuese peligrosamente radiactivo. Los tres cuadernos negros que describían sus célebres experimentos se conservan en una caja de plomo en la Bibliothèque Nationale de París, y las personas que desean leerlos deben firmar un descargo de responsabilidades reconociendo el riesgo. Cuando se abrió su tumba, los restos se hallaban en un ataúd de madera dentro de un ataúd de plomo que estaba dentro de otro ataúd de madera. De su interior emanaban 9,7 picocurios: casi veinte veces menos que el máximo considerado seguro para el público por el gobierno francés. Madame Curie presentaba la mitad de carga que el aire de mi despacho aquel día de invierno.

Con un periodo de semidesintegración de siglos, el radio que ella absorbió en toda su vida profesional no debía de haber disminuido perceptiblemente en el cuerpo desde su muerte. La Office de Protection Contre les Rayonnements Ionisants de Francia concluyó, por tanto, que probablemente no era el radio lo que la mató. Una causa más probable de su cáncer, indicaron, fue el equipo radiográfico que manipularon ella y su hija, Irène Joliot-Curie, como voluntarias durante la Primera Guerra Mundial. Irène, que recibió el premio Nobel por su propio trabajo sobre los elementos radiactivos, también murió de leucemia. Tenía 58 años.

Para Pierre, la muerte llegó antes, a los 46, cuando lo atropelló un coche de caballos en una calle de París. No sabemos qué clase de daños podría haber causado el radio en sus células. Marie y él estaban demasiado enfermos para viajar a Estocolmo a recoger el premio Nobel. Si eso se debió al envenenamiento por radiación o al agotamiento físico —extraer un gramo de radio de una tonelada de pechblenda era como trabajar en una fábrica—, no lo sabemos. Realizaron el viaje dos años más tarde. Pierre, en su discurso de aceptación del Nobel (pronunciado también en nombre de Marie), describió un experimento que él había llevado a cabo en sí mismo: «Si uno se deja en el bolsillo durante unas horas una caja de madera o cartón con un pequeño frasco de cristal que contenga varios centigramos de sales de radio, no siente absolutamente nada. Pero al cabo de quince días aparece una rojez en la epidermis, y des-

189

pués una llaga que será difícil de curar. Una acción más prolongada podría llevar a la parálisis y la muerte». Este poder destructivo, observó, tenía su utilidad. El radio se empleaba ya para quemar tumores. También los rayos X, desde poco después de su descubrimiento en 1895. Mucho antes de establecerse como causa de cáncer, la radiación se usó para curar.

Antes de que Nancy acabara con la quimioterapia, los médicos empezaron a plantearse la siguiente etapa del tratamiento y con qué clase de partículas debían irradiarla. Las partículas alfa tienen demasiada masa y son en exceso lesivas para proyectarlas directamente sobre el cuerpo. Los rayos beta, compuestos de haces de electrones, son una forma de radiación más suave. Las partículas ligeras penetran a una profundidad algo mayor que las alfa —se requiere una lámina de aluminio para detenerlas—, pero su impacto es menor. A menudo se las elige para tratar cánceres de piel, evitando así efectos en lo que se halla debajo. Los rayos X y los rayos gamma poseen el largo alcance necesario para cánceres más profundos. Su longitud de onda es tan pequeña que pueden traspasar muchas capas de tejido antes de alcanzar su objetivo. Pero debido a sus contornos difusos es más difícil evitar daños en las células cercanas. Los protones, que son 1.800 veces más pesados que los electrones pero menores que las partículas alfa, pueden suministrar gran cantidad de energía más limpiamente.

En lugar de dirigir los rayos desde fuera, los oncólogos podían optar por la braquiterapia: pequeñas cápsulas de isótopos radiactivos insertadas en el tumor o cerca. Para ciertos cánceres, los radioisótopos se inyectan en el torrente sanguíneo. El yodo radiactivo, por ejemplo, se concentra en la tiroides y ataca la malignidad ahí presente. Un fármaco dirigido que se llama Alpharadin administra radio directamente a las células óseas cancerosas en metástasis. Sea cual sea el método, el principio es el mismo que en la quimioterapia: las células cancerosas en rápida división sucumbirán antes al veneno que las células sanas, y serán menos capaces de repararse.

Tanto el cirujano como el oncólogo de Nancy coincidieron en que las dos ingles, donde se habían hinchado los ganglios linfáticos a causa del carcinoma, debían tratarse con radiación beta. En la ingle derecha, el cáncer había invadido las capas epidérmicas, y los haces de electrones llegarían a una profundidad suficiente para alcanzar cualquier célula que la quimio hubiera pasado por alto. Sus médicos discrepaban, no obstante, en si debían también irradiar toda la pelvis con rayos X. Según el cirujano, no se justificaban los riesgos. La radiación puede dejar cicatrices internas que producen obstrucciones intestinales y pueden ser perjudiciales para otros órganos. Dañar el sistema linfático puede generar linfedema, una acumulación de fluido linfático que en ocasiones causa una hinchazón crónica del torso y las extremidades. Muy rara vez las mutaciones inducidas por la radiación desencadenan otro cáncer décadas más tarde. Había que tener en cuenta muchos efectos secundarios.

Seguro de haber extirpado todo el tejido afectado, el cirujano pensaba que la radiación pélvica sería peligrosamente redundante, que las semanas de quimio seguidas de rayos beta superficiales serían garantía suficiente para evitar la metástasis. Aplicar más radiación en ese momento, cuando quizá no fuese absolutamente necesaria, limitaría las opciones si más adelante se reproducía el cáncer. Tanto la quimio como la radiación destruyen médula ósea, debilitando la capacidad del organismo para soportar ulteriores agresiones terapéuticas. «Reserve su médula ósea para futuras batallas», aconsejó otro médico. El oncólogo de Nancy no estaba en absoluto de acuerdo. Creía que la soberbia nublaba el juicio del cirujano. Un cáncer tan agresivo en una mujer tan joven y sana exigía un contraataque extremo. Prescindir de la radiación pélvica, dijo a Nancy, sería jugar con su vida. No había una respuesta correcta. Los especialistas de MD Anderson recomendaron también un tratamiento pélvico completo, y ese fue el camino por el que optamos.

Disparar rayos contra células cancerosas suena a asalto con escopetas. Pero la planificación y la precisión son impresionantes. Los escáneres médicos —TAC, IRM, PET— elaboran el mapa del tumor y los órganos circundantes en tres dimensiones. Al dirigir el rayo, se eligen caminos y ángulos que evitan los órganos más vulnerables. Las dosis se calculan meticulosamente: algunos órganos son más sensibles a la radiación que otros, y lo mismo puede decirse de los tumores. Los tratamientos se programan de modo que puedan administrarse dosis menores a lo largo de días y semanas, graduándolas lo suficiente para que las células sanas tengan tiempo de repararse y sustituirse, pero sin espaciarlas tanto como para que el cáncer recupere la ventaja. Unos brazos robóticos guiados por ordenador pueden aplicar dosis graduadas a distintas partes de un tumor. A fin de reducir la cantidad de radiación que atraviesa tejido sano, es posible apuntar los haces desde distintas direcciones, cada uno débil en sí mismo, convergiendo para producir la intensidad máxima.

Pese a todos estos cálculos y cautelas, los daños son inevitables: fatiga, prurito en la piel, hormigueo nervioso, diarrea. La radiación traspasa el intestino, creando una quemadura solar en el interior. La comida consistente empeora el estado físico, y aconsejaron a Nancy que siguiera una dieta baja en residuos, evitando los alimentos altos en fibra: pan integral, cereales de grano grueso, fruta fresca, verdura cruda, arroz salvaje o integral. También debía evitar verduras de sabor intenso: brócoli, coles de Bruselas, coliflor… todo lo que en otras circunstancias se supone que es beneficioso. Alimentos que le encantaban. El chile y otras comidas picantes, las palomitas de maíz: todo prohibido. Se acostumbró en cambio al sabor del Fortasec.

Revisando años más tarde el enorme cartapacio donde ella guardaba la documentación de esa época horrible, me chocó un par de detalles absurdos. Entre los artículos de investigación que sopesaban los peligros y las ventajas de la radiación pélvica y los descargos de responsabilidad donde declaraba conocer los efectos secundarios a corto y largo plazo, se incluía un documento donde se advertía que, al preparar al paciente para el tratamiento, era posible que se hicieran marcas de tinta en el cuerpo. Nancy tuvo que firmar un descargo por el que aceptaba que la tinta pudiera mancharle la ropa. También se le aconsejó que procurara no quedar embarazada.

Durante las sesiones de quimio yo podía permanecer sentado a su lado en la luminosa sala con aquellas magníficas vistas de las montañas. Para la radiación, la llevaban a una habitación revestida de plomo. Sola con el robot moviendo diestramente el brazo y liquidando sus objetivos preprogramados, se sentía como si estuviese en la enfermería de la nave *Enterprise*. Ella intentaba visualizar los rayos que mataban las células cancerosas y dejaban indemnes el resto. Mi recuerdo más vivo de esa época es el día que la llevé en coche a su primer tratamiento. Cuando nos acercábamos, contuvo el llanto. Había sufrido ya mucho, y yo rara vez la había visto llorar. «No puedo creerme lo que le están haciendo a mi pobre cuerpo», dijo. Y como en muchos otros momentos tuve que contener el sentimiento de culpa. Me dije una vez más que no había constancia de que su cáncer estuviera relacionado con los estrógenos, que el hecho de que yo no deseara tener hijos difícilmente podía considerarse la causa. Pero ¿en realidad quién lo sabía? ¿Y qué hay del estrés que yo le había generado: las descargas de cortisol que incidían en la insulina que incidía a su vez en el equilibrio metabólico? ¿Existía la mínima probabilidad —todavía no incluida en la bibliografía especializada— de que el radón influyera? Imaginaba el gas filtrándose en los poros y los orificios. Forma parte de la maldición del ser humano: esta idea de que uno contrae el cáncer porque él mismo ha obrado mal o porque se lo ha causado alguien, o algo. En el caso de Nancy no llegó a identificarse el motivo. Lo mejor que podía decirse era que era una víctima del azar. Pero el azar puede equivaler a una complejidad demasiado grande para comprenderla.

193

Fue durante este periodo cuando un sábado por la tarde visitamos el campus de la Escuela para Sordos de Nuevo México, donde la Sociedad Americana del Cáncer celebraba su acto de recaudación de fondos Relay for Life. A las personas con cáncer ya no se las llama pacientes o víctimas, sino supervivientes, y se paseaban orgullosas por la pista de atletismo con camisetas azules en las que se veía una estrella enorme y la palabra ESPERANZA en mayúsculas. (Nancy tenía otra camiseta en casa que rezaba NO MUERTA TODAVÍA.) He guardado cinco fotos de ese día. Ella lleva pantalón corto negro o una falda hasta las rodillas —no lo sé con seguridad— y veo que tiene la pierna derecha ya hinchada por el linfedema. Nos aseguraron que probablemente era un efecto secundario de la cirugía —por los vasos linfáticos dañados—, agravado quizá por el tratamiento.

Pero esa hinchazón nunca desapareció. No era un mal trueque, diría ella, a cambio de estar viva.

Su plan era quitarse el gorro durante el desfile, mostrando la cabeza calva en señal de celebración por haber sobrevivido a la operación, la quimio y las primeras sesiones de radioterapia. Pero no encontró el momento. La parte más memorable del día llegó cuando los participantes subieron uno tras otro al estrado, donde se presentaron brevemente, y la primera dama de Nuevo México les concedió una medalla de oro y una cinta morada. «Soy una superviviente del cáncer» dijo la primera mujer, y también la siguiente y luego la otra. Pensé en lo mucho que hemos edulcorado nuestras aflicciones. «Sordo» pasa a ser «duro de oído» y esto pasa a ser «persona con deficiencias auditivas», y después se da un giro de trescientos sesenta grados para acoger a la Comunidad de los Sordos y la Cultura de los Sordos. Ahora existe una cultura del cáncer, y tanto si uno tuvo un inofensivo carcinoma in situ extraído con una simple tumorectomía como si está luchando contra las fases terminales de un melanoma metastásico, se le llama superviviente. En el primer caso no había nada a lo que sobrevivir. En el segundo caso no habrá supervivencia. La palabra prácticamente se ha despojado de significado. Mis pensamientos se interrumpieron cuando una mujer alta y delgada con el típico pañuelo de la quimio en la cabeza cogió el micrófono y declaró: «Soy una superviviente del cáncer por segunda vez». ¿Era aquello realmente motivo de celebración? El hecho de que el cáncer se hubiera reproducido.

194

12

El demonio inmortal

*E*n el vuelo de primera hora de la mañana de Albuquerque a Boston, el capitán lucía corbata rosa y un pañuelo a juego asomaba del bolsillo de su uniforme. Los auxiliares vestían de manera parecida, con camisas y delantales rosa. Era el Mes de la Toma de Conciencia Nacional del Cáncer de Mama, y cuando el avión surcaba ya el cielo, uno de los auxiliares anunció con entusiasmo que la compañía aérea ofrecía limonada rosa y martini rosa, esto en un vuelo que salía a las seis de la mañana. Las ganancias se destinarían a la «curación» del cáncer de mama.

Hace menos de cien años el cáncer era una palabra que se pronunciaba solo en susurros por miedo a que el mal despertara de su letargo. Uno podía morir de «fallo cardiaco» o de «caquexia», una forma latinizada de decir que un ser querido había pasado a mejor vida devorado por el cáncer. Si bien el temor no ha desaparecido, «cáncer» ya no es la palabra impronunciable. La alegría con que el tema ha sido acogido y proclamado es casi macabra. Una marca de cosméticos anunciaba «Besos para la curación». Si uno compraba un lápiz de labios, se destinaba un pequeño donativo a la lucha. «Junta los labios y di adiós al cáncer de mama con un beso.»

Mientras hojeaba la revista de la aerolínea, pensé en la telemaratón *Plántale cara al cáncer* que había visto unas semanas antes, con celebridades que, cantando, riendo y a veces adoptando una actitud sombría, juraban «erradicar» el cáncer en todas sus formas. No controlarlo ni reducirlo ni tratar su aparición de una manera más eficaz. «Algún día ningún niño morirá de cáncer», prometió una optimista actriz adolescente.

Ni uno solo. «Debemos derrotarlo y expulsarlo de nuestra existencia», declaró Stevie Wonder, encorvado sobre un piano. Su primera mujer había muerto de cáncer, y muchas de las otras estrellas también se habían visto afectadas de cerca. «Al cáncer le da igual que hayas ganado la medalla de oro olímpica. Al cáncer le da igual que seas hermosa o brillante o estés empezando en la universidad…» Uno por uno, con sus camisetas de SUPERVIVIENTE DEL CÁNCER, los ídolos y sus idólatras ocuparon el escenario. «Al cáncer le da igual si tienes toda una vida por delante… Al cáncer le da igual si tienes hijos pequeños que necesitan a su madre… Al cáncer le da igual si acaba de llevarse a tu padre… Le da igual y punto.» Un mensaje superpuesto se desplazaba por la parte inferior de la pantalla: «El cáncer no discrimina». Pero sí discrimina. A los ancianos, los obesos, los pobres. Desde el punto de vista demográfico, los jóvenes y guapos que aparecían en el programa eran excepciones. Pero ¿quién podía resistirse a su buen corazón y su alegría? «Las estrellas atienden sus llamadas.» Y por tanto sonaron los teléfonos, llovieron los donativos. Al final de la telemaratón desfilaron por el escenario numerosos científicos en medio de un enardecedor coro: «Hay que plantar cara, plantar cara al cáncer…» En total esa noche se recaudaron más de ochenta millones de dólares.

Stand Up to Cancer [Plantar cara al cáncer] es una organización muy respetada que aparentemente destina casi todo el dinero que recauda a la investigación. Pero me pregunté si no se habían alimentado falsas esperanzas en los espectadores, así como en las estrellas. Los donativos, se dijo, se entregarían a «equipos fantásticos» de científicos que colaboran en la búsqueda de una curación en lugar de competir por el reconocimiento y el dinero de las subvenciones, como si solo la codicia y los egos fueran un obstáculo para la comprensión de los fenómenos médicos más complejos. No faltaron las comparaciones con Jonas Salk y la recaudación de fondos de The March of Dimes, pero la polio había sido un problema mucho más simple, una enfermedad con una sola causa que pudo aislarse y admitió la vacunación.

Comprender el cáncer requerirá nada menos que comprender la mecánica más profunda de la célula humana. Una de las estrellas participantes invocó la lucha contra la esclavitud y los triunfos del movimiento por los derechos civiles. «¿Y si nadie hubiese salido en defensa de la libertad en la lucha antiesclavista… y si nadie hubiese plantado cara a la injusticia en un puente de Selma?» El cáncer era algo contra lo que manifestarse o a lo que oponerse con una sentada. Aquellas no parecían personas dispuestas a intervenir en actos multitudinarios de desobediencia civil como los de la Coalición del Sida para Desatar el Poder (ACT UP, por sus siglas en inglés), cuya influencia residió en su carácter ofensivo. Dos décadas atrás ACT UP se manifestó contra los Institutos Nacionales de Salud y obligó al Departamento de Alimentos y Medicamentos a cerrar durante un día, exigiendo más dinero para la investigación y tratamientos asequibles. De una manera u otra, se destinó más atención al problema. Ahora el sida puede tratarse como una enfermedad crónica. Pero ni siquiera el VIH es tan enrevesado como el cáncer.

En su descenso hacia Boston, el avión ofreció una vista aérea de lo que rivaliza con el MD Anderson como centro del cáncer más poderoso del mundo. A un lado del río estaban el Dana-Farber, el Beth Israel Deaconess y el Hospital General de Massachusetts. Al otro lado estaban el Instituto Whitehead, el Instituto Broad y los campus de Harvard y el MIT. Con sus placas de Petri, sus cromatógrafos de gas, sus secuenciadores de genes y sus microscopios electrónicos, los investigadores que trabajan en esos pocos kilómetros cuadrados producen una sorprendente cantidad de conocimientos sobre las intrincadas conexiones existentes en el interior de una célula humana y sobre cómo pueden desentrañarse. Pese a todo el horror que el cáncer causa, es un problema intelectual fascinante, una ventana a la comprensión de la vida. Pero los nuevos hallazgos se abren paso muy lentamente hasta los hospitales, donde se trata a la gente con quimioterapia y radiación, técnicas no mucho menos brutales que lo que Solzhenitsyn describió en su novela *Pabellón de cáncer*. Los «equipos fantásticos» intentaban cruzar la línea divisoria.

Esto formaba parte de un esfuerzo más amplio llamado investigación translacional, que era el tema de un taller que tenía lugar esa tarde en el Parker House, el más suntuoso de los viejos hoteles de Boston. En una sala con arañas de luces y paredes revestidas de madera, me senté entre un grupo de jóvenes científicos que ampliaban sus conocimientos sobre las distintas culturas de la investigación médica: biólogos que estudian las cascadas químicas dentro de una célula, médicos clínicos que desarrollan y prueban nuevos fármacos, oncólogos y sus pacientes… todos ven el cáncer de manera distinta. Mientras que las mañanas se ocupaban con conferencias, por la tarde los estudiantes visitaban centros del cáncer y laboratorios de patología de hospitales y asistían a una mesa redonda sobre la ética médica que analizaba las reglas para la realización de nuevas pruebas clínicas, una esfera en la que las prioridades de la ciencia y de la medicina a menudo entran en conflicto.

Amy Harmon, periodista de *The New York Times*, había contado en fecha reciente la historia de dos primos con un melanoma metastásico avanzado, que es prácticamente el cáncer más letal que existe. Ambos jóvenes —tenían veintitantos años— fueron aceptados en un ensayo de una terapia basada en un fármaco dirigido, el vemurafenib, que en principio encogía los tumores impulsados por una mutación en un gen llamado *BRAF*. Una breve Fase I y otra Fase II más amplia habían dado resultados prometedores. Ahora debía iniciarse la Fase III —con 675 personas de doce países—, el último paso antes de solicitar la aprobación del Departamento de Alimentos y Medicamentos.

Fue aquí donde surgió el dilema. Los primos tuvieron suerte de participar en el ensayo: solo la mitad de los casos de melanoma presenta esa mutación en particular. Pero uno de los dos, Thomas McLaughlin, fue asignado aleatoriamente al grupo experimental, que recibiría la nueva terapia («las superpíldoras», las llamó), mientras el otro, Brandon Ryan, quedó en el grupo de control, que recibiría dacarbacina, la quimioterapia corriente y deprimentemente ineficaz. Los dos hombres quedaron consternados por la arbitrariedad de la decisión. McLaughlin, cuyo melanoma estaba ya en la Fase 4, quiso cambiarse de lugar con Ryan, cuya malignidad un tanto menos avanzada quizá le diera mayores opciones. Pero no se le permitió. Un cambio así haría peligrar la objetividad del ensayo.

Fue una historia desgarradora en la que el bien de muchos

prevaleció sobre el bien de unos pocos. Sin rigurosas comparaciones como estas, tal vez no hubiera nuevos fármacos para nadie. Aun así, era difícil no pensar en las personas del grupo de control como chivos expiatorios. Los especialistas en ética médica utilizan el término «incertidumbre terapéutica» para referirse a un ensayo en el que no existe ninguna razón a priori para considerar un tratamiento superior a otro. Solo entonces, aducen muchos, es correcto decidir a ciegas qué paciente recibirá qué droga. Para cuando concluyó la Fase II, el vemurafenib parecía desbancar claramente a la dacarbacina, y sin embargo la mitad de los pacientes recibirían ahora lo que se consideraba ya un tratamiento inferior.

Al final la Fase III resultó tan concluyente que se interrumpió antes de tiempo para que ambos grupos pudieran beneficiarse. Los informes iniciales demostraron que el vemurafenib aumentaba la supervivencia libre de progresión, deteniendo el avance del cáncer durante 5,3 meses, en comparación con los 1,6 meses de la dacarbacina. Eso bastó al Departamento de Alimentos y Medicamentos. El fármaco no tardó en ser aprobado y Genentech empezó a comercializarlo. En última instancia, los pacientes vivían por término medio cuatro meses más que aquellos a quienes se había administrado dacarbacina.

No hubo final feliz. Ryan, el primo destinado al grupo de control, se encontró entre los muchos que murieron durante el primer año del ensayo: 66 en el grupo de la dacarbacina y 42 entre aquellos que tomaban vemurafenib. Transcurrido otro año, la mitad de las personas que habían participado en el estudio estaban muertas. En el caso de McLaughlin los tumores se habían propagado por todo el cuerpo, desde los muslos hasta el cerebro. Pero seguía vivo y tomaba las superpíldoras. Me contó que había vuelto a su empleo de soldador, trabajando al sol. Me acordé de un pasaje de *Pabellón de cáncer*: «Durante todo el tiempo corría en una carrera contra el futuro tumor, pero corría a oscuras, ya que no podía ver dónde estaba el enemigo. Pero el enemigo lo veía todo, y en el mejor momento de su vida, se abalanzó sobre él con sus colmillos. No era una enfermedad, era una serpiente. Incluso su nombre parecía una serpiente: melanoblastoma». Ese es el antiguo nombre del cáncer de McLaughlin.

199

Para el melanoma metastásico avanzado no hay nada ni remotamente parecido a una curación. Sea cual sea el tratamiento, las células aberrantes, por medio de una mutación fortuita, descubren cómo continuar con su expansión. El vemurafenib tiene además un efecto secundario paradójico: potencia el crecimiento de otros cánceres de piel, el carcinoma de células escamosas y el queratoacantoma. Los investigadores experimentan con combinaciones de terapias dirigidas que aspiran a superar estos obstáculos, albergando la esperanza de que las células cancerosas no desarrollen otra manera de sortearlas.

Uno de los objetivos de la investigación translacional es sacar a los científicos del laboratorio para que vean con sus propios ojos la situación por la que pasan los pacientes. En el Parker House, Tom Curran, profesor de patología de la facultad de medicina de la Universidad de Pennsylvania, describió el chirriante efecto de pasar del aislamiento del laboratorio de una empresa farmacéutica al hospital infantil de investigación St. Jude de Memphis, donde empezó a trabajar en 1995. Curran había descubierto un gen llamado *reelina*, que ayuda a dirigir la migración de las neuronas durante el desarrollo del cerebro, incluido el cerebelo. El cerebelo es el centro del control muscular y el equilibrio, y los ratones nacidos con defectos en este gen caminan con paso tambaleante. Las mutaciones en los genes del desarrollo también son responsables más adelante de muchos de los cánceres pediátricos, y Curran centró su interés en el meduloblastoma, un cáncer agresivo que afecta al cerebelo. Comparado con otros cánceres, es muy poco común: la incidencia entre adultos es de ocho casos por diez millones de personas. Pero entre niños y adolescentes se dan cinco casos por cada cien mil, por lo que es el tumor cerebral pediátrico más común. La mediana de edad del diagnóstico es cinco años. Lo que podría empezar como síntomas de una simple gripe puede dar lugar a dolores de cabeza, vómitos, mareos, pérdida del equilibrio y lo que se ha descrito como «una manera de andar torpe y vacilante».

Para Curran, el meduloblastoma fue en esencia una abstracción hasta que conoció a niños tratados por esa enfermedad. Sabía que para la mayoría de los pacientes el pronóstico era relativamente bueno: el índice de supervivencia al cabo de cinco años era del ochenta por ciento. Sin embargo, para algunos pacientes, es un cáncer recurrente y fatal. Incluso si los tratamientos dan resultado, los efectos secundarios pueden ser desastrosos. Después de la cirugía, suele aplicarse radiación a los vulnerables cerebros de los niños.

«Conocí a un chico, un adolescente, que hacía ya cinco años que se había librado de la enfermedad —explicó Curran a los asistentes—. Tenía dieciséis años. Era rubio, de ojos azules. Bromeaba con el médico. Pero empezó a darse cuenta de que el resto de su clase seguía avanzando y él se estancaba. Empezó a ver que el resto de la vida sería para él y su familia una lucha atroz. El trabajo en laboratorio no te proporciona esa perspectiva. Después no podía sacarme esas imágenes de la cabeza.»

Comenzó a buscar un tratamiento mejor, un fármaco que incidiese en el corazón del cáncer sin efectos tan debilitadores. En primer lugar se dirigió al jefe del laboratorio de patología del St. Jude y le solicitó acceso al banco de tejidos, el lugar donde se depositan los tumores extraídos a los niños a lo largo de los años. Había solo cinco tumores cerebrales de distintas clases. Tendría que reunir su propio material. Transcurrieron cinco años hasta que tuvo tejidos suficientes para iniciar sus experimentos. Para entonces había ya investigaciones de otros laboratorios que indicaban que algunos meduloblastomas —más o menos el 20 por ciento de los casos totales— resultaban de un defecto genético en el que intervenía el gen erizo sónico. Curran conocía la historia de los corderos ciclópeos, cuyos defectos de nacimiento se derivaban de la ingesta de azucenas con una sustancia natural —la ciclopamina— que obstaculizaba la ruta del erizo. En cambio algunos cánceres, como el carcinoma basocelular y el meduloblastoma, parecían deberse a un exceso de actividad del erizo sónico. En teoría la ciclopamina corrige el problema y reduce los tumores.

Dado que la ciclopamina era tóxica, cara y de difícil manejo, Curran buscó una alternativa. Sentado en un bar después de un congreso sobre genética y desarrollo del cerebro en Taos, Nuevo México, comentó el problema con una autoridad en la señalización del erizo. Este habló a Curran de ciertos compuestos nuevos que desarrollaba una empresa biotecnológica de

201

Massachusetts con el fin específico de bloquear la ruta del erizo incidiendo en una proteína llamada *smoothened* («alisada»). Curran procedió a demostrar que la sustancia reducía los meduloblastomas en los ratones. Pero en los roedores jóvenes también inhibía el desarrollo óseo. Si lo mismo ocurría en los niños, estaba por verse, pero para aquellos con la forma recurrente del mal, ante la perspectiva de una muerte temprana, quizás el riesgo merecía la pena. Doce de ellos se sometieron a un ensayo clínico, y para cuando tuvo lugar el taller de Boston, había ya indicios de que el fármaco, el vismodegib, era seguro e inhibía los tumores. Los ensayos en Fase II estaban empezando, pero pasarían aún años hasta que el tratamiento estuviera listo para someterlo a la consideración del Departamento de Alimentos y Medicamentos. (Recientemente se ha autorizado su uso para el carcinoma basocelular y se está probando asimismo para otros cánceres.)

El vismodegib para el meduloblastoma, el vemurafenib para el melanoma. Los nombres, tan extrañamente similares, parecen producidos por una máquina que combina fichas de Scrabble. Pero no carecen de significado. El sufijo «-degib» indica un inhibidor de señal del erizo; «vi» procede de «visión» (el fármaco «mira hacia delante», me dijo un portavoz de Genentech), y «smo» se deriva de la proteína *smoothened*. En cuanto al vemurafenib, «vemu» remite a la mutación V600E de *BRAF* y «rafenib» hace referencia a un inhibidor del gen *raf*. Pero los prefijos y a menudo los infijos (las sílabas intercaladas en la palabra) suelen ser invenciones arbitrarias. Las compañías farmacéuticas proponen los nombres a un organismo llamado Consejo de Nombres Adoptados de Estados Unidos, que toma la decisión definitiva. Un investigador me explicó que las empresas eligen nombres genéricos difíciles como vemurafenib para que luego los médicos estén más predispuestos a emplear los nombres de marca, más pegadizos, en este caso Zelobraf. El vismodegib se vende como Erivedge.

José Baselga, un científico del Hospital General de Massachusetts, describió los últimos hallazgos sobre el trastuzumab, más conocido como Herceptin, el fármaco que localiza y bloquea el receptor HER2 interrumpiendo las señales que inducen el crecimiento canceroso. (El sufijo «-mab» indica que es un anticuerpo monoclonal, una molécula destinada a un objetivo específico.) Lo que en ese momento se llamaba «super Herceptin» o trastuzumab emtansine (T-DM1, para abreviar) iba un paso más allá, portando una citoxina e inyectándola directamente en la célula maligna: quimio administrada justo allí donde se quiere, molécula a molécula. El veneno en sí es peligrosamente tóxico para el organismo. Pero, apuntado con tal precisión, prometía actuar como un misil termoguiado contra células cancerosas HER2 positivas. Esto parecía ya casi un fármaco milagroso: una poderosa quimioterapia sin tantos efectos secundarios. Según Baselga, el Herceptin por sí solo había aumentado espectacularmente el índice de supervivencia en la etapa inicial del cáncer de mama HER2 positivo, pasando del 30 por ciento de diez años atrás al 87,5 por ciento actual. Predijo que el super Herceptin, en combinación con otro fármaco dirigido a HER2 que se llama pertuzumab, podía elevar esta cifra al 92 por ciento.

Para el cáncer metastásico, los resultados serían muy inferiores, pero también aquí la gente esperaba un milagro. Dos años y medio después del encuentro de Boston, el pertuzumab pasó a llamarse Perjeta: otro producto de Genentech. Combinado con Herceptin y una quimioterapia a la antigua usanza, aumentaba la supervivencia libre de progresión —el tiempo antes de que los tumores se reproduzcan o el paciente muera— en unos seis meses. En cuanto al super Herceptin, la espera continuaba. Unos resultados positivos de un ensayo clínico se usaron para acelerar la aprobación del Departamento de Alimentos y Medicamentos, y algunos pacientes se indignaron cuando el departamento insistió en esperar a la Fase III. En una concentración frente al ayuntamiento de Boston, una mujer a quien se había diagnosticado cáncer de mama HER2 en fase 4 cinco años antes, se dirigió a un reducido grupo de personas —varias llevaban camisetas de color rosa— y exigió una investigación. «Las personas afectadas por la enfermedad deben participar en el debate. No solo personas sentadas en una torre de marfil tomando decisiones.» Probablemente esperaban demasiado. Cuando se dispuso de los resultados de la Fase III, lo mejor que pudo decirse del cáncer de mama con metástasis fue que el super Herceptin «reducía en un 35 por ciento el riesgo de agravamiento del cáncer o muerte». El fármaco finalmente fue aprobado. Pero para los cánceres más agresivos los avances punteros siguen midiéndose en meses añadidos a lo que queda de una vida truncada.

Mientras esperaba el banquete posterior a la conferencia de Baselga, hablé con una investigadora de una universidad sureña sobre el hecho de que era el Mes de la Toma de Conciencia Nacional del Cáncer de Mama y sobre la atención captada y el dinero recaudado. Dijo que entendía por qué, de todos los tumores malignos, el cáncer de mama tocaba una fibra emocional tan profunda. No es solo uno de los más corrientes. El cáncer de mama es una agresión a la feminidad, a la sexualidad femenina y, la fibra más profunda, a la maternidad. Pero también se advertía en ella cierta envidia. Una consecuencia no intencionada del entusiasmo por la cinta rosa es que atrae mucha atención y la desvía de cánceres menos comunes. El área de trabajo de dicha investigadora era el cáncer pancreático, que tiene un índice de supervivencia desalentadoramente bajo. A menudo no hay síntomas. «Vas al médico por una indigestión y te enteras de que te quedan tres meses de vida.» Otro ejemplo de cánceres desatendidos sería el CSPU, el que padeció Nancy.

Ha surgido toda una cultura en torno al cáncer de mama. La escritora Barbara Ehrenreich, ella misma víctima, lo ha llamado «culto» y cree que trivializa el mal, como si el cáncer de mama fuera solo otra etapa de la vida, algo que superar como la menopausia o el divorcio. No solo puede una vestirse de rosa, escribe, sino que también puede complementarlo con bisutería rosa. Te dicen que la quimioterapia «te deja la piel más suave y tersa, que ayuda a perder peso», que la calvicie es algo digno de celebrar, que tu nueva mata de pelo «será más densa, suave, fácil de controlar y quizá de un color nuevo sorprendente».

> En cuanto a ese pecho perdido: después de la reconstrucción, ¿por qué no poner el otro a punto? De las más de 50.000 pacientes de mastectomía que optan por la reconstrucción cada año, el 17 por ciento, a menudo a instancias de sus cirujanos plásticos, pasa a otra intervención quirúrgica para que el pecho restante quede «a juego» con la nueva estructura del otro lado, más firme y quizá mayor.

Al principio, las críticas de Ehrenreich me parecieron ásperas. Aparte de proporcionar consuelo y recaudar dinero para la investigación, la esperanza reside en inducir a las mujeres a someterse a mamografías anuales. Pero ya no es tan evidente el número de vidas que se salvan gracias a estas pruebas periódicas. Se diagnostican más cánceres in situ: los pequeños tumores de crecimiento lento, en «fase cero», a los que una mujer probablemente sobreviviría sin tratamiento. Pero los cánceres más mortíferos pueden aparecer de manera tan repentina —quizás unos días después de la mamografía anual de una mujer— y expandirse de forma tan implacable que a menudo eluden la detección antes de dispararse descontroladamente. Un reciente estudio epidemiológico basado en 600.000 mujeres concluyó que «no está claro si las pruebas de diagnóstico hacen más bien que mal». Por cada vida que se prolonga, diez mujeres reciben un tratamiento innecesario. Pero no hay manera de saber por adelantado cuáles serán esas mujeres.

Los hombres se enfrentan al mismo dilema con su cáncer más común, el de próstata. Los análisis de PSA en sangre pueden proporcionar una advertencia temprana, pero también conducen a un inquietante número de biopsias e intervenciones quirúrgicas innecesarias. Como con los carcinomas de mama in situ, los cánceres de próstata pueden también estar latentes inocuamente durante décadas. En alrededor del 70 por ciento de los hombres entre setenta y ochenta años que mueren de otras causas se ha descubierto en la autopsia que tenían un cáncer de próstata del que probablemente no sabían nada. Un hombre al que la cirugía deja impotente e incontinente puede llegar a preguntarse si no debería haberse resistido a la presión para someterse a una prueba. Al igual que con el cáncer de mama, se ha criticado mucho la tendencia a exagerar las ventajas del diagnóstico precoz, a menudo con buenas intenciones, pero también con la motivación del beneficio. Los estadios deportivos se han convertido en habitual espacio de reclutamiento. Los urólogos ofrecen entradas gratuitas a cambio de una consulta y se anuncian en vallas publicitarias del propio estadio. Un médico de Florida coloca anuncios en las pastillas desodorantes para urinarios destinadas a lavabos públicos:

205

«¿Fallas en el urinario?» La cirugía prostática mejora el flujo, aunque posiblemente más de lo que uno desea.

Después del encuentro en el Parker House, volví a mi hotel, un Howard Johnson prácticamente contiguo al estadio de Fenway Park. Las paredes y las moquetas destilaban el olor a nicotina dejado por generaciones de hinchas de los Red Sox. Me pregunté cuántos de ellos, al salir del estadio, iban con su humo de tercera mano al urólogo para someterse a una prueba de próstata. Yo había elegido ese hotel porque estaba cerca de Dana-Farber, donde tenía cita para entrevistar a Franziska Michor, que recientemente había sido elegida como una de «los mejores y más brillantes» por la revista *Esquire*. Se la describía como «la Isaac Newton de la biología». Michor se había doctorado en biología evolutiva en Harvard y su tesis se titulaba «Dinámica evolutiva del cáncer». Después de todas las charlas sobre ciencia translacional, ahora esperaba oír hablar del aspecto más teórico de la investigación, vital para comprender el fenómeno del cáncer, pero muy alejado de lo clínico.

La variación aleatoria y la selección natural son fuerzas motrices del cáncer como lo son de la vida, y Michor estudiaba el proceso por medio de modelos matemáticos. Pensamos en los guisantes de Mendel y los pinzones de Darwin, pero fue la ciencia cuantitativa de la genética demográfica lo que dio una base sólida a nuestras actuales ideas sobre la evolución: la moderna síntesis evolutiva. Una cosa era creer en la evolución —esa teoría pronto fue evidente—, pero ¿podía una acumulación de pequeñas mutaciones discretas dar origen realmente a una nueva especie y a los cambios aparentemente suaves y graduales de la evolución? Los especialistas en genética demográfica demostraron con sus ecuaciones que era posible, y en la década de 1930 la síntesis moderna estaba ya establecida. Aplicando un enfoque estadístico al cáncer, los investigadores de los años cincuenta descubrieron los primeros indicios de que los tumores, como las criaturas de la tierra, se desarrollan también a través de una acumulación de mutaciones.

Sentada en su despacho, Michor describió cómo la biología evolutiva y las matemáticas están viendo la lógica de algunas de las idiosincrasias del cáncer. La revolución de la secuenciación genética permite ahora leer la larga lista de cambios que se producen en una célula cancerosa e incluso subirla a Internet. Los científicos se han visto abrumados por las cifras, que pueden ascender a millares. La mayoría de ellos, no obstante, son probablemente mutaciones «autoestop» o de «pasajero». Una célula cancerosa es una célula que muta desenfrenadamente. Muchas mutaciones no aportan nada al desarrollo del tumor, sino que simplemente son compañeras de viaje. El desafío estriba en cribarlas e identificar las mutaciones motrices, y el laboratorio de Michor desarrolla un modelo de evolución del cáncer que, según espera, contribuya a hacerlo posible. Estudia también los tumores en distintas fases de desarrollo e intenta averiguar el orden en que se producen las mutaciones. ¿Muta primero un oncogén y luego un supresor tumoral, o es a la inversa? Quizá los dos pasos van precedidos de daños en un gen esencial para la reparación del ADN. O tal vez la célula cancerosa no sigue una sola trayectoria, sino muchas distintas. Conocer el historial de un tumor podría dar origen a tratamientos más eficaces. Si cierta mutación tiende a surgir en los primeros momentos, sería esa contra la que hay que dirigir la acción. Pese a la abstracta atracción que despierta, el trabajo de Michor estaba muy en la línea de la investigación translacional, sin perder mucho de vista el destino de los pacientes.

En otro artículo reciente, ella y unos colegas plantearon cómo podían recurrir los oncólogos a la biología evolutiva para comprender la forma en que las células cancerosas superan rápidamente los obstáculos que encuentran en su camino. Según una noción llamada «equilibrio interrumpido», defendida por los paleontólogos Niles Eldredge y Stephen Jay Gould, la vida no evoluciona siempre a un ritmo uniforme. Después de largos periodos de quietud, puede haber rachas de innovación genética. ¿Es eso lo que impulsa a un cáncer cuando, después de pasar inadvertido durante un tiempo, forma de pronto metástasis en territorio nuevo o desarrolla la capacidad de resistirse a la quimioterapia más avanzada?

También se utilizan ideas de las matemáticas y la biología

evolutiva para demostrar cómo podría comprenderse el cáncer a través de la teoría de juegos, que inicialmente se concibió para encontrar estrategias óptimas aplicables a la guerra. Entre las lecciones resultantes se encuentra la de que en el campo de batalla y en la biosfera a veces compensa que los adversarios cooperen. Robert Axelrod, especialista en ciencias políticas, ha indicado cómo podría aplicarse eso a las células cancerosas en competencia. La evolución de un tumor parece una de esas situaciones en las que el ganador se lo lleva todo. Cuando las células se dividen y mutan, se impone un linaje, desarrollando los rasgos distintivos del cáncer, mientras que otras abandonan en el camino. Eso parece un plan de batalla muy ineficiente, y Axelrod ha propuesto una alternativa: algunas células cancerosas quizá desarrollen la capacidad de colaborar. Imaginemos dos células, una al lado de la otra. A través de una mutación azarosa, la primera célula puede producir una poderosa sustancia que estimule su propio crecimiento. La otra célula carece de esa capacidad, pero debido a su proximidad también se ve expuesta. También ella sigue medrando. Al hacerlo, puede aprender a sintetizar un producto distinto del que carece la primera célula. Ahora las dos continuarán prosperando, al menos durante un tiempo. En último extremo puede prevalecer un linaje, pero entre tanto el tumor se expande a un ritmo que de lo contrario no sería posible.

208

No mucho después de mi viaje a Boston, asistí a una presentación en la que Stand Up to Cancer describía su visión de la investigación translacional y daba a conocer a algunos de sus «equipos fantásticos». La sala estaba abarrotada y los rezagados tuvieron que dar media vuelta y marcharse. Yo encontré un sitio donde quedarme de pie al fondo y vi un impecable vídeo en el que una joven que se dedicaba a la investigación sobre el cáncer en la Universidad de Carolina del Norte ofrecía la consigna «El cáncer no es cada día más listo, pero nosotros sí». Al principio eso me pareció un error. Dentro del cuerpo las células cancerosas —en competencia, quizá cooperando entre sí— desarrollan continuamente nuevas aptitudes. Adquieren la capacidad de inducir la angiogénesis y resistirse a la apoptosis y al sistema inmunológico, y a todo lo demás que el organismo les eche encima. Y en cuanto empieza un tratamiento, aprenden a soslayar los fármacos más ingeniosos que los investigadores son capaces de concebir. No es raro que la mejora de los índices de supervivencia haya sido tan lenta. Pero el aprendizaje de un cáncer tiene un límite. En último extremo mueren el cáncer o el paciente. En ambos casos, la trayectoria evolutiva se detiene. El siguiente cáncer debe empezar a partir de cero.

Pero ¿y si un cáncer se liberara? Pensé en un número reciente de *Harper's Magazine*. En la portada destacaban las palabras «Cáncer contagioso» y una imagen de una bestia quimérica —en parte ave, en parte caballo, en parte reptil, en parte ser humano— bailando frenéticamente con una expresión asesina en su rostro de dientes irregulares. Era un cuadro de Max Ernst, pintor surrealista. Ilustraba un artículo de David Quammen, en la actualidad uno de los mejores escritores sobre la naturaleza. El texto trataba de una afección descubierta a mediados de la década de 1990 en la isla de Tasmania llamada enfermedad del tumor facial del demonio. Pronto se hizo evidente que los bultos —cada uno «una masa desagradable, redondeada y protuberante, como un enorme forúnculo»— se transmitían de un demonio de Tasmania a otro. Eso no era una infección viral. Cuando esas criaturas brutales se mordían unas a otras en la cara, se transmitían células tumorosas. Era un cáncer que se había desarrollado hasta el punto de poder formar metástasis en otro huésped. Por medio de la secuenciación genómica, los científicos han localizado el origen del cáncer en una única hembra —«el demonio inmortal»— cuyo ADN mutado puede encontrarse en todos los tumores.

Otro cáncer contagioso en el reino animal es un tumor venéreo canino transmisible. Tampoco este se propaga a modo de infección, sino por el intercambio directo de células cancerosas. En los hámsters, un sarcoma distinto puede transferirse por medio de una inyección de un animal a otro hasta que el tumor en desarrollo aprende a dar el salto por sí solo. También los mosquitos pueden propagarlo entre los hámsters.

Quammen describió tres casos en humanos —todos profesionales médicos— en los que las células cancerosas de un la-

209

boratorio se habían implantado en una herida. En un caso, una joven que se pinchó con una jeringuilla adquirió cáncer de colon en la mano. Un estudiante de medicina murió de un cáncer metastásico que se originó al pincharse después de extraer líquido del cáncer de mama de una paciente. Estas metástasis no fueron más allá del receptor. Pero no es imposible que un cáncer pudiera surgir en un entorno natural y que, dando tumbos por un camino evolutivo, saltara de una persona a otra. Para un cáncer así, el aprendizaje no terminaría nunca. Seguiría evolucionando a la vez que se propagaba por toda la Tierra. Poco a poco, se volvería más listo.

13

Cuidado con los Echthroi

*U*n despejado día de invierno recorrí la tortuosa carretera que lleva a lo alto del monte de Sandia, que se cierne sobre Albuquerque, alcanzando una altitud de 3.254 metros. Me proponía pasar un rato entre las emanaciones del Bosque de Acero, una tupida concentración de parpadeantes antenas de radiodifusión y transmisión por microondas que actúa como núcleo de las comunicaciones de Nuevo México y la región sudoeste. Las microondas son una forma débil de radiación electromagnética que se sitúa en la mitad inferior del espectro, justo por encima de las ondas de radiodifusión y por debajo de las ondas calóricas y los colores de la luz. Debido al tamaño compacto de las ondas —poco más de un centímetro por treinta centímetros de ancho—, se concentran fácilmente en haces por medio de antenas parabólicas y se utilizan para la retransmisión televisiva, las llamadas telefónicas a larga distancia y demás información de torre a torre y a los satélites que orbitan en el cielo.

Las microondas también son transmitidas y recibidas por los teléfonos móviles y el equipo inalámbrico para Internet, y Santa Fe se había convertido recientemente en un nexo para quienes creían que estas emisiones causan tumores cerebrales y otras enfermedades. Estas personas prestaron testimonio en vistas judiciales en un intento de eliminar de la biblioteca pública y los ayuntamientos los dispositivos inalámbricos. Se oponían a todo nuevo permiso para instalar repetidores de telefonía móvil, incluso esos tan pequeños que se colocan en los campanarios de las iglesias y nadie ve. Esas personas sabrían que estaban allí por sus emanaciones. O eso creían. Un habitante de Santa Fe demandó a su vecina por envenenarlo a distancia con su iPhone, y un físico de Los Álamos aparece a veces en público con una capucha de cota de malla para su protección. Conociendo mi escepticismo ante la idea de que las pequeñas dosis de microondas que recibe el público puedan ser perjudiciales, me planteó un desafío. «Ve a la montaña —dijo—, pásate una hora o dos cerca de las antenas. Comprueba si una aspirina te cura el dolor de cabeza que probablemente tendrás y si esa noche puedes dormir sin medicación.»

Cuando llegué a la cima, me paseé por allí y admiré las interminables vistas, eché una ojeada a la tienda de souvenirs, observé una pequeña boda al aire libre. Permanecí sentado largos ratos y leí un libro sobre la histeria colectiva y los pánicos sanitarios. Los temores al móvil parecían un ejemplo claro, un meme metastásico: unidades duras e impenetrables de ciencia popular transmitidas de cabeza en cabeza con poca deliberación. En todo momento tuve en la mano un medidor de microondas que había comprado para asegurarme de que recibía una dosis de por lo menos un milivatio por centímetro cuadrado. Ese es el umbral fijado por la Comisión Federal de Comunicaciones (CFC) para lo que considera una exposición sin riesgo durante un periodo de treinta minutos. (El sol nos ilumina a unos 100 milivatios por centímetro cuadrado.) Los detractores de la comunicación inalámbrica consideran demasiado alto el nivel establecido por la CFC, muy superior a lo que puede soportar el cerebro. Después de dos horas volví a casa y a la mañana siguiente, al despertar, me encontré bien. Quizá tardaría décadas en saber si había sembrado la semilla de un tumor cerebral.

En tal caso, sería a través de un medio desconocido para la ciencia. Solo existen pruebas de que la radiación es cancerígena cuando alcanza el extremo superior del espectro: las frecuencias más altas de luz ultravioleta, seguida de los rayos X y los rayos gamma. Cuanto más elevada es la frecuencia, mayor es la energía, y menores y más incisivas las ondas. Medidos en millonésimas y billonésimas de metro, son estos los rayos que pueden atravesar células, escindiendo los electrones de los átomos y dañando el ADN. La radiación roma, como las microondas, solo puede causar daño haciendo vibrar y calentando los tejidos: así es como un horno microondas hierve el agua y calienta la carne. Pero las emisiones de los teléfonos móviles y los dispositivos inalámbricos de la conexión a Internet son demasiado débiles siquiera para eso. Si causaran cáncer sería de maneras más sutiles. Los campos electromagnéticos, incluidas las microondas, pueden influir en el movimiento de las partículas cargadas. Y en un organismo vivo, corrientes de iones cargados —calcio, potasio, sodio, cloro— entran y salen de las células. Así que quizá provocar fluctuaciones en estas corrientes a un ritmo determinado suscite de algún modo una conducta maligna, ampliando o eliminando una ruta celular crucial. Cabe pensar que las oscilaciones podrían anular el sistema inmunológico o ejercer influencias epigenéticas, activando la metilación o alguna otra reacción química que puede afectar el rendimiento de los genes sin llegar a causar mutaciones directas en el ADN.

Pero todo esto son especulaciones. Se llevan a cabo interminables investigaciones en laboratorios sobre la forma en que las ondas podrían afectar la mitosis, la expresión del ADN y otras funciones celulares, o alterar la eficiencia de la barrera sangre-cerebro o potenciar carcinógenos conocidos. Los resultados son contradictorios y poco concluyentes. Un estudio demostró que la metabolización de la glucosa, el proceso normal mediante el cual las células convierten el azúcar en energía, era más elevada en las zonas del cerebro que se hallan cerca del lugar donde uno mantiene la antena de su teléfono móvil cuando habla. Sea cual sea el significado clínico de esto, se desconoce, y pronto lo contradijo otro estudio según el cual se suprimía la actividad de la glucosa. Unos cuantos estudios —los atípicos— han insinuado que la exposición crónica a las microondas podía elevar el riesgo de tumores en animales de laboratorio. Pero los experimentos se ven superados en número por aquellos que no detectan efecto alguno.

Una revisión de unos 25.000 artículos llevada a cabo por la Organización Mundial de la Salud no dio pruebas convincentes de que las microondas causen cáncer. Esto se refleja en la epidemiología. Durante los últimos veinte años, si bien el uso del teléfono móvil ha aumentado de manera constante, la incidencia anual de tumores cerebrales malignos ajustada por edad

213

se ha mantenido muy baja —6,1 casos por 100.000 personas, 0,006 por ciento—, y durante la última década ha disminuido ligera pero uniformemente. Eso no ha sido óbice para que los epidemiólogos investiguen si los teléfonos móviles podrían tener así y todo un mínimo impacto. El más ambicioso de estos esfuerzos, Interphone, recabó información de cinco mil pacientes con tumores cerebrales en trece países y la comparó con un grupo de control. No se advirtió ninguna relación entre la cantidad de tiempo pasado hablando por teléfono móvil y la incidencia de gliomas, meningiomas y neuromas acústicos: tumores que se producen en zonas de la cabeza más expuestas a los teléfonos móviles. Existía de hecho una correlación levemente negativa: al parecer los usuarios habituales tenían un riesgo algo menor que las personas que no los utilizaban nunca. Rechazando la posibilidad de un efecto protector, los autores del último informe interpretaron el resultado como una casualidad debida a datos no fiables, sesgos de la muestra, errores aleatorios: algún fallo en la metodología. El resultado contraintuitivo también inducía a pensar que si existe algún efecto, es tan minúsculo que queda ahogado por el ruido estadístico.

Interphone era un estudio retrospectivo, basado en el recuerdo, como la investigación que había llevado a los científicos a creer durante un tiempo que comer fruta y verdura podía reducir drásticamente la incidencia de cáncer. No obstante, fue otra la razón que impidió dar validez a los resultados. El estudio no detectó la menor señal de relación dosis-respuesta, según la cual el riesgo de cáncer aumentaría de manera uniforme en función del número de horas pasadas al teléfono. Pero para el 10 por ciento de las personas que declararon el uso máximo, el riesgo incrementado de glioma parecía saltar bruscamente de 0 a 40 por ciento. Las probabilidades de que a una persona se le diagnostique esta clase de cáncer, el más común de todos los tumores cerebrales, son de alrededor del 0,0057 por ciento. Aplicando a esa cifra un aumento del 40 por ciento, nos quedaría un 0,008 por ciento. Hubo un pico parecido pero menor en otros tumores. Los autores también los interpretaron como fallo metodológico. Algunos sujetos declararon pasar periodos al teléfono descabelladamente largos —hasta doce horas al día—, y eso pudo haber sesgado los resultados.

Tal vez las personas con cáncer cerebral, desesperadas por encontrar una explicación, sobrevaloraron la severidad de sus hábitos con el teléfono móvil. Tal vez su memoria o su razón se vieron mermados por el tumor. En cualquier caso, un posterior estudio realizado por el Instituto Nacional del Cáncer se centró en los gliomas y no encontró indicios de que estos hubieran aumentado al convertirse el teléfono móvil en parte omnipresente de la vida. Muchos epidemiólogos se sorprendieron cuando la Agencia Internacional para la Investigación del Cáncer decidió que existía aún demasiada incertidumbre para añadir las microondas a la larga lista de posibles carcinógenos. No se había demostrado ni mucho menos que lo fueran, pero valía la pena mantenerse alerta.

Podrían encontrarse más respuestas en un estudio prospectivo que es casi tan ambicioso como el proyecto EPIC sobre nutrición y cáncer. COSMOS 629 (el Estudio de Cohortes acerca del Uso de Teléfonos Móviles y la Salud) hace un seguimiento de 250.000 usuarios de teléfonos móviles voluntarios durante un periodo comprendido entre veinte y treinta años, sin duda tiempo suficiente para averiguar los efectos retardados. Pero incluso cuando se concluya dentro de unas décadas, no todo el mundo considerará el asunto zanjado. Todavía no puede afirmarse categóricamente que las líneas de alto voltaje no aumenten ligeramente el riesgo de leucemia en la infancia, hipótesis que se recibió con generalizada incredulidad al plantearse hace tres décadas. Las emanaciones de las líneas de alto voltaje son mucho más débiles incluso que las microondas. Su longitud de onda es enorme. En tanto que las microondas por las que tanto se ha preocupado la gente se miden en centímetros y las ondas de radiodifusión en metros —decenas de metros para las emisoras de AM de más baja frecuencia—, las ondas de las líneas de alta tensión de sesenta hercios miden más de cinco mil kilómetros de ancho. A su suave paso por los vecindarios pueden inducir leves corrientes en todo aquello que atraviesan, incluidas las células humanas. No se ha descubierto cómo podría eso causar cáncer. En el transcurso de los años casi ningún estudio epidemiológico ha encontrado pruebas de peligro. Pero siempre hay unas pocas anomalías que inducen a pensar lo contrario.

Υ

A veces es como el pez que se muerde la cola, esa obsesión nuestra por encontrar causas donde quizá no las haya. Robert Weinberg calculó en una ocasión que a cada segundo se dividen en nuestro cuerpo cuatro millones de células copiando su ADN. En cada división hay imperfecciones. Eso es resultado de vivir en un universo dominado por la entropía, la tendencia natural a que el orden dé paso al desorden. Si viviéramos el tiempo suficiente, observa Weinberg, al final todos tendríamos cáncer. Eso no significa que no podamos reducir las probabilidades, aunque sea modestamente, de contraer cáncer antes de que nos mate otra cosa. Pero los errores genéticos son inevitables y necesarios para que evolucionemos. La evolución se produce por variación aleatoria y selección, y las mutaciones son la materia prima. Por el camino, las células han desarrollado la capacidad de identificar y reparar el ADN dañado, pero si fuera un mecanismo a prueba de fallos, la evolución se detendría. El lado negativo es probablemente una determinada cantidad de cáncer.

Robert Austin, biofísico de la Universidad de Princeton, llega al extremo de afirmar que el cáncer está aquí «con una finalidad», que es una respuesta natural mediante la cual los organismos hacen frente al estrés. Cuando las bacterias se ven privadas de nutrientes, empiezan a replicarse y a mutar descontroladamente, como si intentaran desarrollar nuevas aptitudes para la supervivencia. Si la fuente del estrés es un antibiótico, la adaptación vencedora podría ser la que produce un antídoto para el veneno, o acelera el ritmo al que pueden huir las bacterias. Quizá, propone Austin, las células de un organismo hacen lo mismo. Al verse acorraladas, intentan escapar del problema a base de mutaciones, aun si eso pone en peligro al resto del organismo. La mejor respuesta podría no ser contraatacar con quimioterapia y radiación, aumentando así el estrés, sino mantener de algún modo a las células exuberantes —el tumor— en un estado inactivo, algo con lo que poder convivir.

Austin es uno de los muchos científicos que han recibido dinero del Instituto Nacional del Cáncer en un intento de aca-

216

bar con el punto muerto en que se halla la guerra contra el cáncer contribuyendo con ideas externas a los canales habituales. Franziska Michor, la bióloga evolutiva que conocí en Boston, también forma parte de ese esfuerzo. En otros laboratorios, físicos e ingenieros aportan su propia perspectiva estudiando las fuerzas mecánicas presentes cuando las células de cáncer crecen y se dividen y luego emigran a través de la sangre. En lugar de hablar el lenguaje de la bioquímica, usan términos como «elasticidad», «velocidad translacional y angular», «tensión cortante», como si describieran barcos que zarpan del muelle para navegar por un río. Los matemáticos observan las células en un nivel de abstracción distinto —como dispositivos de comunicaciones— y usan las mismas ideas de la teoría de la información que podrían aplicarse al análisis de las señales de radio o las líneas de transmisión telefónica. Quizá puede verse a las células como osciladores semejantes a diapasones. Las malignas podrían identificarse por sus armónicos discordantes: su propio sonido especial. De ser así, podría haber una manera de afinarlas. Un químico de la Universidad Rice intenta utilizar las ondas de radiofrecuencia para matar células cancerosas. Primero se inyectan en las células nanopartículas de oro o carbono. Luego las ondas de radio las hacen vibrar, produciendo calor suficiente para destruir la célula desde dentro.

Los proyectos se llevan a cabo en colaboración con oncólogos, e implican mucho trabajo de laboratorio. Pero también se ha intentado ver las cosas con más perspectiva y proponer teorías del cáncer totalmente nuevas. La biología celular es una ciencia del detalle. Existe un gran marco omnicomprensivo —la teoría moderna de la evolución—, pero uno destaca ahondando en gruesas capas de conocimientos acerca de millares de engranajes bioquímicos y las incontables maneras en que pueden enredarse o atascarse. Hay modelos de cómo una neurona se activa o el ADN se traduce en proteínas. Pero cuanto más de cerca miramos, más complejos parecen estos mecanismos. Son el resultado de una larga cadena de accidentes evolutivos, una historia que podría haberse desarrollado de otro modo.

La física teórica premia a quienes simplifican, restando importancia a los detalles y las excepciones y explicándolo todo desde el punto de vista de unas cuantas grandes ideas. Agrupa-

217

dores en lugar de desglosadores. La última vez que vi a Paul Davies, físico teórico y cosmólogo, especulaba sobre la biología extraterrestre. Más recientemente él y un astrobiólogo, Charles Lineweaver, han estado dando vueltas a la idea de que el genoma humano porta dentro de sus espirales un «equipo de herramientas genético ancestral»: largas rutinas enterradas que las células primitivas utilizaron para formar colonias, las primeras precursoras de la vida pluricelular. «Si viajáramos en una máquina del tiempo mil millones de años atrás, veríamos muchos grupos de células parecidas a las de los modernos tumores cancerosos», se aventuró a decir Davies. Cuando aúnan fuerzas para convertirse en algo maligno, las células cancerosas reconstruyen este software heredado, «marchando al son de un antiguo tambor, repitiendo una forma de vida de hace mil millones de años». Cuando antiguos rasgos del genoma aletargados desde hace tiempo —los dientes en la gallina, los tres dedos en el caballo, los rabos vestigiales en los humanos— vuelven a surgir en posteriores generaciones, los biólogos los llaman atavismos. El cáncer, especula Davies, es un fenómeno atávico. Forzando las cosas en otra dirección, ha sugerido que la transición de una célula sana a una célula cancerosa puede tener algo que ver con la física cuántica.

Fue sorprendente ver a Davies ensartar ideas sobre el cáncer. Más inesperado aún fue Daniel Hillis, un especialista en informática y robótica al frente de un equipo de la Universidad del Sur de California que construye por ordenador simulaciones detalladas del cáncer —tumores virtuales— que podrían utilizarse para pronosticar qué fármacos dan mejor resultado. Oí hablar de Hillis por primera vez cuando él, en su etapa de estudiante en el MIT, ayudó a crear, con piezas de arquitectura Tinkertoy, un ordenador que jugaba al tres en raya. Luego creó una empresa llamada Thinking Machines. Puede que se le conozca más como diseñador de un reloj gigantesco que está montándose dentro de una montaña en el oeste de Texas, donde supuestamente seguirá funcionando durante diez mil años, dando las horas a lo largo de los milenios aunque la raza humana desaparezca. En una sesión organizada por el Instituto Nacional del Cáncer, dijo a un público formado por oncólogos que su manera de luchar contra el cáncer era del todo equivocada, que es necesario pensar en el cáncer como un proceso, no como una cosa. Un cuerpo no tiene cáncer, se está «cancerando». El tratamiento no debería concentrarse en atacar un tipo concreto de tumor en un órgano concreto, sino contemplar al paciente como un sistema complejo. En algún lugar de la red de partes engranadas —el sistema inmunológico, el sistema endocrino, el sistema nervioso, el aparato circulatorio—, algo se ha desequilibrado, y puede que para cada paciente haya una manera distinta de restaurar el equilibrio. A algunos oyentes quizás eso les sonó a especulaciones holísticas. Pero Hillis ha perseverado en la idea construyendo otra de sus ambiciosas máquinas. En lugar de concentrarse en el genoma, se concentró en el proteoma: todas las proteínas presentes en una célula en cualquier momento dado. Leer el genoma nos proporciona las instrucciones para construir cada una de las partes activas. Leer el proteoma muestra qué partes se hacen realmente y en qué cantidad: una instantánea del estado del sistema.

Los científicos llevan años trabajando en la elaboración del mapa del proteoma, una tarea formidable en la que intervienen técnicas de laboratorio como la cromatografía líquida y la espectrometría de masas. En colaboración con David Agus, un oncólogo, Hillis fundó una empresa que intenta automatizar los múltiples pasos con una línea de montaje robotizada. A partir de una gota de sangre, la máquina extrae y clasifica las proteínas, distribuyéndolas en una imagen que se asemeja a las estrellas en el cielo. Cada clase de proteína aparece como un punto iluminado, y su resplandor muestra cuántas hay.

Supongamos que tenemos dos pacientes con la misma clase de cáncer. Uno responde a un fármaco y el otro no. Utilizando un dispositivo como el de Hillis, podrían sacarse las instantáneas proteómicas y superponerlas para detectar las diferencias. Incluso si uno no sabe qué significa la pauta, podría emplearse como marcador para identificar cuáles son los pacientes con más probabilidades de beneficiarse del fármaco. Eso me recordó a Henrietta Leavitt, la astrónoma que murió de cáncer de estómago pero no antes de descubrir las variables Cefeidas, las estrellas pulsátiles que usan los cosmólogos para medir el universo. Empezaba con dos imágenes de la

219

misma porción de cielo: placas fotográficas de cristal tomadas con unas semanas de diferencia. Una era un negativo donde las estrellas brillaban en negro. Colocaba esa placa encima de la otra y ponía el sándwich de cristal al trasluz. Las estrellas que ahora brillaban más aparecían en forma de manchas blancas con centros negros más pequeños. En una placa sacada semanas después, la mancha blanca se encogía hasta alcanzar su tamaño anterior. Nadie conocía aún la física que causaba el parpadeo de las estrellas, pero ella consiguió establecer la correlación entre el ritmo del parpadeo y la distancia respecto a la tierra. A veces nuestros ojos pueden vislumbrar conexiones que nuestros cerebros no comprenden.

Conforme envejece la población, el cáncer nos supera. Pero sometidos a este estrés, somos como esas bacterias que se replican enloquecidamente de las que hablaba Austin, produciendo combinaciones de memes en lugar de genes. Nuevas ideas. Quizá realmente seamos más listos que el cáncer. Esfuerzos como el Atlas del Genoma del Cáncer anuncian continuamente nuevos descubrimientos, concentrándose en los detalles genéticos de los cánceres y clasificándolos en subtipos, cada uno potencialmente vulnerable a un tratamiento distinto. Conforme la información se multiplique, las terapias serán cada vez más a medida. Los fármacos dirigidos serán más precisos. Cuando un tumor encuentre la manera de sortear las terapias, se dispondrá ya de otros fármacos con los que acometer contra la nueva mutación. Siguiendo una estrategia distinta, una nueva clase de fármacos reactivará la apoptosis. Los potenciadores del sistema inmunológico aprenderán a distinguir limpiamente entre lo que es un tumor y lo que es carne sana. Un cóctel de estos tratamientos avanzados detendrá en seco el cáncer —incluso el cáncer con metástasis en fase avanzada— o lo tratará indefinidamente como una enfermedad crónica. O quizá dentro de diez años estemos leyendo cómo también estos enfoques han quedado atrás en la carrera armamentística celular y nos veamos obligados a entender el cáncer desde una perspectiva totalmente distinta.

Alrededor de un año después de enseñarme su laboratorio en Princeton, Austin recibió una invitación para ir a los dominios de Davies en la Universidad Estatal de Arizona a fin de dar una conferencia titulada «Diez ideas descabelladas sobre el cáncer». Al final solo presentó cinco, y se me quedó grabada en la memoria una en particular. Tenía que ver con las mitocondrias. Recordé mi sorpresa cuando años atrás descubrí que las mitocondrias, esos corpúsculos que hay dentro de nuestras células, podrían haber sido en otro tiempo bacterias, criaturas individuales que de algún modo quedaron atrapadas. Las mitocondrias tienen su propio ADN y pueden replicarse independientemente dentro del citoplasma. Con su capacidad para quemar glucosa y alimentar el ciclo de Krebs —la dinamo química que proporciona energía a la célula—, estos simbiontes otorgaron a sus huéspedes una ventaja evolutiva. Se sospecha asimismo desde hace tiempo que desempeñan un papel en el cáncer. Se observan mutaciones en el ADN mitocondrial en muchos tumores distintos. Podrían ser simples daños colaterales resultantes del desbarajuste producido cuando una célula se precipita hacia la malignidad. Pero hay razones para pensar que las mitocondrias intervienen de una manera más directa. Para empezar, contribuyen a iniciar la apoptosis, el procedimiento del suicidio celular. En su conferencia sobre las ideas descabelladas, Austin especuló sobre la posibilidad de que el cáncer comenzara cuando se rebelan los simbiontes mitocondriales. A causa del desgaste derivado de la generación de energía, sufren daños y emiten radicales libres que hacen mella en otras partes de la célula, incluido el genoma. La célula enferma aún más, y el único recurso es destruirse. Pero las mitocondrias se niegan a cooperar. No quieren morir. Se dan más mutaciones y la célula pasa a ser maligna.

La perspectiva que ofreció Austin me recordó *A Wind in the Door*, una novela alegórica de Madeleine L'Engle, donde las fuerzas del bien y del mal se disputan el universo. Es una secuela de *Una arruga en el tiempo*, que descubrí de niño en la biblioteca de mi instituto. Fue en la fantasía de L'Engle donde me topé por primera vez con la idea de un teseracto: un cubo tetradimensional. La idea rompió los esquemas de mi mente de catorce años. *A Wind in the Door* es aún más extraño. Esta vez Charles Wallace, el precoz joven protagonista, sufre una enfermedad degenerativa. Sus mitocondrias están gravemente dañadas, y su madre, microbióloga, descubre la causa. Hay sim-

221

biontes dentro de los simbiontes —los «*farandolae*» de la ficción— y están rebelándose. Son incitados por los Echthroi, agentes supernaturales de la entropía. Arremetiendo por todos los rincones del universo, destruyen el orden mediante lo que ellos llaman Xing: quitando el nombre a las cosas, devorando información. Charles Wallace y su hermana vencen a los demonios, y después de un viaje al interior de una mitocondria, el chico se salva. Pero en el mundo real los Echthroi siempre nos acompañan, arrancando etiquetas, dediferenciando células, liberándolas para producir cáncer.

A principios de la primavera, un año después de Relay for Life y un año después de la última sesión de radioterapia de Nancy, viajamos a Patagonia para celebrarlo. Había allí un hotel a orillas de un lago en las montañas, y desde hacía años ocupaba uno de los primeros puestos en nuestra lista de lugares que visitar. Nos lo tomaríamos con calma. Cada noche servían a los huéspedes excelentes cenas con buenos vinos chilenos. Nuestra habitación, por pura suerte, era la mejor del establecimiento, con vistas al lago y a una cascada. Pero el lujo no era el principal atractivo. Cada mañana hacíamos una excursión en grupo a los glaciares, las montañas y los ríos. Nancy me parecía muy delgada y frágil, pero llegaba al final de todas las caminatas.

Una noche, después de la cena, salimos del hotel y las estrellas brillaban como nunca antes las habíamos visto brillar. Resplandecían y se nos antojaban extrañas. No reconocíamos las constelaciones, y dos galaxias enanas nos observaban como dos grandes ojos. Tardamos un minuto en caer en la cuenta de que eran las Nubes de Magallanes. Magallanes las usó como referencia para navegar por el hemisferio meridional, donde no se ve la estrella polar. Y fue dentro de estas nebulosas de estrellas donde Leavitt descubrió las Cefeidas. De haber vivido en este siglo, nos dicen los estadísticos, sus probabilidades de contraer cáncer de estómago habrían sido mucho menores. Pero posiblemente esa habría sido la causa de su muerte de todos modos. Con pocos síntomas iniciales, es otro de esos cánceres que a menudo no se notan hasta que ha formado metástasis. La quimioterapia y la radiación solo pueden mantenerlo a raya temporalmente. Pese a nuestra gran comprensión de la ciencia celular, todavía nos queda mucho camino por recorrer. Pero de vez en cuando se producen sorpresas gratas. Las probabilidades de Nancy tampoco eran altas, y pronto empezó a mejorar. Ya de vuelta en Santa Fe, se compró una bicicleta nueva y participó en la Santa Fe Century, con un recorrido de ochenta kilómetros.

Cada pocos meses acudía al centro del cáncer para hacerse análisis de sangre. Estaban controlando su nivel de CA-125, una proteína empleada como biomarcador para detectar la presencia de cánceres de endometrio y otros. Un exceso de CA-125 no significa necesariamente que el cáncer se haya reproducido, y se puede tener cáncer sin un CA-125 elevado. Es una herramienta poco precisa, pero en todo caso los niveles de Nancy permanecían dentro de la normalidad. También se sometía a un PET dos veces al año, y siempre salía limpia.

Cinco años después del cáncer, se compró un caballo —cosa que deseaba hacer desde niña—, y luego otro caballo, y al sexto año d.C., como decía ella, se enamoró de una hectárea de terreno en la otra punta de la ciudad. Había graneros y establos y lindaba con cuatro kilómetros cuadrados de campo abierto. Estaba dispuesta a no malgastar ni un solo día de un futuro que casi había perdido. No era una finca cara, y había heredado un poco de dinero al morir su madre de cáncer de mama. Así que solicitamos otra hipoteca y compramos esas tierras, y ella montaba allí sus caballos siempre que podía. Lo llamábamos «el rancho».

Yo no montaba, pero me obsesioné con combatir las malas hierbas. Aparecían hordas de las variedades más malévolas. En el jardín de casa de vez en cuando me enfrentaba a alguna que otra kochia; aquí salían por todas partes. Peor aún era una pariente cercana suya —otra invasora procedente de las estepas rusas— llamada *Salsola tragus*, o estepicursor. Obstinadamente acogida como icono del Viejo Oeste, irrumpió en Dakota del Sur a finales del siglo XIX, posiblemente desde Ucrania. Yo la imaginaba llegando en forma de semilla pegada al calcetín de un emigrante. Luego empezó a propagarse por todas partes. Algunos granjeros, convencidos de que formaba

223

parte de una conspiración, le dieron otro nombre: «cardo ruso». En el campo de tiro de Nevada, después de prohibirse las explosiones nucleares sobre la superficie terrestre, la salsola fue la primera forma de vida en reaparecer.

Para erradicarla, lo intenté todo menos la radiación ionizante. A principios de la primavera las plantas empezaban a salir en forma de pequeñas estrellas verdiazules. Aprendí a reconocerlas de inmediato, y las extirpaba quirúrgicamente con una azada. Cuando la tarea me resultó abrumadora, las quemé con un lanzallamas de uso agrícola. Y aun así brotaban y crecían cada vez más, desarrollando feos tallos lacertiformes a rayas moradas. Los tallos formaban una maraña erizada con miles de semillas espinosas. Un solo estepicursor podía tener un cuarto de millón de semillas. Compré un libro sobre las malas hierbas y elegí la mejor quimio: un herbicida llamado 3,5,6-tricloro-2-ácido piridiniloxiacético, o triclopir. Se decía que se disgregaba rápidamente en la tierra, de modo que el impacto medioambiental era bajo, y era selectivo, matando distintas clases de malas hierbas pero no las plantas autóctonas que deseábamos potenciar. Al rociar una planta, el triclopir se desplaza por el floema y se concentra en las células en rápida proliferación del meristemo. Se cree que una vez ahí imita a las hormonas del crecimiento vegetal llamadas auxinas. Al trabar así los engranajes, los nuevos tallos crecen atrofiados y nudosos, y la planta no tarda en morir. Da la impresión de que se retuerce de sufrimiento. Era como la quimioterapia a la inversa, induciendo algo parecido al cáncer. Yo me andaba con mucho cuidado al pulverizar, por si se habían equivocado en la letra pequeña al declarar que el triclopir no era un mutágeno humano ni se le conocía efecto cancerígeno alguno. Se descomponía tan rápidamente que, según se creía, no era perjudicial para la fauna ni contaminaba el nivel freático.

Pese a todo este esfuerzo, los cardos rusos seguían brotando a docenas. Cuando Nancy no trabajaba ni se ocupaba de sus caballos y yo no estaba escribiendo, recorríamos hasta el último metro cuadrado arrancando de raíz los hierbajos. Cada fin de semana llenábamos enormes bolsas de basura con cientos de ellas y las llevábamos al vertedero. La esperanza era eliminarlas todas antes de que se propagaran sus semillas: romper el arraigado ciclo. En primavera los esqueletos muertos del cardo ruso llegaban rodando desde lejos, pero confiábamos en alcanzar un equilibrio, una situación que nos fuera posible controlar. Era un alivio cuando entraba el invierno y todo dejaba de crecer.

Llegada la primavera, examinábamos inquietos la tierra. Al principio parecía limpia; luego, palmo a palmo, las malévolas estrellitas reaparecían y se reanudaba la batalla. Empecé a advertir que las plántulas se escondían de mí bajo los enebros, se agazapaban, casi invisibles, junto a los postes de la cerca y las piedras. Y cuando las localizaba, con solo tres o cuatro centímetros de altura, algunas de ellas producían ya semillas, reproduciéndose furtivamente antes de que yo pudiera impedirlo. Parecían estar adaptándose a mí, evolucionando ante mis ojos.

Existe un antiguo experimento mental en física relacionado con el demonio de Maxwell, una pequeña criatura imaginaria que, en un intento de vencer la inevitable marcha del universo hacia el desorden, captura moléculas errantes y las devuelve ágilmente a su lugar debido. Coloca de nuevo cada grano caído en un castillo de arena a medio desmoronarse. Arranca cada mala hierba de un prado. Repara cada mutación en el ADN de una célula. Con esfuerzo, la entropía puede prevenirse: la propia vida se compone de cauces de orden que avanzan contra la corriente de la marea entrópica. Con nuestras herramientas y nuestra inteligencia, podemos conseguir pequeñas victorias y mantener la muerte a distancia durante un tiempo. Pero es la marea la que acabará imponiéndose. Por más que se esfuerce el demonio de Maxwell, en último extremo será derrotado. Al final los Echthroi siempre ganan.

Epílogo

El cáncer de Joe

«Una visión de la vida concebida por los seres vivos puede ser solo provisional. Las perspectivas se alteran por el hecho de ser dibujadas; una descripción solidifica el pasado y crea un cuerpo gravitacional que antes no estaba ahí. Permanece un telón de fondo de materia oscura —todo lo que no se ha dicho—, zumbando.»

JOHN UPDIKE, *A conciencia*

*L*a primavera siguiente en el rancho, según me dijeron, la salsola continuaba tan mal como siempre. Yo ya no estaba allí para verla. Nuestro matrimonio terminó ese año, diecisiete años después de su inicio. Nuestras vidas divergían desde hacía mucho tiempo. El cáncer nos había unido, pero ahora ya no estaba. Acercarse tanto a la muerte lleva a una persona a plantearse cómo quiere pasar lo que le queda de vida. Nancy tenía sus razones para decidir que no sería conmigo.

Por aquel entonces recibí un e-mail de mi hermano menor, Joe. Estaba en la carretera entre su casa de Dallas y Albuquerque, llevando a una de sus hijas a la universidad. En algún lugar de la extensa región este de Nuevo México, mientras masticaba un tentempié, oyó de pronto un sonoro crujido y sintió un penetrante dolor en la mandíbula. Siguió hasta Albuquerque y permaneció en vela toda la noche en espera de un vuelo a casa para ver a su médico.

Aunque no había hablado mucho del tema, Joe tenía problemas con la boca desde hacía años. El primer síntoma fue una zona blanca en las encías del maxilar inferior izquierdo.

Una biopsia detectó células anormales, descritas como pre-cancerosas. Nada de lo que preocuparse: bastaba con mante-nerse atento como si se tratara de un lunar sospechoso. El problema no volvió a surgir hasta tres años más tarde, cuando un día sintió un ligero dolor. También era en el maxilar inferior izquierdo. Durante los meses posteriores un dentista, un internista y un cirujano maxilofacial llegaron a la conclusión de que lo mejor era esperar a ver qué ocurría. Y eso hizo Joe, hasta que el dolor se agudizó, y descubrieron que tenía un absceso en el lugar donde le habían sacado una muela del juicio. También se había producido reabsorción ósea en la zona y tenía un par de dientes medio muertos. Todo ello era en el lado izquierdo de la boca. Contuvieron la erosión esquelética por medio de injertos óseos, extrajeron los dos dientes y empezaron a realizarle implantes artificiales. Mientras tanto el dolor en la mandíbula continuaba, y a eso pronto se sumaron un zumbido en los oídos y un dolor de garganta. Un otorrinolaringólogo le recetó un colutorio antibiótico. Le realizaron otro injerto óseo y luego, no mucho después, se produjo el incidente en la carretera.

Al día siguiente, en Dallas, Joe se sometió a un TAC, y le dijeron que se había dislocado la mandíbula: que todas las intervenciones odontológicas lo habían inducido a masticar de tal modo que el hueso se había salido de la articulación. Era una explicación verosímil. El médico le recetó relajantes musculares y, tal como Joe lo expresó, «comida blanda y pastosa». La zona blanca que se había observado por primera vez hacía tres años seguía allí, ahora más amplia. Un dolor penetrante en el oído dio lugar a otro TAC y, por primera vez, a una resonancia. Una resonancia, como supe después, tiene más probabilidades de detectar anomalías en los tejidos blandos. Y allí estaba. Dentro de la boca y debajo de la piel, un tumor —de más de dos centímetros de longitud— empezaba a corroer la mandíbula de mi hermano. Una biopsia lo identificó como carcinoma de células escamosas, el mismo tipo de cáncer que Percivall Pott detectó en los deshollinadores y que Katsusaburo Yamagiwa indujo en los conejos aplicándoles alquitrán de hulla en las orejas. Un PET reveló que no se había propagado a ninguna otra parte del cuerpo. Aferrándose a este dato, Joe nos envió a mis hermanos y a mí un correo electrónico con el asunto: «¡Buenas noticias!» Así era él.

Se disponía de mucha más información sobre este cáncer de la que existía acerca del carcinoma de Nancy. Las células escamosas forman las capas exteriores de la epidermis, el envoltorio de carne que se halla expuesto al mundo. Debajo están las células basales. Conforme las células mueren y se desprenden, son las células basales las que se dividen y producen reemplazos. Estas empujan hacia arriba para formar la piel exterior. Los carcinomas de las células basales son los que normalmente resultan inocuos. Años atrás me habían extirpado a mí mismo uno de un lado de la nariz. El carcinoma en la zona escamosa es más agresivo; aun así, tiene un índice de supervivencia relativamente alto, sobre todo si la detección es precoz. Lo que invadía el cuerpo de Joe se describe específicamente como cáncer de las células escamosas de la cabeza y el cuello, y según el Instituto Nacional del Cáncer, se diagnosticaba anualmente a 52.000 personas. Por qué le había tocado a él era otro misterio. Aparte de ser varón y pasar de los cincuenta años, no tenía ninguno de los factores de riesgo. Bebía alcohol muy moderadamente y nunca había fumado. No mascaba betel, que explica el alto índice de ese cáncer en el sudeste asiático. Se le practicaron pruebas y se descubrió que estaba libre del VPH, otro posible factor.

La intervención duró ocho horas, y fue en su conjunto un éxito. El tumor medía por entonces seis centímetros —más del doble del tamaño que tenía unas semanas antes en la resonancia—, y se descubrió que circundaba un nervio. Eso explicaba el intenso dolor. La masa se extirpó con éxito junto con la parte dañada del maxilar. Al mismo tiempo se extrajo un trozo de hueso de la cadera para llenar el hueco. Al final no pudo usarse. Esa parte de la intervención no sirvió para nada. Las arterias en la zona del trasplante se habían debilitado tanto que no había riego sanguíneo suficiente para soportar un injerto. Tendría que someterse a otra operación más adelante. Pero de momento lo importante era que por lo visto el tejido canceroso había desaparecido. De los 31 ganglios linfáticos extirpados, solo uno estaba afectado. Quizás había hecho su trabajo e impedido el avance de las células malignas. El siguiente paso suelen ser los pulmones.

229

Con una traqueotomía para ayudarlo a respirar y una sonda introducida temporalmente por la nariz, Joe se recuperó durante nueve días en el hospital y luego se marchó a casa. Después vendrían seis semanas de quimioterapia (cisplatino y Erbitux, un anticuerpo monoclonal) y radioterapia. También lo medicarían para proteger las glándulas salivares de las quemaduras, y le instalarían una sonda alimenticia en el estómago. Él se lo tomó todo con admirable ecuanimidad, incluso cuando, poco antes de iniciarse el tratamiento, se notó una hinchazón. Crecía un nuevo tumor. Este en el maxilar superior izquierdo. Se encontró otro cerca de la nuez de Adán.

«Siempre había creído que las palabras "tiene usted un cáncer" eran las peores que podía uno oír —nos dijo—, pero me equivocaba. "Hemos encontrado más tumores" es mucho peor... Creo que ahora me doy cuenta de lo vil y malévolo que es el cáncer. Los médicos siguen persiguiéndolo por todo el cuerpo.»

Volví a acordarme de *Pabellón de cáncer* de Solzhenitsyn, en concreto la escena en que uno de los pacientes habla con sobrecogida resignación de su propia enfermedad maligna: «El melanoblastoma es un cerdo; solo hay que tocarlo con un cuchillo para que produzca tumores secundarios. ¿Ves?, también él quiere vivir, a su manera». Las recurrencias del cáncer de Joe se producían en lugares que habían sido alterados por la cirugía, y los médicos pensaron que de algún modo los nuevos tumores podrían haberse sembrado durante la operación. Pero había otras posibilidades. Encontré un artículo de 1953 que describía un concepto llamado «cancerización de campo»: múltiples tumores primarios que brotaban en el mismo lugar más o menos al mismo tiempo. Era posible que las células malignas del tumor original se hubieran propagado a zonas cercanas. Pero los estudios inducían a pensar que, en casos como el de Joe, cada tumor podía haberse desarrollado de manera independiente. Eso parecía una coincidencia increíble, pero era algo que podía ocurrir. Los investigadores habían descubierto que el tejido situado entre los tumores de células escamosas —tejidos que por lo demás parecían normales— presentaban anomalías genéticas, incluidas mutaciones en el gen supresor tumoral $p53$. La boca y la garganta están expuestas continuamente a carcinógenos. Una célula dañada por un mutágeno generaría una progenie toda ella con el mismo defecto. Una de las células pertenecientes a esta podría recibir otro impacto y dar origen a una familia de células con una doble mutación. A su debido tiempo, conforme las células siguieran dividiéndose, se produciría un campo de células precancerosas, todas con mutaciones múltiples y cada una esperando el empujón final. Otra posibilidad es que el campo canceroso se creara en una etapa anterior del desarrollo, cuando una célula madre mutada dio lugar a una progenie de células enviadas todas a formar el revestimiento de la boca y la garganta. Desde el principio estas células compartirían las mismas anomalías: una ventaja de salida para convertirse en cancerosas. Al margen de cómo cobró existencia dicho campo, permanecería allí preparado —«una bomba de relojería», se lo denominó en un artículo— para múltiples cánceres. Así y todo, seguía resultando extraño que tantas células pudieran adquirir esa mutación final repentina —todas más o menos al mismo tiempo—, y más en alguien que no fumaba ni bebía ni mascaba betel.

Tras la conmoción inicial, Joe aceptó la noticia como un contratiempo más. Solo implicaba ampliar el objetivo de la radiación y modificar la quimioterapia. Tenía una profunda fe en Dios y sus médicos, y su mujer y sus hijas lo ayudaban a mantener la mirada puesta en el futuro. «Tengo prácticamente todo un ejército de personas rezando por mi salud y mi recuperación, de todas las culturas, todos los credos», escribió en una web creada por su familia para tener informados a los demás. «No me cabe la menor duda de que me libraré de este cáncer y volveré a la normalidad, cueste lo que cueste. Soy tan afortunado que me consta en lo más hondo de mi alma que lo derrotaré.» Sería bueno creer en Dios. Después de dos semanas de tratamiento, su paciencia se vio recompensada. «¡Buena noticia! ¡Acaba la segunda semana, y uno de los tumores ha *desaparecido*! Donde antes estaba, ahora queda solo un agujero. Los otros pronto lo seguirán.»

Su tratamiento fue tan severo como el que más. Dos veces regresó al hospital con náuseas y deshidratación a causa de una infección. Pero pasó la línea del Ecuador —nos dijo que veía ya la luz al final del túnel—, y empezó a recuperarse de la cura-

231

ción. Se sentía como no se había sentido desde hacía meses y le alegraba ver lo pronto que podía empezar a trabajar otra vez desde casa. Y entonces contrajo una neumonía, y en el hospital los médicos advirtieron una masa cerca del esófago. Podía ser simplemente mucosa, le aseguraron. Era un nuevo tumor, por supuesto. Mientras se preparaba para otras seis semanas de radioterapia y quimioterapia, apareció otro tumor en la mandíbula. Los médicos dijeron que también ese podía tratarse. «¡Magnífica noticia! —volvió a escribir Joe—. ¡Más tiempo de tratamiento, pero puede vencerse!»

Corría el mes de enero cuando oyó ese aterrador crujido mientras comía. A mediados de octubre había completado la segunda ronda del tratamiento. Durante ese tiempo agotó su baja por enfermedad. Su jefe intentó conseguir otra prórroga, pero pronto Joe se quedó en el paro. Es posible despedir a alguien porque tiene cáncer. Joe dijo que lo entendía. Estaba seguro de que recuperaría el puesto en cuanto se curara. Transcurrido algo más de un mes sintió una nueva molestia, esta vez en torno a la clavícula. «Abróchate el cinturón», dijo. El día de Acción de Gracias escribió desde el hospital: «Tengo tantas cosas que agradecer este año… Ayer me operaron, para ayudarme a respirar (retirando las células muertas que quedaron de la radiación) y para hacer una biopsia de la excrecencia de la clavícula. Buenas noticias en ambos frentes. ¡Vuelvo a respirar con normalidad! ¡Y el tumor cercano a la clavícula puede tratarse con radiación! Ahora estoy a la espera de volver a casa». Para él no existía nada que pudiese considerarse totalmente una mala noticia.

Pero entonces aparecieron más tumores, demasiados ya para la radiación. Un organismo puede resistir solo hasta un límite. «Podemos reducirlos tanto como sea posible solo con quimio —informó Joe—, pero eso no los matará. No sé si me quedan seis meses o seis años.» Eso fue el 30 de noviembre. No le quedaban ni seis semanas.

Pasó las Navidades en casa con su familia. A esas alturas la quimio le causaba tantos daños como el propio cáncer, y por tanto los médicos habían interrumpido toda la medicación excepto la necesaria para el control del dolor. Si recobraba las fuerzas, dijeron, siempre podía reanudarse el tratamiento. In-

232

tentamos creer que eso podía ocurrir realmente. Estaba aletargado y tenía convulsiones, pero justo después de Navidad despertó con la cabeza despejada y sintiéndose como no se sentía desde hacía días. Sonrió a su mujer y la cogió del brazo, la miró a los ojos y dijo: «¿Cuándo?». Acto seguido se durmió. Fue como en una película, dijo ella más tarde. Volvió a despertar y sus hijas entraron en la habitación. Todos reían juntos y él les dijo que las quería. Volvía a ser el Joe de siempre. Y sin que ellas se dieran cuenta, ya se había ido.

En su funeral, el pastor habló del misterio de la muerte, el amor que el cáncer nunca podría arrebatar, el poder de Dios para desatar y liberar. Contó que Joe le había enviado un e-mail la mañana antes de la operación. En él decía que se sentía como el comandante Adama en la serie de ciencia ficción *Galáctica, estrella de combate*. Estaba a punto de entrar para eliminar al invasor.

En mi colección de instrumentos científicos antiguos, tengo un dispositivo llamado espintariscopio, palabra que procede del término griego que significa «chispa». Parece el ocular de latón de un microscopio antiguo, y en un lado lleva grabado «W. Crookes 1903». Ese fue el año que William Crookes, el inventor, lo mostró por primera vez en una gala organizada por la Royal Society. Dudo que Crookes construyera el mío en particular: en el mercado circulan aún varios espintariscopios con el mismo grabado. Quizá se fabricó como parte de un acto conmemorativo. El tubo de latón lleva montado dentro un trozo de radio junto a un visor de sulfuro de cinc, la sustancia química fosforescente que se combinó para crear la pintura brillante que envenenó a las Chicas del Radio. Cuando el radio se desintegra, despide partículas alfa, que se registran como pequeños destellos de luz. Cada destello se debe a la desintegración del núcleo de un solo átomo de radio, y el espectáculo puede observarse a través de una lente en el otro extremo del instrumento. Causa un efecto fascinante. Crookes lo comparó a «un mar turbulento y luminoso». A veces, cuando no puedo dormir, cojo el artilugio de la mesilla de noche y observo los estallidos de luz aleatorios, esas explosiones nucleares en minia-

233

tura. Pienso en la aleatoriedad de las mutaciones que causan el cáncer, y en el hecho de que estoy sosteniendo algo radiactivo cerca de mi ojo. Las partículas alfa se hallan en el interior del instrumento y no hay riesgo alguno, pero si yo, raspando, desprendiera una pizca de radio y la ingiriera, podría morir. ¿Cómo puede ser la vida tan robusta y a la vez tan frágil?

Los destellos de los átomos en desintegración son la forma más pura de aleatoriedad. Según una ley básica de la naturaleza —la mecánica cuántica—, no hay manera de predecir cuándo se desintegrará un núcleo. Por más tiempo que uno mire en el espintariscopio y por atento que esté, nunca distinguirá un patrón. Tampoco puede averiguarse la razón por la que un átomo de radio en particular despide una partícula alfa en ese momento en concreto y no después. Dos núcleos idénticos están situados uno al lado del otro, y de pronto uno se desintegra sin razón aparente, y el segundo se queda ahí durante otros mil años. Lo único que puede predecirse es cómo se comportará una masa de radio, una población. Aproximadamente la mitad de los núcleos se desintegrará a lo largo de un periodo de dieciséis siglos. Pero nunca podremos saber cuáles.

Lo mismo ocurre con el cáncer. Dado un grupo de personas lo suficientemente numeroso, podemos predecir qué porcentaje de ellas se verán afectadas, pero no podemos saber quiénes serán. Esto no es aleatoriedad irreductible como la que se da en el interior de los átomos. Con suficiente información —demográfica, geográfica, conductual, dietética—, podemos reducir el grupo de quienes corren el mayor riesgo respecto a ciertos cánceres. En el futuro, los escáneres genómicos y proteómicos y tecnologías aún desconocidas quizá permitan estrechar aún más el grupo. Pero no podemos ir más allá de cierto punto. Si una persona en particular contrae cáncer o no, siempre será básicamente fruto del azar.

Dejo otra vez el espintariscopio en la mesilla. Es imposible apagarlo. Los destellos continúan a todas horas del día y la noche, invisibles año tras año. El propio radio continuará desintegrándose durante siglos, pero antes se desgastarán el visor de centelleo y la lente de cristal. Quizás el latón sobreviva para atraer la curiosidad de los arqueólogos como si se tratara de monedas antiguas. Imagino cuál será el aspecto de mi jardín por entonces si nadie lo cuida. Primero lo invadirán las malas hierbas, expulsando las formas de vida menos agresivas. El viento arrastrará las hojas por el patio, y estas se descompondrán lentamente para crear tierra en la que crezcan más malas hierbas. Las semillas del olmo de Siberia —el árbol invasor imposible de eliminar que se ha propagado por todo el oeste (más Echthroi de Eurasia)— se encajonarán en las grietas del cemento, reventándolo lentamente al crecer. Las grietas se ensancharán gradualmente y las raíces reptarán bajo los cimientos de mi casa y esta al final se desmoronará. Pienso en los cuadros de los museos donde se ven suntuosas ruinas romanas cubiertas de vegetación, digeridas poco a poco para convertirse de nuevo en parte de la tierra.

Dentro de mi cuerpo, diez billones de células (esos pequeños demonios de Maxwell) combaten el mismo inevitable descenso hacia la entropía. Resulta inquietante pensar que dentro de cada uno de nosotros —invisibles al ojo— ocurren tantas cosas. La célula no sabe que tiene ARN o ADN o telómeros o mitocondrias. No sabe que A se combina con T y C y G. Ni que CTG representa el aminoácido leucina, ni que GCT representa la alanina: esas cuentas moleculares ensartadas para crear las proteínas. No hay etiquetas, no hay un alfabeto genético escrito en ningún sitio. No hay instrucciones. Todo ello sencillamente funciona de algún modo. Y cuando no funciona, despotricamos contra la máquina.

Notas

*L*as direcciones poco manejables de Internet llamadas URL (por las siglas en inglés «uniform resource locater» [localizador uniforme de recursos]) nunca fueron concebidas para incluirse en un libro. Son indicaciones formuladas entre bastidores para que un ordenador responda mecánicamente al clic del ratón en un hipervínculo. Yo las he excluido de la sección de notas de las ediciones impresas de este libro. Para todos los artículos que he citado, se pueden encontrar fácilmente el resumen y a menudo el texto entero realizando una búsqueda en Internet, lo cual es mucho más fácil que teclear, letra por letra, barra por barra, la URL exacta. También se pueden localizar sin problemas las páginas web mencionadas. En el momento en que este libro fue a la imprenta se podía acceder a todas ellas. Una versión online de las notas, disponible en mi página web, talaya.net, contiene vínculos a todas las referencias, como también los incluirán las versiones electrónicas de este libro.

CAPÍTULO 1. Cáncer jurásico

21 la Ruta Prehistórica del Diamante de los Dinosaurios: Realicé mi viaje por carretera a Colorado y Utah en setiembre de 2010. Para una descripción de la Formación de Morrison y el Colorado Jurásico, véanse Ron Blakely y Wayne Ranney, *Ancient Landscapes of the Colorado Plateau* (Grand Canyon Association, Grand Canyon, Arizona, 2008); John Foster, *Jurassic West: The Dinosaurs of the Morrison Formation and Their World* (Indiana University Press, Bloomington, 2007); «Reconstructing the Ancient Earth», web de Colorado Plateau Geosystems, modificada por última vez en julio, 2011; y Ron Blakely, mensaje de correo electrónico al autor, 9 de marzo, 2012.

21 Descomunales termiteros: Stephen T. Hasiotis, «Reconnaissance of Upper Jurassic Morrison Formation Ichnofossils, Rocky Mountain Region, USA», *Sedimentary Geology* 167, n. 3-4 (15 de mayo, 2004): 177-268 (la referencia está en 222-23); y Hasiotis, mensaje de correo electrónico enviado al autor, 9 de marzo, 2012.

22 monte Dinosaur: El descubrimiento del esqueleto del *Apatosaurus* aparece descrito en dos carteles interpretativos del yacimiento.

23 captó la atención de un médico: La historia de Raymond Bunge me la contó Brian Witzke en un e-mail, 3 de agosto, 2010. Algunos detalles sobre la vida de Bunge aparecen en «Papers of Raymond Bunge: Biographical Note», 2011, Colecciones Especiales de las Bibliotecas de la Universidad de Iowa y página web de los Archivos de la Universidad.

23 **un atractivo fragmento de hueso de dinosaurio fosilizado:** Bruce M. Rothschild, Brian J. Witzke e Israel Hershkovitz, «Metastatic Cancer in the Jurassic», *Lancet* 354 (julio 1999): 398. Se obtuvieron más detalles en e-mails de Rothschild en junio 2010, octubre 2010, noviembre 2010 y julio 2011.

24 **el aspecto de piel de cebolla, en múltiples capas:** Rothschild, Witzke y Hershkovitz, «Metastatic Cancer».

25 **referencias dispersas a otros tumores de dinosaurio:** Rothschild, Witzke y Hershkovitz, «Metastatic Cancer».

26 **«Esta observación sitúa los orígenes»:** Rothschild, Witzkey Hershkovitz, «Metastatic Cancer».

26 **tumores infrecuentes que surgen de células germinales descarriadas:** Véase, por ejemplo, Naohiko Kuno *et al.*, «Mature Ovarian Cystic Teratoma with a Highly Differentiated Homunculus: A Case Report», *Birth Defects Research. Part A, Clinical and Molecular Teratology* 70, n. 1 (enero 2004): 40–46.

27 **Con un fluoroscopio portátil:** B. M. Rothschild *et al.*, «Epidemiologic Study of Tumors in Dinosaurs», *Die Naturwissenschaften* 90, n. 11 (noviembre 2003): 495–500.

27 **una camiseta con un dinosaurio estampado:** John Whitfield, «Dinosaurs Got Cancer», *Nature News* 21 (octubre 2003), publicado online 21 de octubre, 2003.

28 **quizá tuvieran la sangre más caliente que los demás:** «Epidemiologic Study of Tumors in Dinosaurs» de Rothschild cita la obra de Anusuya Chinsamy, incluido A. Chinsamy y P. Dodson, «Inside a Dinosaur Bone», *American Scientist* 83 (1995): 174–80.

29 **«momias» de *Edmontosaurus*:** Phillip L. Manning *et al.*, «Mineralized Soft-Tissue Structure and Chemistry in a Mummified Hadrosaur from the Hell Creek Formation, North Dakota (USA)», *Proceedings of the Royal Society B: Biological Sciences* 276, n. 1672 (7 de octubre, 2009): 3429–37.

29 **Rothschild se planteó las probabilidades:** L. C. Natarajan, B. M. Rothschild, *et al.*, «Bone Cancer Rates in Dinosaurs Compared with Modern Vertebrates», *Transactions of the Kansas Academy of Science* 110 (2007): 155–58.

29 **Rothschild y su mujer:** Bruce M. Rothschild y Christine Rothschild, «Comparison of Radiologic and Gross Examination for Detection of Cancer in Defleshed Skeletons», *American Journal of Physical Anthropology* 96, n. 4 (1 de abril, 1995): 357–63.

30 **las autopsias realizadas en el zoo de San Diego:** M. Effron, L. Griner y K. Benirschke, «Nature and Rate of Neoplasia Found in Captive Wild Mammals, Birds, and Reptiles at Necropsy», *Journal of the National Cancer Institute*, 59, n. 1 (julio 1977): 185–98.

31 **unos paleontólogos de Dakota del Sur:** Estaban en el Instituto de Investigación Geológica de Black Hills.

31 **una «masa extraña de materia negra»:** John Pickrell, «First Dinosaur Brain Tumor Found, Experts Suggest», *National Geographic News,* 24 de noviembre, 2003, publicado online el 28 de octubre, 2010.

31 **«Por fuerza tuvo que producirse algún suceso extraño»:** Pickrell, «First Dinosaur Brain Tumor».

31 **un cúmulo de geología de trescientos millones de años de antigüedad:** Fue entonces aproximadamente cuando se formaron las capas inferiores de la meseta, la Formación Morgan y Weber Sandstone. Véase Halka Chronic y Lucy M. Chronic, *Pages of Stone: Geology of the Grand Canyon and Plateau Country National Parks and Monuments* (Mountaineers Books, Seattle, 2004), 90. También consulté el libro de Halka Chronic *Roadside Geology of Colorado* (Mountaineers Books, Seattle, 2004); y Annabelle Foos y Joseph Hannibal, «Geology of

Dinosaur National Monument», Museo de Historia Natural de Cleveland (1999), publicado *on line* por el Servicio de Parques Nacionales. También se usaron como fuentes dos folletos escritos e ilustrados por Linda West y publicados por Nature Association (Jensen, Utah): *Journey Through Time: A Guide to the Harper's Corner Scenic Drive* (1986) y *Harper's Corner Trail* (1977).

32 **cerca de lo que sería Cleveland, Ohio:** Luigi L. Capasso, «Antiquity of Cancer», *International Journal of Cancer* 113, n. 1 (1 de enero, 2005): 2–13.

32 **la orogenia laramide:** Para una hermosa descripción, véase John McPhee, *Rising from the Plains* (Farrar, Straus and Giroux, Nueva York, 1986), 43–55.

32 **los antiguos elefantes —los mamuts— y caballos:** Capasso, «Antiquity of Cancer».

32 **La hiperostosis, o crecimiento óseo descontrolado:** Capasso, «Antiquity of Cancer»; y Raúl A Ruggiero y Oscar D Bustuoabad, «The Biological Sense of Cancer: A Hypothesis», *Theoretical Biology & Medical Modelling* 3 (2006): 43.

33 **un antiguo búfalo y un antiguo íbice:** Capasso, «Antiquity of Cancer».

33 **un cáncer en la momia de un antiguo babuino egipcio:** Alexander Haddow, «Historical Notes on Cancer from the MSS. of Louis Westenra Sambon», *Proceedings of the Royal Society of Medicine* 29, n. 9 (julio 1936): 1015–28.

33 **Incluso una sola bacteria unicelular:** Jules J. Berman, *Neoplasms: Principles of Development and Diversity* (Jones and Bartlett Publishers, Sudbury, MA, 2009), 67–69.

33 **Una bacteria llamada *Agrobacterium tumefaciens:*** M. D. Chilton *et al.*, «Stabla Incorporation of Plasmid DNA into Higher Plant Cells: The Molecular Basis of Crown Gall Tumorigenesis», *Cell* 11, n. 2 (junio 1977): 263–71.

33 **Un destacado artículo:** Philip R. White y Armin C. Braun, «A Cancerous Neoplasm of Plants. Autonomous Bacteria-Free Crown-Gall Tissue», *Cancer Research* 2, n. 9 (1942): 597–617.

33 **las células larvales pueden producir tumores invasivos:** Berman, *Neoplasms*, 69–70.

34 **la carpa, el bacalao, la raya:** Capasso, «Antiquity of Cancer».

34 **La trucha, como los humanos, contrae cáncer hepático:** Berman, *Neoplasms*, 71.

34 **los tiburones sí contraen cáncer:** Gary K. Ostrander *et al.*, «Shark Cartilage, Cancer and the Growing Threat of Pseudoscience», *Cancer Research* 64, n. 23 (1 de diciembre, 2004): 8485–91.

34 **adenoma paratiroideo en las tortugas:** Capasso, «Antiquity of Cancer».

34 **Los anfibios también son susceptibles:** Berman, *Neoplasms*, 71.

34 **una extraña variación sobre el tema:** Charles Breedis, «Induction of Accessory Limbs and of Sarcoma in the Newt (*Triturus viridescens*) with Carcinogenic Substances», *Cancer Research* 12, n. 12 (1 de diciembre, 1952): 861–66.

34 **¿Podría ser esta otra pista?:** Richmond T. Prehn, «Regeneration versus Neoplastic Growth», *Carcinogenesis* 18, n. 8 (1997):1439–44.

34 **los mamíferos contraen más cáncer que los reptiles o los peces:** Véase, por ejemplo, Effron, Griner y Benirschke, «Nature and Rate of Neoplasia».

34 **los animales domésticos desarrollan más cáncer:** Capasso, «Antiquity of Cancer».

35 **una estrecha relación entre tamaño y esperanza de vida:** Véase, por ejemplo, John R. Speakman, «Body Size, Energy Metabolism and Lifespan», *Journal of Experimental Biology* 208, n. 9 (mayo 2005): 1717–30. Para un estudio más profundo del fenómeno de las escalas, véase James H. Brown y Geoffrey B. West, *Scaling in Biology*, Santa Fe Institute Studies on the Sciences of Complexity (Oxford University Press, Nueva York, 2000).

35 **paradoja de Peto:** R. Peto *et al.*, «Cancer and Aging in Mice and Men», *British Journal of Cancer* 32, n. 4 (octubre 1975): 411–26.

35 **El misterio se planteó concisamente:** John D. Nagy, Erin M. Victor y Jenese H. Cropper, «Why Don't All Whales Have Cancer? A Novel Hypothesis Resolving Peto's Paradox», *Integrative and Comparative Biology* 47, n. 2 (2007): 317–28.

35 **unos mil millones de latidos:** Escribí sobre esto por primera vez en «Of Mice and Elephants: A Matter of Scale», *The New York Times*, 12 de enero, 1999. Para un detallado análisis, véase John K.-J. Li, «Scaling and Invariants in Cardiovascular Biology», en Brown y West, *Scaling in Biology*, 113–22.

35 **lógico que en los ratones la incidencia del cáncer sea mayor:** En cambio, la rata topo desnuda al parecer no sucumbe nunca al cáncer, posiblemente debido a su capacidad para reducir su metabolismo. También vive nueve veces más que los ratones. Véase Sitai Liang *et al.*, «Resistance to Experimental Tumorigenesis in Cells of a Long-lived Mammal, the Naked Mole-rat», *Aging Cell* 9, n. 4 (agosto 2010): 626–35. Para una descripción muy conocida de dos investigadores, véase Thomas J. Park y Rochelle Buffenstein, «Underground Supermodels», *The Scientist*, 1 de junio, 2012. Daniel Engber escribió sobre las ratas topo y el cáncer en «The Anti-Mouse», *Slate*, 18 de noviembre, 2011.

36 **Los científicos han propuesto varias razones:** Véase, por ejemplo, Anders Bredberg, «Cancer Resistance and Peto's Paradox», *Proceedings of the National Academy of Sciences* 106, n. 20 (19 de mayo, 2009): E51; y George Klein, «Reply to Bredberg: The Voice of the Whale», en la página E52.

36 **los hipertumores:** Nagy, Victor y Cropper, «Why Don't All Whales Have Cancer?»

37 **pensó que debía de existir cierta conexión:** F. Galis, «Why Do Almost All Mammals Have Seven Cervical Vertebrae? Developmental Constraints, Hox Genes, and Cancer», *The Journal of Experimental Zoology* 285, n. 1 (15 de abril, 1999): 19–26.

37 **«Los compuestos naturales de la granada»:** Estos titulares son de comunicados de prensa de la página web de la Asociación Americana de Investigación para el Cáncer.

CAPÍTULO 2. La historia de Nancy

39 **dos tercios de los casos de cáncer pueden prevenirse:** Véase, por ejemplo, World Cancer Research Fund/American Institute for Cancer Research, *Food, Nutrition, Physical Activity, and the Prevention of Cancer: A Global Perspective* (AICR, Washington, DC, 2007), xxv.

39 **el argumento... es endeble en el mejor de los casos:** Miguel A. Sanjoaquin *et al.*, «Folate Intake and Colorectal Cancer Risk: A Meta-analytical Approach», *International Journal of Cancer* 113, n. 5 (20 de febrero, 2005): 825–28; Susanna C. Larsson, Edward Giovannucci y Alicja Wolk, «Folate and Risk of Breast Cancer: A Meta-analysis», *Journal of the Instituto Nacional del Cáncer* 99, n. 1 (3 de enero, 2007): 64–76; y Jane C. Figueiredo *et al.*, «Folic Acid and Risk of Prostate Cancer: Results from a Randomized Clinical Trial», *Journal of the National Cancer Institute* 101, n. 6 (18 de marzo, 2009): 432–35.

39 **ácido fólico... puede aumentar el riesgo de cáncer:** Véase, por ejemplo, Figueiredo *et al.*, «Folic Acid and Risk of Prostate Cancer»; y Marta Ebbing *et al.*, «Cancer Incidence and Mortality After Treatment with Folic Acid and Vitamin B12», *JAMA: The Journal of the American Medical Association* 302, n. 19 (18 de noviembre, 2009): 2119–26.

40 **administrando antifolatos:** John J. McGuire, «Anticancer Antifolates: Current

Status and Future Directions», *Current Pharmaceutical Design* 9, n. 31 (2003): 2593–613.

40 **en los fármacos quimioterapéuticos más antiguos:** El pionero en esta investigación fue Sidney Farber. Véase S. Farber *et al.*, «Temporary Remissions in Acute Leukemia in Children Produced by Folic Acid Antagonist, 4-Aminopteroyl-Glutamic Acid», *New England Journal of Medicine* 238, n. 23 (3 de junio, 1948): 787–93. La historia la cuenta Siddhartha Mukherjee en su excelente libro *The Emperor of All Maladies: A Biography of Cancer* (Scribner, Nueva York, 2010), 27–36.

40 **la mitología en torno a los antioxidantes:** Rudolf I. Salganik, «The Benefits and Hazards of Antioxidants», *Journal of the American College of Nutrition* 20 (2001): 464S–72S.

40 **según una prueba clínica realizada en Finlandia:** «The Effect of Vitamin E and Beta Carotene on the Incidence of Lung Cancer and Other Cancers in Male Smokers», *New England Journal of Medicine* 330, n. 15 (14 de abril, 1994): 1029–35.

40 **En Estados Unidos una prueba similar:** Gary E. Goodman *et al.*, «The Beta-Carotene and Retinol Efficacy Trial», *Journal of the National Cancer Institute* 96, n. 23 (1 de diciembre, 2004): 1743–50.

40 **sustancias fitoquímicas:** Lee W. Wattenberg, «Chemoprophylaxis of Carcinogenesis: A Review», 1ª parte, *Cancer Research* 26, n. 7 (1 de julio, 1966): 1520–26.

41 **también a este respecto las pruebas son exiguas:** Un estudio aleatorio controlado realizado con médicos varones indicó una incidencia anual de cáncer del 1,7 por ciento de consumidores de multivitaminas en comparación con el 1,8 por ciento del grupo placebo: J. Gaziano *et al.*, «Multivitamins in the Prevention of Cancer in Men», *JAMA: The Journal of the American Medical Association* (publicado online el 17 de octubre, 2012): 1–10. Véase la sección de comentarios en el artículo para ver las referencias a otros estudios que encuentran efectos neutrales e incluso negativos.

41 **campaña «5 al día»:** «5 A Day for Better Health Program Evaluation Report: Executive Summary», página web del Instituto Nacional del Cáncer, actualizada por última vez el 1 de marzo, 2006.

41 **Las pruebas, por desgracia:** Walter C. Willett, «Fruits, Vegetables, and Cancer Prevention: Turmoil in the Produce Section», *Journal of the National Cancer Institute* 102, n. 8 (21 de abril, 2010): 510–11.

41 **aquellos con más probabilidades de ofrecerse voluntarios.** Willett, «Fruits, Vegetables, and Cancer Prevention».

42 **El mayor estudio prospectivo sobre dieta y salud:** La Investigación Prospectiva Europea del Cáncer y la Nutrición, o EPIC por sus siglas en inglés, aparece descrita en la página web de la Agencia Internacional para la Investigación del Cáncer. Para un resumen con citas de los principales hallazgos de la EPIC, véase «Diet and Cancer: the Evidence», página web de Cancer Research UK, actualizada el 25 de septiembre, 2009.

42 **un efecto mínimo:** Willett, «Fruits, Vegetables, and Cancer Prevention»; y Paolo Boffetta *et al.*, «Fruit and Vegetable Intake and Overall Cancer Risk in the European Prospective Investigation into Cancer and Nutrition», *Journal of the National Cancer Institute* 102, n. 8 (21 de abril, 2010): 529–37. No se encontró ninguna prueba de que la fruta y la verdura sirvan para prevenir el cáncer de mama (Carla H. van Gils *et al.*, «Consumption of Vegetables and Fruits and Risk of Breast Cancer», *JAMA: The Journal of the American Medical Association* 293, n. 2 [12 de enero, 2005]: 183–93) o el cáncer de próstata (Timothy J. Key *et al.*, «Fruits and Vegetables and Prostate Cancer», *International Journal of Cancer* 109, n. 1 [marzo 2004]: 119–24).

42 **posibles beneficios respecto a unos cuantos cánceres:** Véanse, por ejemplo, Anthony B. Miller *et al.*, «Fruits and Vegetables and Lung Cancer», *International Journal of Cancer* 108, n. 2 (10 de enero, 2004): 269–76; y Heiner Boeing *et al.*, «Intake of Fruits and Vegetables and Risk of Cancer of the Upper Aero-digestive Tract», *Cancer Causes & Control* 17, n. 7 (setiembre 2006): 957–69.

42 **sostenían que la fibra nutría a diversas bacterias:** Constantine Iosif Fotiadis *et al.*, «Role of Probiotics, Prebiotics and Synbiotics in Chemoprevention for Colorectal Cancer», *World Journal of Gastroenterology* 14, n. 42 (14 de noviembre, 2008): 6453–57; y Janelle C. Arthur y Christian Jobin, «The Struggle Within: Microbial Influences on Colorectal Cancer», *Inflammatory Bowel Diseases* 17, n. 1 (enero 2011): 396–409.

42 **Los argumentos a favor de la fibra pueden ser:** Véase Teresa Norat *et al.*, «The Associations Between Food, Nutrition and Physical Activity and the Risk of Colorectal Cancer», disponible junto con otros hallazgos recientes de la EPIC en la página web del Informe de la Dieta y el Cáncer de la Fundación Mundial de la Investigación del Cáncer. Véase «Continuous Update Project Report Summary. Food, Nutrition, Physical Activity, and the Prevention of Colorectal Cancer» (2011).

42 **las pruebas son controvertidas:** Los hallazgos positivos de la EPIC aparecieron publicados en Sheila A. Bingham *et al.*, «Dietary Fibre in Food and Protection Against Colorectal Cancer in the European Prospective Investigation into Cancer and Nutrition», *Lancet* 361, n. 9368 (3 de mayo, 2003): 1496–1501. Acerca de los resultados en conflicto del Estudio de Salud de Enfermeras, véanse Scott Gottlieb, «Fibre Does Not Protect Against Colon Cancer», *BMJ: British Medical Journal* 318, n. 7179 (30 de enero, 1999): 281; y C. S. Fuchs, W. C. Willett, *et al.*, «Dietary Fiber and the Risk of Colorectal Cancer and Adenoma in Women», *New England Journal of Medicine* 340, n. 3 (21 de enero, 1999): 169–76.

43 **no se descubrió prueba alguna de disminución de pólipos colorrectales:** Arthur Schatzkin *et al.*, «Lack of Effect of a Low-Fat, High-Fiber Diet on the Recurrence of Colorectal Adenomas», *New England Journal of Medicine* 342, n. 16 (20 de abril 20, 2000):1149–55. Otros estudios controlados parecidos tampoco han establecido una relación. Véanse, por ejemplo, D. S. Alberts *et al.*, «Lack of Effect of a High-fiber Cereal Supplement on the Recurrence of Colorectal Adenomas», *New England Journal of Medicine* 342, n. 16 (20 de abril, 2000): 1156–62; y Shirley A. Beresford *et al.*, «Low-fat Dietary Pattern and Risk of Colorectal Cancer», *JAMA: The Journal of the American Medical Association* 295, n. 6 (8 de febrero, 2006): 643–54.

43 **no tenía efecto en la aparición del cáncer de mama:** John P. Pierce *et al.*, «Influence of a Diet Very High in Vegetables, Fruit, and Fiber and Low in Fat on Prognosis Following Treatment for Breast Cancer», *JAMA: The Journal of the American Medical Association* 298, n. 3 (18 de julio, 2007): 289–98.

43 **las coles de Bruselas, el repollo:** B. N. Ames, M. Profet y L. S. Gold, «Nature's Chemicals and Synthetic Chemicals: Comparative Toxicology», *Proceedings of the National Academy of Sciences* 87, n. 19 (octubre 1990): 7782–86; y Bruce N. Ames, «Dietary Carcinogens and Anticarcinogens», *Science* 221, n. 4617 (23 de setiembre, 1983): 1256–64.

43 **comer mucha carne roja:** El cálculo es para una persona de cincuenta años. Véanse Teresa Norat *et al.*, «Meat, Fish, and Colorectal Cancer Risk», *Journal of the National Cancer Institute* 97, n. 12 (15 de junio, 2005): 906–16; y Doris S. M. Chan *et al.*, «Red and Processed Meat and Colorectal Cancer Incidence: Meta Analysis of Prospective Studies», *PLOS ONE* 6, n. 6 (6 de junio, 2011).

43 **de 1,28 por ciento a 1.7 por ciento:** Norat *et al.*, «Meat, Fish, and Colorectal Cancer Risk».

43 **el pescado —los aceites del pescado— y la prevención del cáncer de colon:** Para pruebas de que comer pescado previene el cáncer al fomentar la apoptosis e impedir la proliferación celular, véase Youngmi Cho *et al.*, «A Chemoprotective Fish Oil-and-Pectin-Containing Diet Temporally Alters Gene Expression Profiles in Exfoliated Rat Colonocytes Throughout Oncogenesis», *Journal of Nutrition* 141, n. 6 (1 de junio, 2011): 1029–35. Para otra perspectiva, véase Catherine H. MacLean *et al.*, «Effects of Omega-3 Fatty Acids on Cancer Risk», *JAMA: The Journal of the American Medical Association* 295, n. 4 (25 de enero, 2006): 403–15.

43 **grasas de mamíferos… ni siquiera está claro:** Ross L. Prentice *et al.*, «Low-Fat Dietary Pattern and Risk of Invasive Breast Cancer: The Women's Health Initiative Randomized Controlled Dietary Modification Trial», *JAMA: The Journal of the American Medical Association* 295, n. 6 (8 de febrero, 2006): 629–42; y Shirley A. Beresford *et al.*, «Low-Fat Dietary Pattern and Risk of Colorectal Cancer». Para un resumen, véase «The Nutrition Source: Low-Fat Diet Not a Cure-All», página web de la Facultad de Salud Pública de Harvard.

44 **el azúcar comportara un peligro mayor:** Gary Taubes, *Good Calories, Bad Calories: Fats, Carbs, and the Controversial Science of Diet and Health* (Vintage, 2008, Nueva York); y Gary Taubes, *Why We Get Fat: And What to Do About It* (Knopf, Nueva York, 2010).

44 **ha engrosado la breve lista:** Véase, por ejemplo, «AACR Cancer Progress Report», 2012, página web de la Asociación Americana para la Investigación del Cáncer.

44 **restricción calórica:** Los mecanismos son complejos e incluyen la regulación de la insulina y otros procesos celulares. Véanse Stephen D. Hursting *et al.*, «Calorie Restriction, Aging, and Cancer Prevention», *Annual Review of Medicine* 54 (febrero 2003): 131–52; D. Kritchevsky, «Caloric Restriction and Cancer», *Journal of Nutritional Science and Vitaminology* 47, n. 1 (febrero 2001): 13–19; Sjoerd G. Elias *et al.*, «Transient Caloric Restriction and Cancer Risk (The Netherlands)», *Cancer Causes & Control* 18, n. 1 (febrero 2007): 1–5; y David M. Klurfeld *et al.*, «Reduction of Enhanced Mammary Carcinogenesis in LA/N cp (Corpulent) Rats by Energy Restriction», *Proceedings of the Society for Experimental Biology and Medicine* 196, n. 4 (1 de abril, 1991): 381–84. En *Good Calories, Bad Calories* Taubes afirma que los efectos anticancerígenos revelados en los experimentos con animales no proceden de una reducción general de calorías sino de la limitación de azúcares e hidratos de carbono.

44 **una descarga de estrógenos:** Véanse, por ejemplo, Endogenous Hormones and Breast Cancer Collaborative Group, «Circulating Sex Hormones and Breast Cancer Risk Factors in Postmenopausal Women», *British Journal of Cancer* 105, n. 5 (2011): 709–22; A. Heather Eliassen *et al.*, «Endogenous Steroid Hormone Concentrations and Risk of Breast Cancer Among Premenopausal Women», *Journal of the Instituto Nacional del Cáncer* 98, n. 19 (4 de octubre, 2006): 1406–15; y Rudolf Kaaks *et al.*, «Serum Sex Steroids in Premenopausal Women and Breast Cancer Risk», *Journal of the National Cancer Institute* 97, n. 10 (18 de mayo, 2005): 755–65.

44 **la lista de los carcinógenos humanos conocidos:** Programa Nacional de Toxicología, *Report on Carcinogens*, 12ª ed. (Departamento de Sanidad y Servicios Humanos de Estados Unidos, Research Triangle Park, NC, 2011). Disponible en la página web del Programa Nacional de Toxicología.

44 **incrementándose con ello posiblemente el riesgo de cáncer de mama:** Véase, por

ejemplo, F. Clavel-Chapelon, «Differential Effects of Reproductive Factors on the Risk of Pre and Postmenopausal Breast Cancer», *British Journal of Cancer* 86, n. 5 (4 de marzo, 2002): 723–27.

44 **Algunos científicos achacan este cambio al bisfenol-A:** Véanse, por ejemplo, Kembra L. Howdeshell *et al.*, «Environmental Toxins: Exposure to Bisphenol A Advances Puberty», *Nature* 401, n. 6755 (21 de octubre, 1999): 763–64; y Laura N. Vandenberg, Ana M. Soto, *et al.*, «Bisphenol-A and the Great Divide: A Review of Controversies in the Field of Endocrine Disruption», *Endocrine Reviews* 30, n. 1 (1 de febrero, 2009): 75–95.

44 **una explicación más aceptada alude a la nutrición:** Véanse Sandra Steingraber, «The Falling Age of Puberty in U.S. Girls», agosto 2007, página web de Fundación del Cáncer de Mama, que incluye referencias a la investigación; y Sarah E. Anderson, Gerard E. Dallal y Aviva Must, «Relative Weight and Race Influence Average Age at Menarche», 1ª parte, *Pediatrics* 111, n. 4 (abril 2003): 844–50.

45 **la edad de la menarquía... ha descendido:** Steingraber, «The Falling Age of Puberty», 20.

45 **la lactancia también mantiene los estrógenos bajo control:** Véase Fundación Mundial de la Investigación del Cáncer/ Instituto Americano para la Investigación del Cáncer, *Food, Nutrition, Physical Activity, and the Prevention of Cancer,* 239–42.

45 **más ciclos menstruales que su abuela:** David Plotkin, «Good News and Bad News About Breast Cancer», *The Atlantic,* junio 1998.

27 **Las terapias hormonales... se han vinculado a algunos cánceres:** Para una perspectiva general, véanse dos informes en la página web del Instituto Nacional del Cáncer: «Menopausal Hormone Therapy and Cancer» y «Diethylstilbestrol (DES) and Cancer», ambos reseñados el 5 de diciembre, 2011.

45 **la obesidad, sobre todo en mujeres mayores:** Sabina Rinaldi *et al.*, «Anthropometric Measures, Endogenous Sex Steroids and Breast Cancer Risk in Postmenopausal Women», *International Journal of Cancer* 118, n. 11 (1 de junio, 2006): 2832–39; y Petra H. Lahmann *et al.*, «A Prospective Study of Adiposity and Postmenopausal Breast Cancer Risk», *International Journal of Cancer* 103, n. 2 (4 de noviembre, 2002): 246–52.

45 **reducir las probabilidades de que las mujeres premenopáusicas contraigan cáncer de mama:** Kaaks *et al.*, «Serum Sex Steroids in Premenopausal Women and Breast Cancer Risk». Véanse también Elisabete Weiderpass *et al.*, «A Prospective Study of Body Size in Different Periods of Life and Risk of Premenopausal Breast Cancer», *Cancer Epidemiology, Biomarkers & Prevention* 13, n. 7 (julio 2004): 1121–27; y L. J. Vatten y S. Kvinnsland, «Prospective Study of Height, Body Mass Index and Risk of Breast Cancer», *Acta Oncologica* 31, n. 2 (1992): 195–200.

45 **los anticonceptivos orales eleven las probabilidades:** «Oral Contraceptives and Cancer Risk», Instituto Nacional del Cáncer, reseñado en 21 de marzo, 2012.

45 **El alcohol... el cáncer del aparato digestivo:** Las pruebas de cáncer de esófago, hígado y otros cánceres se analizan en Vincenzo Bagnardi *et al.*, «Alcohol Consumption and the Risk of Cancer: A Meta-Analysis», *Alcohol Research and Health: The Journal of the National Institute on Alcohol Abuse and Alcoholism* 25, n. 4 (2001): 263–70.

45 **el riesgo derivado de los virus de la hepatitis:** Heather M. Colvin y Abigail E. Mitchell, eds., *Hepatitis and Liver Cancer* (The National Academies Press, Washington, DC, 2010), 29–30.

45 **una exposición prolongada a la aflatoxina:** Véase, por ejemplo, P. E. Jackson y J.

D. Groopman, «Aflatoxin and Liver Cancer», *Clinical Gastroenterology* 13, n. 4 (diciembre 1999): 545-55.

45 **Consumir dos o tres copas diarias:** Wendy Y. Chen, Walter C. Willett, *et al.*, «Moderate Alcohol Consumption During Adult Life, Drinking Patterns, and Breast Cancer Risk», *JAMA: The Journal of the American Medical Association* 306, n. 17 (2 de noviembre, 2011): 1884-90.

45 **Las probabilidades de que una mujer entre 40 y 49:** «Risk of Developing Breast Cancer», página web de Breastcancer.org, modificada por última vez el 14 de marzo, 2012.

46 **Incluso la estatura es un factor de riesgo:** Jane Green *et al.*, «Height and Cancer Incidence in the Million Women Study», *Lancet Oncology* 12, n. 8 (agosto 2011): 785-94.

46 **aldeanos de Ecuador que padecen una forma de enanismo:** Jaime Guevara-Aguirre *et al.*, «Growth Hormone Receptor Deficiency Is Associated with a Major Reduction in Pro-Aging Signaling, Cancer, and Diabetes in Humans», *Science Translational Medicine* 3, n. 70 (16 de febrero, 2011): 70ra13; y Mitch Leslie, «Growth Defect Blocks Cancer and Diabetes», *Science* 331, n. 6019 (18 de febrero, 2011): 837.

46 **se mide no en pequeños porcentajes:** Véanse, por ejemplo, las clasificaciones en el Índice de Riesgo de Cáncer de Harvard, descritas en G. A. Colditz *et al.*, «Harvard Report on Cancer Prevention Volume 4: Harvard Cancer Risk Index», *Cancer Causes & Control* 11, n. 6 (julio, 2000): 477-88.

46 **factores entre diez y veinte:** Según la «Hoja informativa sobre el cáncer de pulmón», los hombres fumadores tienen una probabilidad veintitrés veces mayor de contraer cáncer de pulmón, y las mujeres trece veces mayor, en comparación con las personas que no han fumado nunca (página web de la Asociación Americana del Pulmón, noviembre 2010).

46 **la cifra se acerca a uno entre ocho:** Rebecca Goldin, «Lung Cancer Rates: What's Your Risk?» 8 de marzo, 2006, página web de Investigación del Servicio de Evaluación Estadística Investigación (STATS, por su sigla en inglés), Universidad George Mason.

46 **la herramienta online para la predicción del cáncer del Memorial Sloan-Kettering:** Véase «Cancer Care/Prediction Tools» en la página web del Sloan-Kettering.

47 **una décima parte del riesgo:** «Summary Report: Analysis of Exposure and Risks to the Public from Radionuclides and Chemicals Released by the Cerro Grande Fire at Los Alamos June 12, 2002», Departamento del Medio Ambiente de Nuevo México, Corporación de Evaluación de Riesgos, informe n. 5-NMED-2002-FINAL, página web de la Corporación de Evaluación de Riesgos.

48 **pruebas, débiles y contradictorias:** «Vitamin D and Cancer Prevention: Strengths and Limits of the Evidence», página web del Instituto Nacional del Cáncer, reseñado el 16 de junio, 2010; y Cindy D. Davis, «Vitamin D and Cancer: Current Dilemmas and Future Research Needs», *American Journal of Clinical Nutrition* 88, n. 2 (agosto 2008): 565S-69S.

48 **entre los fumadores varones finlandeses:** Rachael Z. Stolzenberg-Solomon *et al.*, «A Prospective Nested Case-control Study of Vitamin D Status and Pancreatic Cancer Risk in Male Smokers», *Cancer Research* 66, n. 20 (15 de octubre, 2006): 10213-19.

48 **un lejano segundo puesto:** Departamento de Radiación y Aire en Espacios Interiores, *EPA Assessment of Risks from Radon in Homes* (Agencia de Protección Medioambiental de Estados Unidos, Washington, DC, junio 2003), página web de EPA; y «WHO Handbook on Indoor Radon: a Public Health Perspective» (Orga-

nización Mundial de la Salud, Ginebra, setiembre, 2009), página web de la OMS.

48 **siete entre mil:** Departamento de Radiación y Aire en Espacios Interiores, *EPA Assessment of Risks*, apéndice D, 82. La cifra que dan es, más exactamente, 73 de 10.000.

48 **una exposición continua:** Escarbando un poco, se puede comprobar que los cálculos parten del supuesto de que uno pasa el 70 por ciento del tiempo entre cuatro paredes. Departamento de Radiación y Aire en Espacios Interiores, *EPA Assessment of Risks*, 7, 44.

49 **un artista residente en los alrededores informó:** Harry Otway y Jon Johnson, «A History of the Working Group to Address Los Alamos Community Health Concerns», Laboratorio Nacional de Los Álamos, enero, 2000, disponible en la página web del Departmento de Energía de Estados Unidos, Oficina de Información Técnica y Científica.

49 **El departamento de sanidad del estado llevó a cabo una investigación:** William F. Athas y Charles R. Key, «Los Alamos Cancer Rate Study: Phase I», Departamento de Sanidad de Nuevo México y Registro de Tumores de Nuevo México, Centro de Cáncer de la Universidad de Nuevo México, marzo, 1993 (publicado en la página web de los Servicios de Ciencias de la Salud de la UNM); y William F. Athas, «Investigation of Excess Thyroid Cancer Incidence in Los Alamos County», División de Epidemiología, Evaluación y Planificación, Departamento de Sanidad de Nuevo México, abril, 1996. Disponible en la página web del Departamento de Energía.

49 **el efecto del «tirador de Texas»:** El término lo acuñó a mediados de la década de 1970 el epidemiólogo Seymour Grufferman cuando investigaba un *cluster* del linfoma de Hodgkin declarado en Long Island, Nueva York. Mensaje de correo electrónico al autor, 10 de junio, 2012. Véanse asimismo S. Grufferman, «Clustering and Aggregation of Exposures in Hodgkin's Disease», *Cancer* 39 (1977): 1829–33; K. J. Rothman, «A Sobering Start for the Cluster Busters' Conference», *American Journal of Epidemiology* 132, n. 1 supl. (julio, 1990): S6–13; y Atul Gawande, «The Cancer-Cluster Myth», *The New Yorker, 8 de febrero, 1999.*

49 **contaminación radiactiva o química perjudicial:** Agencia para Sustancias Tóxicas y Registro de Enfermedades, «Public Health Assessment for Los Alamos National Laboratory», 8 de setiembre, 2006, disponible en la página web del Departamento de Sanidad y Servicios Humanos de Estados Unidos, Agencia para Sustancias Tóxicas y Registro de Enfermedades.

50 **el *cluster* de cáncer de Long Island:** «Report to the U.S. Congress: The Long Island Breast Cancer Study Project» (Departamento de Sanidad y Servicios Humanos, Washington, DC, noviembre, 2004). Hay un resumen de los hallazgos en Deborah M. Winn, «Science and Society: The Long Island Breast Cancer Study Project», *Nature Reviews Cancer* 5, n. 12 (diciembre, 2005): 986–94; y Renee Twombly, «Long Island Study Finds No Link Between Pollutants and Breast Cancer», *Journal of the National Cancer Institute* 94, n. 18 (2002): 1348–51.

50 **«una forma de control demográfico»:** Patricia Braus, «Why Does Cancer Cluster?» *American Demographics,* marzo 1996.

50 **la media de edad para el diagnóstico del cáncer de mama:** «SEER Stat Fact Sheets: Breast», Instituto Nacional del Cáncer, página web de Vigilancia, Epidemiología y Resultados Finales.

51 **«existe una relación con el medio ambiente»:** Braus, «Why Does Cancer Cluster?».

57 **informarme sobre cómo podía haber sucedido eso:** Mi primera parada fue Robert A. Weinberg, «How Cancer Arises», *Scientific American* 275, n. 3 (setiembre 1996): 62–70.

CAPÍTULO 3. Los consuelos de la antropología

60 **Cuando Louis Leakey se sentó a explicar:** Dio al menos tres versiones de la historia: L. S. B. Leakey, *The Stone Age Races of Kenya* (Oxford University Press, Londres, 1935), 10–11; Leakey, *By the Evidence* (Harcourt Brace Jovanovich, Nueva York, 1974), 20–22, 35–36; y Leakey, *Adam's Ancestors* (Methuen & Co., Londres, 1934), 202–3. También me remití a Virginia Morell, *Ancestral Passions: The Leakey Family and the Quest for Humankind's Beginnings* (Simon & Schuster, Nueva York, 1995), 65–71, 80–93.

60 **depositados... en el pleistoceno inferior:** Morell, *Ancestral Passions*, 85.

61 **«no solo el fragmento humano más antiguo conocido»:** Leakey, *Stone Age Races*, 9.

61 **el hombre de Java y el hombre de Pekín:** Todavía no se había destapado el fraude del hombre de Piltdown.

61 **Según uno de sus detractores:** P. G. H. Boswell, «Human Remains from Kanam and Kanjera, Kenya Colony», *Nature* 135, n. 3410 (9 de marzo, 1935): 371. Morell describe la polémica, incluidos ciertos errores en las pruebas realizadas por Leakey, en *Ancestral Passions*, 69, 80–93. Para una corrosiva interpretación de lo sucedido, véase Martin Pickford, *Louis S. B. Leakey: Beyond the Evidence* (Janus Publishing Company, Londres, 1997). Pickford y la familia Leakey eran enemigos enconados (Declan Butler, «The Battle of Tugen Hills», *Nature* 410, n. 6828 [29 de marzo, 2001]: 508–9), y quizá sea difícil separar la ciencia de la política. Pickford también es coautor (con Eustace Gitonga) de un libro sobre el hijo de Louis Leakey titulado *Richard E. Leakey: Master of Deceit* (White Elephant Publishers, Nairobi, 1995).

61 **un pariente más lejano como el *Australopithecus*:** Kenneth P. Oakley, «The Kanam Jaw», *Nature* 185, n. 4717 (26 de marzo, 1960): 945–46.

61 **el hombre de Neanderthal:** Phillip V. Tobias, «The Kanam Jaw», *Nature* 185, n. 4717 (26 de marzo, 1960): 946–47.

61 **u *Homo habilis:*** Ese fue el cálculo de David Pilbeam, del antropólogo de Harvard, quien dijo a Morell que el fósil podía tener hasta dos o más millones de años (*Ancestral Passions*, 9, nota 11). Lo confirmó en un mensaje de correo electrónico dirigido a mí, 30 de abril, 2012.

61 **otros han acabado creyendo:** En «A Reconsideration of the Date of the Kanam Jaw», *Journal of Archaeological Science* 2, n. 2 (junio, 1975): 151–52, Kenneth P. Oakley postuló la teoría de que el fósil «posiblemente estaba incrustado en un bloque de piedra caliza superficial del pleistoceno medio que, por efecto de una falla, cayó en una fisura y penetró en los Lechos de Kanam más antiguos». Tim White, antropólogo de Berkeley, llegó a la conclusión de que la mandíbula es probablemente del pleistoceno superior. Véase Eric Delson *et al.*, eds., *Encyclopedia of Human Evolution and Prehistory* (Garland, Nueva York, 2000), 739.

61 **no más allá de los 700.000 años de antigüedad:** Mensaje de correo electrónico al autor, 7 de mayo, 2012, de Richard Potts, director del Programa de Orígenes Humanos en el Museo Nacional de Historia Natural de la Smithsonian Institution en Washington.

61 **limpiando cuidadosamente el espécimen:** Leakey, *By the Evidence*, 20–22.

62 **diagnosticó un sarcoma óseo:** J. W. P. Lawrence, Esq., «A Note on the Pathology of the Kanam Mandible», en Leakey, *Stone Age Races of Kenya*, apéndice A, 139.

62 **Se apreciaba asimismo una tenue fractura:** Para una descripción de los detalles anatómicos del hombre de Kanam, véase Leakey, *Stone Age Races*, 19–23.

62 **imposible saber cómo fue en su día el mentón del hombre de Kanam:** M. F. Ashley Montagu, «The Chin of the Kanam Mandible», *American Anthropologist* 59, n. 2 (1 de abril, 1957): 335–38.

62 **Otro antropólogo discrepó:** Tobias, «The Kanam Jaw».

62 **otra forma de cáncer totalmente distinta:** G. Stathopoulos, «Letter: Kanam Mandible's Tumour», *Lancet* 305, n. 7899 (18 de enero, 1975): 165.

63 **Otros no estaban tan seguros:** A. T. Sandison, «Kanam Mandible's Tumour», *Lancet* 305, n. 7901 (1 de febrero, 1975): 279.

63 **Brothwell... determinó:** Don Brothwell y A. T. Sandison, *Diseases in Antiquity: A Survey of the Diseases, Injuries and Surgery of Early Populations* (Charles C. Thomas, Springfield, IL, 1967), 330.

63 **examinaron la mandíbula con un microscopio electrónico:** J. Phelan, T. G. Bromage, *et al.*, «Diagnosis of the Pathology of the Kanam Mandible», *Oral Surgery, Oral Medicine, Oral Pathology, Oral Radiology and Endodontology* 103, n. 4 (abril, 2007): e20.

63 **el «hueso se descontrolara»:** Timothy Bromage, mensaje de correo electrónico enviado al autor, 1 de julio, 2010.

63 **«perezoso gigante»:** Los detalles proceden de un cartel en el museo. Lo visité en mayo de 2011.

64 **Leaky había realizado una incisión:** Informó de que «se cortó una sección en la mandíbula, en la zona del primer molar» (*Stone Age Races*, 2). También menciona radiografías.

65 **un reducido grupo de oncólogos griegos y egipcios:** Spiro Retsas, ed., *Palaeo-Oncology: The Antiquity of Cancer*, 5ª ed. (Farrand Press, Londres, 1986), 7–9.

65 **«Del mismo modo que el cangrejo está provisto de pinzas»:** Alexander Haddow, «Historical Notes on Cancer from the MSS. of Louis Westenra Sambon», *Proceedings of the Royal Society of Medicine* 29, n. 9 (julio, 1936): 1015–28.

66 **«porque se adhiere con gran tenacidad»:** Haddow, «Historical Notes on Cancer», 24.

66 **«Se adhiere al cuerpo de un cangrejo joven»:** Haddow, «Historical Notes on Cancer», 25.

67 **colocando encima un cangrejo vivo:** Haddow, «Historical Notes on Cancer», 28.

67 **«Con tratamiento no tardan en morir»:** Retsas, *Palaeo-Oncology*, 45.

67 **una categoría de excrecencia llamada *praeter naturam*:** Erwin H. Ackerknecht, «Historical Notes on Cancer», *Medical History* 2, n. 2 (abril, 1958): 114–19.

67 **«un tumor maligno y endurecido»:** Retsas, *Palaeo-Oncology*, 46.

67 **«Hemos curado el cáncer en su primera fase»:** Retsas, *Palaeo-Oncology*, 49.

67 **«Cuando un cáncer se ha prolongado durante mucho tiempo»:** L. Weiss, «Metastasis of Cancer: A Conceptual History from Antiquity to the 1990s; Part 2: Early Concepts of Cancer», *Cancer Metastasis Reviews* 19, ns. 3–4 (2000): i-xi, 205–17.

67 **se diagnostica en personas mayores de 55 años:** «Cancer Facts & Figures 2012», página web de la Sociedad Americana del Cáncer.

67 **situada entre los treinta y los cuarenta años:** Para una discusión acerca de las dificultades para calcular la longevidad en el pasado, véase J. R. Wilmoth, «Demography of Longevity: Past, Present, and Future Trends», *Experimental Gerontology* 35, ns. 9–10 (diciembre, 2000): 1111–29.

68 **del esqueleto sajón cuyo fémur tumoroso:** Brothwell y Sandison, *Diseases in Antiquity*, 331 y 339, figura 11b.

68 **analizar los huesos:** Una de cada 100.000 personas contrae osteosarcoma. Véase Lisa Mirabello, Rebecca J. Troisi, y Sharon A. Savage, «Osteosarcoma Incidence and Survival Rates from 1973 to 2004: Data from the Surveillance, Epidemiology, and End Results Program», *Cancer* 115, n. 7 (1 de abril, 2009): 1531–43.

68 **un hombre de la Edad del Hierro en Suiza y un visigodo del siglo v en España:** Edward C. Halperin, «Paleo-oncology: The Role of Ancient Remains in the

Study of Cancer», *Perspectives in Biology and Medicine* 47, n. 1 (2004): 1–14; Brothwell y Sandison, *Diseases in Antiquity,* 331; y Arthur C. Aufderheide y Conrado Rodriguez-Martin, *The Cambridge Encyclopedia of Human Paleopathology* (Cambridge University Press, Cambridge, 1998), 379.

68 **un cementerio medieval de la Selva Negra:** K. W. Alt *et al.,* «Infant Osteosarcoma», *International Journal of Osteoarchaeology* 12, n. 6 (24 de diciembre, 2002): 442–48.

69 **«una muerte dolorosa»:** Alt *et al.,* «Infant Osteosarcoma», 447.

69 **«El gran tamaño del tumor»:** Eugen Strouhal, «Ancient Egyptian Case of Carcinoma», *Bulletin of the New York Academy of Medicine* 54, n. 3 (marzo, 1978): 290–302.

69 **Se encontraron rastros en el cráneo:** Kurt W. Alt y Claus-Peter Adler, «Multiple Myeloma in an Early Medieval Skeleton», *International Journal of Osteoarchaeology* 2, n. 3 (23 de mayo, 2005): 205–9; y C. Cattaneo *et al.,* «Immunological Diagnosis of Multiple Myeloma in a Medieval Bone», *International Journal of Osteoarchaeology* 4, n. 1 (27 de mayo, 2005): 1–2.

70 **La mayoría de los cánceres esqueléticos proceden de metástasis:** Tony Waldron, «What Was the Prevalence of Malignant Disease in the Past?» *International Journal of Osteoarchaeology* 6, n. 5 (1 de diciembre, 1996): 463–70.

70 **descubierto en tumbas egipcias:** Eugen Strouhal, «Tumors in the Remains of Ancient Egyptians», *American Journal of Physical Anthropology* 45, n. 3 (1 de noviembre, 1976): 613–20.

70 **en una necrópolis portuguesa:** S. Assis y S. Codinha, «Metastatic Carcinoma in a 14th–19th Century Skeleton from Constância (Portugal)», *International Journal of Osteoarchaeology* 20, n. 5 (1 de setiembre, 2010): 603–20.

70 **del valle del río Tennessee:** Maria Ostendorf Smith, «A Probable Case of Metastatic Carcinoma from the Late Prehistoric Eastern Tennessee River Valley», *International Journal of Osteoarchaeology* 12, n. 4 (1 de julio, 2002): 235–47.

70 **en los huesos de un leproso hallados en un cementerio medieval de Inglaterra:** Donald J. Ortner, Keith Manchester y Frances Lee, «Metastatic Carcinoma in a Leper Skeleton from a Medieval Cemetery in Chichester, England», *International Journal of Osteoarchaeology* 1, n. 2 (1 de junio, 1991): 91–98.

70 **cerca de la Torre de Londres:** M. Melikian, «A Case of Metastatic Carcinoma from 18th Century London», *International Journal of Osteoarchaeology* 16, n. 2 (1 de marzo, 2006): 138–44.

70 **excavaron un túmulo funerario de 2.700 años de antigüedad:** Se describen detalles del descubrimiento en la página web del Instituto Arqueológico Alemán: «Complete Excavation of the Kurgan Arzhan 2 including an Undisturbed Royal Grave (late 7th century B.C.)». La página web del State Hermitage Museum de San Petersburgo incluye más información: «Restoration and Reconstruction of the Arzhan-2 Complex of Artifacts». Describí más brevemente este caso y otros en «Trying to Estimate Cancer Rates in Ancient Times», *The New York Times,* 27 de diciembre, 2010.

70 **tenía el esqueleto infestado de tumores:** Michael Schultz *et al.,* «Oldest Known Case of Metastasizing Prostate Carcinoma Diagnosed in the Skeleton of a 2,700-year-old Scythian King from Arzhan (Siberia, Russia)», *International Journal of Cancer* 121, n. 12 (15 de diciembre, 2007): 2591–95.

71 **la pelvis parcialmente incinerada de un romano del siglo I:** G. Grévin, R. Lagier y C. A. Baud, «Metastatic Carcinoma of Presumed Prostatic Origin in Cremated Bones from the First Century A.D»., *Virchows Archiv: An International Journal of Pathology* 431, n. 3 (setiembre, 1997): 211–14.

71 **un esqueleto de un cementerio de Canterbury del siglo XIV:** T. Anderson, J. Wakely y A. Carter, «Medieval Example of Metastatic Carcinoma: A Dry Bone, Radiological, and SEM Study», *American Journal of Physical Anthropology* 89, n. 3 (noviembre 1992): 309–23.

71 **osteoblástico... osteolítico:** Waldron, «What Was the Prevalence?»

71 **muestran un apetito más voraz:** Tony Waldron, *Palaeopathology* (Cambridge University Press, Cambridge, 2009), 185.

71 **Una mujer de mediana edad con lesiones osteolíticas:** M. J. Allison *et al.*, «Metastatic Tumor of Bone in a Tiahuanaco Female», *Bulletin of the New York Academy of Medicine* 56, n. 6 (1980): 581–87.

71 **un cazador-recolector del holoceno tardío:** L. H. Luna *et al.*, «A Case of Multiple Metastasis in Late Holocene Hunter-gatherers from the Argentine Pampean Region», *International Journal of Osteoarchaeology* 18, n. 5 (14 de noviembre, 2007): 492–506.

71 **Como el 90 por ciento de los cánceres humanos:** «Cancer Overview», página web del Stanford School of Medicine Cancer Institute.

72 **En los niños...solo una pequeña proporción de los cánceres son carcinomas:** «Disease Information», página web del St. Jude Children's Research Hospital.

72 **a menudo debieron de pasar primero al pulmón o al hígado:** «Metastatic Cancer», página web del Instituto Nacional del Cáncer, revisada el 23 de mayo, 2011. El cáncer de próstata se expande al hueso, pero probablemente se daba con menos frecuencia cuando la expectativa de vida era más corta.

72 **«hinchazones» y «corrosiones»:** Véase, por ejemplo, Margaret M. Olszewski, «Concepts of Cancer from Antiquity to the Nineteenth Century», *University of Toronto Medical Journal* 87, n. 3 (mayo, 2010); y Retsas, *Palaeo-Oncology*, 36.

72 **Se confirmó un carcinoma rectal en una momia de 1.600 años de antigüedad:** A. Rosalie David y Michael R. Zimmerman, «Cancer: An Old Disease, a New Disease or Something in Between?» *Nature Reviews Cancer* 10, n. 10 (octubre, 2010): 728–33.

72 **se le diagnosticó un cáncer de vejiga:** Michael R. Zimmerman y Arthur C. Aufderheide, «Seven Mummies of the Dakhleh Oasis, Egypt: Seventeen Diagnoses», *Paleopathology Newsletter* 150 (junio 2010): 16–23.

72 **en la cara de un niño chileno:** David y Zimmerman, «Cancer: An Old Disease, a New Disease?»

72 **nueve momias incas precolombinas:** Oscar B. Urteaga y George T. Pack, «On the Antiquity of Melanoma», *Cancer* 19, n. 5 (1 de mayo, 1966): 607–10.

72 **Al preparar a un faraón:** Leonard Weiss, «Observations on the Antiquity of Cancer and Metastasis», *Cancer and Metastasis Reviews* 19, ns. 3–4 (diciembre, 2000): 193–204.

73 **los tumores embalsamados pueden sobrevivir:** M. R. Zimmerman, «An Experimental Study of Mummification Pertinent to the Antiquity of Cancer», *Cancer* 40 (1977): 1358–62. En un experimento, se secó y luego se volvió a hidratar un hígado extraído de un paciente con un carcinoma metastásico. Zimmerman observó que «los rasgos del cáncer (núcleos grandes, oscuros y muy variables e invasión del tejido circundante) se conservan bien mediante la momificación y que de hecho los tumores momificados se conservan mejor que el tejido normal». Mensaje de correo electrónico al autor, 11 de noviembre, 2010.

73 **Fernando I de Aragón:** El rey también era obeso y sus huesos contenían plomo y zinc. Véanse Gino Fornaciari *et al.*, «K-ras Mutation in the Tumour of King Ferrante I of Aragon (1431–94) and Environmental Mutagens at the Aragonese Court of Naples», *International Journal of Osteoarchaeology* 9, n. 5 (6 de octubre, 1999): 302–6; Antonio Marzoetti, Gino Fornaciari, *et al.*, «K-

RAS Mutation in the Tumour of Ferrante I of Aragon, King of Naples», *Lancet* 347, n. 9010 (mayo 1996): 1272; y Laura Ottini, Gino Fornaciari, *et al.*, «Gene-Environment Interactions in the Pre-Industrial Era: The Cancer of King Ferrante I of Aragon (1431–1494)», *Human Pathology* 42, n. 3 (marzo, 2011): 332–39.

73 **conté unos doscientos casos de supuesto cáncer:** Empecé con 176 ejemplos presentados por Strouhal en lo que llamó el Viejo Mundo (referencia en A. Sefcáková, E. Strouhal, *et al.*, «Case of Metastatic Carcinoma from End of the 8th–early 9th Century Slovakia», *American Journal of Physical Anthropology* 116, n. 3 [noviembre 2001]: 216–29) y luego añadí casos y más casos del Nuevo Mundo descubiertos después de publicarse el artículo.

73 **descubiertas por casualidad:** Strouhal lo comenta en «Tumors in the Remains of Ancient Egyptians».

73 **los cambios tafonómicos:** Waldron, *Palaeopathology*, 21–23; Weiss, «Observations on the Antiquity of Cancer and Metastasis»; y E. Strouhal, «Malignant Tumors in the Old World», *Paleopathology Newsletter* n. 85, supl. (1994): 1–6.

73 **pseudopatología:** Aufderheide y Rodriguez-Martin, *Cambridge Encyclopedia of Human Paleopathology*, 11–18.

73 **muy poca constancia de pruebas:** En *Diseases in Antiquity*, Brothwell postula que «en el pasado se ha dado excesiva importancia a la escasez de tumores, hecho que por sí solo puede haber limitado una investigación detallada». Véase su capítulo «The Evidence for Neoplasms», 320–45. Véase asimismo Waldron, «What Was the Prevalence?»

73 **aparezcan en ciertos huesos:** Waldron, *Palaeopathology*, 185.

73 **Con la esperanza de abrirse camino entre la incertidumbre:** Waldron, «What Was the Prevalence?»

74 **entre el 0 y el 2 por ciento para los hombres y el 4 y el 7 por ciento para las mujeres:** Véase figura 1 de Waldron, «What Was the Prevalence?» Las cifras eran más elevadas en las mujeres debido al cáncer de útero y de mama. En el siguiente siglo predominaría el cáncer en los hombres debido al tabaco y al cáncer de pulmón.

74 **El siguiente paso:** Andreas G. Nerlich *et al.*, «Malignant Tumors in Two Ancient Populations: An Approach to Historical Tumor Epidemiology», *Oncology Reports* 16, n. 1 (julio, 2006): 197–202.

75 **un artículo que acababa de aparecer:** David y Zimmerman, «Cancer: An Old Disease, a New Disease?»

75 **En un comunicado de prensa de su universidad:** «Scientists Suggest that Cancer Is Man-made», página web de la Universidad de Manchester, 14 de octubre, 2010.

76 **algunos interpretan la cifra en términos absolutos:** Véanse, por ejemplo, Luigi L. Capasso, «Antiquity of Cancer», *International Journal of Cancer* 113, n. 1 (1 de enero, 2005): 2–13; y M. S. Micozzi, «Diseases in Antiquity: The Case of Cancer», *Archives of Pathology and Laboratory Medicine* 115 (1991): 838–44.

76 **el número total de esqueletos antiguos y prehistóricos:** Los antropólogos a los que se lo pedí fueron Anne L. Grauer, presidenta de la Asociación de Paleopatología y antropóloga de la Universidad Loyola en Chicago; Heather J. H. Edgar, conservadora de osteología humana en el Museo de Antropología Maxwell en la Universidad de Nuevo México, y Tim D. White, profesor de biología integrativa en la Universidad de California, Berkeley.

77 **Un demógrafo... hizo un cálculo aproximado:** Carl Haub, «How Many People Have Ever Lived on Earth?», octubre, 2011, página web del Departamento de Referencia Demográfica.

Capítulo 4. La invasión de los ladrones de cuerpos

78 **«reumatismo y desfallecimiento»:** T. R. Ashworth, «A Case of Cancer in Which Cells Similar to Those in the Tumours Were Seen in the Blood After Death», *Australian Medical Journal* 14 (1869): 146–47.

79 **la secreción de «jugos mórbidos»:** L. Weiss, «Concepts of Metastasis», *Cancer and Metastasis Reviews* 19 (2000): 219–34, que es la tercera parte de un artículo más extenso, «Metastasis of Cancer: A Conceptual History from Antiquity to the 1990s», 193–400. También me basé en otros dos artículos de Weiss en el mismo número: «Observations on the Antiquity of Cancer and Metastasis» (193–204) y «Early Concepts of Cancer» (205–17). Otras fuentes sobre la historia de la interpretación celular del cáncer incluyen James Stuart Olson, *The History of Cancer: An Annotated Bibliography* (Greenwood Press, Nueva York, 1989); Erwin H. Ackerknecht, «Historical Notes on Cancer», *Medical History* 2, n. 2 (abril 1958): 114–19; Margaret M. Olszewski, «Concepts of Cancer from Antiquity to the Nineteenth Century», *University of Toronto Medical Journal* 87, n. 3 (mayo, 2010); y W. I. B. Onuigbo, «The Paradox of Virchow's Views on Cancer Metastasis», *Bulletin of the History of Medicine* 34 (1962): 444–49. Otro valioso recurso fue Jacob Wolff, *The Science of Cancerous Disease from Earliest Times to the Present*, publicado por primera vez en 1907. Lo tradujo del alemán Barbara Ayoub y lo volvió a publicar en 1989 Science History Publications y National Library of Medicine.

79 **«afecciones metastásicas»:** Weiss, «Early Concepts of Cancer».

79 **idea que se transmitió a través de Galeno:** Ackerknecht, «Historical Notes».

79 **Descartes vio una conexión:** Ackerknecht, «Historical Notes».

79 **Un cirujano parisino:** Weiss, «Concepts of Metastasis».

80 **viajaban por las paredes de los vasos linfáticos:** Weiss, «Concepts of Metastasis».

80 **incluso el sistema nervioso:** Weiss, «Concepts of Metastasis».

80 **la lepra y la elefantiasis:** Ackerknecht, «Historical Notes».

80 **«jugo del cáncer»:** Ackerknecht, «Historical Notes».

80 **la resolución de sus microscopios no bastaba:** Wolff, *Science of Cancerous Disease*, 101–3.

80 **En un libro publicado en 1838:** Existe una versión inglesa traducida por Charles West con el título *On the Nature and Structural Characteristics of Cancer, and Those Morbid Growths Which May Be Confounded with It* (Sherwood, Gilbert, and Piper, Londres, 1840). Para un extracto véase Johannes Müller, «On the Nature and Structural Characteristics of Cancer: General Observations on the Minute Structure of Morbid Growths», *CA: A Cancer Journal for Clinicians* 23, n. 5 (30 de diciembre, 2008): 307–12.

80 **un fluido primitivo llamado blastema:** Las ideas de Müller aparecen resumidas en Wolff, *Science of Cancerous Disease*, 108; y Olszewski, «Concepts of Cancer».

80 **Virchow, dio el siguiente paso:** Ackerknecht, «Historical Notes».

80 **«una diseminación de células»:** Onuigbo, «The Paradox of Virchow's Views».

80 **todo cáncer procedía del tejido conectivo:** Ackerknecht, «Historical Notes».

80 **Thiersch contribuyó a desacreditar esa idea:** Ackerknecht, «Historical Notes».

81 **«El cáncer es incurable»:** Citado en Weiss, «Early Concepts of Cancer».

81 **la respuesta no está del todo clara:** Robert A. Weinberg, *The Biology of Cancer* (Garland Science, Nueva York, 2007), 593–94.

81 **Abarcan 3.914 páginas:** Wolff, *Science of Cancerous Disease*, ix.

81 **«puede desear o no comparar»:** La introducción es del historiador médico Saul Jarcho, MD.

82 **«Cuando una planta echa semillas»:** S. Paget, «The Distribution of Secondary Growths in Cancer of the Breast», *Lancet* 133, n. 3421 (1889): 571–73. Se publicó de nuevo con el título «Stephen Paget's Paper Reproduced from The Lancet, 1889», *Cancer and Metastasis Reviews* 8, n. 2 (1989): 98–101.

82 **pronto sería invadido:** Weinberg, *Biology of Cancer*, 636.

82 **derechas al cerebro:** «Metastatic Brain Tumor», publicado online por la Biblioteca Nacional de Medicina, página web de Medline Plus.

82 **Ian Hart y Isaiah Fidler:** Su artículo es «Role of Organ Selectivity in the Determination of Metastatic Patterns of the B16 Melanoma», *Cancer Research* 40 (1980): 2281–87. Véase asimismo Isaiah J. Fidler, «The Pathogenesis of Cancer Metastasis: The 'Seed and Soil' Hypothesis Revisited», *Nature Reviews Cancer* 3, n. 6 (junio 2003): 453–58.

82 **Un vídeo que encontré:** «Overview of Metastasis», publicado online por Cancer-Quest, página web del Instituto Winship Cancer, Universidad Emory.

83 **El proceso se denomina anoikis:** Lance A. Liotta y Elise Kohn. «Anoikis: Cancer and the Homeless Cell», *Nature* 430, n. 7003 (26 de agosto, 2004): 973–74.

83 **en su mayoría perecen de inmediato:** Para una explicación fascinante de las complejidades de la metástasis, véanse Weinberg, *Biology of Cancer*, Capítulo 14. También consulté Ann F. Chambers, Alan C. Groom y Ian C. MacDonald, «Metastasis: Dissemination and Growth of Cancer Cells in Metastatic Sites», *Nature Reviews Cancer* 2, n. 8 (1 de agosto, 2002): 563–72; y Christine L. Chaffer y Robert A. Weinberg, «A Perspective on Cancer Cell Metastasis», *Science* 331, n. 6024 (25 de marzo, 2011): 1559–64.

83 **expulsar citoplasma suficiente:** Weinberg, *Biology of Cancer*, 593–94. Propone que una explicación más probable es que las células cancerosas pueden evitar la trampa capilar pasando por derivaciones arterio-venosas.

83 **los investigadores descubrieron que, transcurridas veinticuatro horas:** Para un análisis, véase Fidler, «Pathogenesis of Cancer Metastasis».

83 **el cáncer aparecido en una mama:** Weinberg, *Biology of Cancer*, 636, barra lateral 14.8.

84 **un «código postal» molecular que identifica el órgano:** Weinberg, *Biology of Cancer*, 637.

84 **preparándolos para la supervivencia:** Andy J. Minn, Joan Massagué, *et al.*, «Genes That Mediate Breast Cancer Metastasis to Lung», *Nature* 436, n. 7050 (28 de julio, 2005): 518–24; y Paula D. Bos, J. Massagué, *et al.*, «Genes That Mediate Breast Cancer Metastasis to the Brain», *Nature* 459, n. 7249 (18 de junio, 2009): 1005–9.

84 **un nicho premetastásico:** Rosandra N. Kaplan, Shahin Rafii y David Lyden, «Preparing the 'Soil': The Premetastatic Niche», *Cancer Research* 66, n. 23 (1 de diciembre, 2006): 11089–93.

84 **las viajeras puedan llevarse su propio terreno consigo:** Dan G. Duda *et al.*, «Malignant Cells Facilitate Lung Metastasis by Bringing Their Own Soil», *Proceedings of the National Academy of Sciences* 107, n. 50 (14 de diciembre, 2010): 21677–82.

84 **Intercambian señales con los nativos:** El proceso aparece descrito en la lista de las referencias generales sobre metástasis incluida más arriba.

84 **para incorporarse de nuevo al combate en casa:** Larry Norton y Joan Massagué, «Is Cancer a Disease of Self-seeding?» *Nature Medicine* 12, n. 8 (agosto, 2006): 875–78; Mi-Young Kim, Joan Massagué, *et al.*, «Tumor Self-seeding by Circulating Cancer Cells», *Cell* 139, n. 7 (24 de diciembre, 2009): 1315–26; y Elizabeth Comen, Larry Norton y Joan Massagué, «Clinical Implications of Cancer Self-seeding», *Nature Reviews Clinical Oncology* 8, n. 6 (junio, 2011): 369–77.

85 **la capacidad de iniciar la angiogénesis:** J. Folkman *et al.*, «Isolation of a Tumor Factor Responsible for Angiogenesis», *The Journal of Experimental Medicine* 133, n. 2 (1 de febrero, 1971): 275–88.

85 **creando conexiones con el sistema linfático:** Viviane Mumprecht y Michael Detmar, «Lymphangiogenesis and Cancer Metastasis», *Journal of Cellular and Molecular Medicine* 13, n. 8A (agosto 2009): 1405–16.

85 **señales a un ganglio linfático cercano:** Satoshi Hirakawa *et al.*, «VEGF-C-induced Lymphangiogenesis in Sentinel Lymph Nodes Promotes Tumor Metastasis to Distant Sites», *Blood* 109, n. 3 (1 de febrero, 2007): 1010–17.

86 **el índice de supervivencia de cinco años o más puede alcanzar el noventa por ciento:** «Endometrial (Uterine) Cancer: Survival by Stage» y «How Is Endometrial Cancer Staged?» Ambos están en la página web de la Sociedad Americana del Cáncer, revisada por última vez el 25 de julio, 2012.

87 **Beauty Beyond Belief:** Envasadas y vendidas por BBB Seed, Boulder, Colorado.

CAPÍTULO 5. El mal de la información

90 **experimentaba con la mosca de la fruta:** H. J. Muller, «Artificial Transmutation of the Gene», *Science* 66, n. 1699 (22 de julio, 1927): 84–87.

90 **descubrió en el huerto de su monasterio:** Puede encontrarse online una traducción al inglés del artículo emblemático de Gregor Mendel, «Experimento de hibridación en plantas» (1865) en MendelWeb.

91 **Este nivel de claridad:** Los experimentos de Avery, Hershey y Chase y el descubrimiento de la estructura de dóble hélice del ADN se describen en *The Eighth Day of Creation: Makers of the Revolution in Biology* de Horace Freeland Judson, ed. ampliada (Cold Spring Harbor Laboratory Press, Cold Spring Harbor, NY, 1996). Entre los artículos fundamentales se incluyen Oswald T. Avery, Colin M. MacLeod y Maclyn McCarty, «Studies on the Chemical Nature of the Substance Inducing Transformation of Pneumococcal Types», *The Journal of Experimental Medicine* 79, n. 2 (1 de febrero, 1944): 137–58; A. D. Hershey y M. Chase, «Independent Functions of Viral Protein and Nucleic Acid in Growth of Bacteriophage», *The Journal of General Physiology* 36, n. 1 (mayo 1952): 39–56; y J. D. Watson y F. H. C. Crick, «A Structure for Deoxyribose Nucleic Acid», *Nature* 171 (1953): 737–38. Una versión anotada del artículo de Watson y Crick puede encontrarse en la página web para el Exploratorium. Véase «Origins, Unwinding DNA, Life at Cold Spring Harbor Laboratory».

91 **se generaron rayos X por primera vez:** Para una traducción al inglés del artículo original, véase W. C. Röntgen, «On a New Kind of Rays» (1895), reeditado en Wilhelm Conrad Röntgen, Sir George Gabriel Stokes y Sir Joseph John Thomson, *Röntgen Rays: Memoirs by Röntgen, Stokes, and J. J. Thomson* (Harper & Brothers, Nueva York, 1899), 3–13. La colección incluye también el segundo y tercer comunicado de Röntgen. Como los Curie, no tenía aún motivos para temer la radiación ionizante. Describe con total naturalidad lo que ocurre cuando dirige rayos X hacia sus propios ojos (p. 7 y 39–40).

91 **cromosomas de aspecto extraño:** Para las especulaciones de Boveri sobre las células cancerosas, véase «Concerning the Origin of Malignant Tumours», traducción de Henry Harris de *Zur Frage der Entstehung maligner Tumoren* (1914) de Boveri, *Journal of Cell Science* 121 (1 de enero, 2008): 1–84. También se ha publicado en forma de libro: Theodor Boveri, *Concerning the Origin of Malignant Tumours*, 1ª ed. (Cold Spring Harbor Laboratory Press, Cold Spring Harbor, NY, 2007).

92 **«se multiplicaran sin control»:** Boveri, «Concerning the Origin».

92 **«al menos concebible la idea de que el cáncer en los mamíferos»:** Volker Wunderlich, «Early References to the Mutational Origin of Cancer», *International Journal of Epidemiology* 36, n. 1 (1 de febrero, 2007): 246–47.

92 **«una nueva clase de célula»:** Wunderlich, «Early References».

92 **Becquerel descubrió por casualidad:** «On Radioactivity, a New Property of Matter», *Nobel Lectures, Physics 1901–1921* (Elsevier Publishing Company, Amsterdam, 1967), 52–70. Esta conferencia, pronunciada el 11 de diciembre, 1903, está disponible en la página web del premio Nobel.

92 **Marie Curie advirtió:** Los experimentos de los Curie aparecen descritos en la conferencia pronunciada por Pierre Curie con motivo del premio Nobel, 6 de junio, 1905, «Sustancias radiactivas, especialmente radio», en *Nobel Lectures, Physics 1901–1921* (Elsevier Publishing Company, Amsterdam, 1967). Disponible en la página web del Premio Nobel. Véanse asimismo Eve Curie, *Madame Curie: A Biography*, trad. Vincent Sheean (Doubleday, Doran & Co., Garden City, Nueva York, 1937); y Barbara Goldsmith, *Obsessive Genius: The Inner World of Marie Curie* (W. W. Norton, Nueva York, 2005).

93 **«el mundo una clase de materia»:** La película con Greer Garson y Walter Pidgeon fue nominada al Oscar de 1944 a la mejor película. (Ganó *Casablanca*.)

93 **«Una de nuestras mayores alegrías»:** Marie Curie, *Pierre Curie (With the Autobiographical Notes of Marie Curie)*, trad. Charlotte Kellogg (Macmillan Co., Nueva York, 1923), 187.

93 **un efecto óptico análogo a un estampido sónico:** Más concretamente, los Curie estaban viendo la radiación de Cherenkov.

93 **adornarse los dientes, las uñas y las cejas:** Para informes sobre las Chicas del Radio, véanse Frederick L. Hoffman, «Radium (Mesothorium) Necrosis», *Journal of the American Medical Association* 85, n. 13 (1925): 961–65; R. E. Rowland, *Radium in Humans: A Review of U.S. Studies*, Argonne National Laboratory, Environmental Research Division, 1994; y Ross Mullner, *Deadly Glow: The Radium Dial Worker Tragedy* (American Public Health Association, Washington, DC, 1999).

94 **«verrugas del hollín»:** «Cancer Scroti», en *The Chirurgical Works of Percival Pott*, vol. 3 (Johnson, Londres, 1808), 177–80.

94 **Ese mismo cáncer se observó después:** H. A. Waldron, «A Brief History of Scrotal Cancer», *British Journal of Industrial Medicine* 40, n. 4 (noviembre 1983): 390–401.

94 **en conejos aplicándoles repetidamente alquitrán en las orejas:** K. Yamagiwa y K. Ichikawa, «Experimental Study of the Pathogenesis of Carcinoma», *Journal of Cancer Research* 3 (1918): 1–29. Reeditado en *CA: A Cancer Journal for Clinicians* 27, n. 3 (31 de diciembre, 2008): 174–81.

94 **producían tumores en los animales de laboratorio:** Véase, por ejemplo, J. W. Cook, C. L. Hewett y I. Hieger, «The Isolation of a Cancer-producing Hydrocarbon from Coal Tar», *Journal of the Chemical Society* (1 de enero, 1933): 395–405.

95 **test de Ames:** Bruce N. Ames *et al.*, «Carcinogens Are Mutagens: A Simple Test System Combining Liver Homogenates for Activation and Bacteria for Detection», *Proceedings of the National Academy of Sciences* 70, n. 8 (agosto 1973): 2281–85.

96 **estudiaba los tumores en los pollos:** Los artículos de Peyton Rous son «A Transmissible Avian Neoplasm», *Journal of Experimental Medicine* 12, n. 5 (1 de setiembre, 1910): 696–705 y «A Sarcoma of the Fowl Transmissible by an Agent Separable from the Tumor Cells», *Journal of Experimental Medicine* 13, n. 4 (1 de abril, 1911): 397–411.

97 *src, ras, fes, myb, myc:* La serie de revelaciones, descrita como la Revolución de 1976, fue iniciada por Harold Varmus y J. Michael Bishop (D. Stehelin, H. E. Varmus, J. M. Bishop y P. K. Vogt, «DNA Related to the Transforming Gene(s) of Avian Sarcoma Viruses Is Present in Normal Avian DNA», *Nature* 260, n. 5547 [11 de marzo, 1976]: 170–73) y aparece descrita por Robert Weinberg en *One Renegade Cell: The Quest for the Origin of Cancer* (Basic Books, Nueva York, 1999). También me basé en el artículo de Weinberg «How Cancer Arises», *Scientific American* 275, n. 3 (setiembre 1996): 62–70; Douglas Hanahan y R. A. Weinberg, «The Hallmarks of Cancer», *Cell* 100, n. 1 (7 de enero, 2000): 57–70; y D. Hanahan y R. A. Weinberg, «Hallmarks of Cancer: The Next Generation», *Cell* 144, n. 5 (4 de marzo, 2011): 646–74. Natalie Angier contó la historia de Weinberg en *Natural Obsessions: Striving to Unlock the Deepest Secrets of the Cancer Cell* (Warner Books, Nueva York, 1989), y Weinberg ofreció su propia versión en *Racing to the Beginning of the Road: The Search for the Origin of Cancer* (Harmony, Nueva York, 1996).

97 **se los llamó «proto-oncogenes»:** C. Shih, R. A. Weinberg *et al.*, «Passage of Phenotypes of Chemically Transformed Cells via Transfection of DNA and Chromatin», *Proceedings of the National Academy of Sciences* 76, n. 11 (noviembre, 1979): 5714–18; y C. J. Tabin, R. A. Weinberg, *et al.*, «Mechanism of Activation of a Human Oncogene», *Nature* 300, n. 5888 (11 de noviembre, 1982): 143–49.

98 **Algunas mutaciones son aún más desgarradoras:** El ejemplo más conocido es el cromosoma de Filadelfia, que interviene en la leucemia mieloide crónica. Para el informe original, véase Peter Nowell y David Hungerford, «A Minute Chromosome in Chronic Granulocytic Leukemia», *Science* 132, n. 3438 (noviembre, 1960): 1497.

99 **cuando un gen llamado *Rb*:** S. H. Friend, R. A. Weinberg, *et al.*, «A Human DNA Segment with Properties of the Gene That Predisposes to Retinoblastoma and Osteosarcoma», *Nature* 323, n. 6089 (16 de octubre, 1986): 643–46; y J. A. DeCaprio *et al.*, «The Product of the Retinoblastoma Susceptibility Gene Has Properties of a Cell Cycle Regulatory Element», *Cell* 58, n. 6 (22 de setiembre, 1989): 1085–95.

99 **deben eliminarse las dos copias:** Se conoce como la hipótesis de los dos impactos. Véase Alfred G. Knudson, «Mutation and Cancer: Statistical Study of Retinoblastoma», *Proceedings of the National Academy of Sciences* 68, n. 4 (abril 1971): 820–23.

100 **participan también en el control del tiempo:** Véase, por ejemplo, DeCaprio *et al.*, «The Product of the Retinoblastoma Susceptibility Gene».

100 **se sitúa en el centro de una red:** C. A. Finlay, P. W. Hinds y A. J. Levine, «The P53 Proto-oncogene Can Act as a Suppressor of Transformation», *Cell* 57, n. 7 (30 de junio, 1989): 1083–93; y M. B. Kastan, B. Vogelstein, *et al.*, «Participation of P53 Protein in the Cellular Response to DNA Damage», 1ª parte, *Cancer Research* 51, n. 23 (1 de diciembre, 1991): 6304–11.

100 **la muerte celular programada, o apoptosis:** J. F. Kerr, A. H. Wyllie y A. R. Currie, «Apoptosis: A Basic Biological Phenomenon with Wide-ranging Implications in Tissue Kinetics», *British Journal of Cancer* 26, n. 4 (agosto, 1972): 239–57.

101 **principio conocido como «límite de Hayflick»:** L. Hayflick y P. S. Moorhead, «The Serial Cultivation of Human Diploid Cell Strains», *Experimental Cell Research* 25, n. 3 (diciembre, 1961): 585–621.

101 **El recuento lo llevan los telómeros:** La historia del descubrimiento aparece descrita en Elizabeth H. Blackburn, Carol W. Greider y Jack W. Szostak, «Telomeres and Telomerase: The Path from Maize, Tetrahymena and Yeast to Human Cancer and Aging», *Nature Medicine* 12, n. 10 (octubre 2006): 1133–38. Los artí-

culos fundamentales son J. W. Szostak y E. H. Blackburn, «Cloning Yeast Telomeres on Linear Plasmid Vectors», *Cell* 29, n. 1 (mayo 1982): 245–55; C. W. Greider y E. H. Blackburn, «Identification of a Specific Telomere Terminal Transferase Activity in Tetrahymena Extracts», *Cell* 43 (1985): 405–13; y C. W. Greider y E. H. Blackburn, «A Telomeric Sequence in the RNA of Tetrahymena Telomerase Required for Telomere Repeat Synthesis», *Nature* 337 (1989): 331–37.

101 **acumula mutaciones:** La aceleración del proceso puede ser un fenómeno llamado «inestabilidad genómica». Véase Simona Negrini, Vassilis G. Gorgoulis y Thanos D. Halazonetis, «Genomic Instability—An Evolving Hallmark of Cancer», *Nature Reviews Molecular Cell Biology* 11, n. 3 (1 de marzo, 2010): 220–28.

101 **Conforme se desarrolla esta evolución:** Para una perspectiva general del fenómeno, véanse Hanahan y Weinberg «The Hallmarks of Cancer» y «Hallmarks of Cancer: The Next Generation».

101 **se envían señales a células sanas:** Estos descubrimientos surgieron de las primeras investigaciones sobre el papel del microambiente tumoral. Véanse, por ejemplo, D. S. Dolberg y M. J. Bissell, «Inability of Rous Sarcoma Virus to Cause Sarcomas in the Avian Embryo», *Nature* 309, n. 5968 (7 de junio, 1984): 552–56; y D. S. Dolberg, M. J. Bissell, *et al.*, «Wounding and Its Role in RSV-mediated Tumor Formation», *Science* 230, n. 4726 (8 de noviembre, 1985): 676–78.

101 **Los macrófagos y otras células inflamatorias:** Lisa M. Coussens y Zena Werb, «Inflammation and Cancer», *Nature* 420, n. 6917 (19 de diciembre, 2002): 860–67.

102 **se los compara a órganos corporales:** Mina J. Bissell y Derek Radisky, «Putting Tumours in Context», *Nature Reviews Cancer* 1, n. 1 (octubre, 2001): 46–54.

257

CAPÍTULO 6. «Cómo aceptan su destino las células del corazón»

103 **un embrión se parece tanto a un tumor:** El complejo proceso de la implantación aparece descrito en Haibin Wang y Sudhansu K. Dey, «Roadmap to Embryo Implantation: Clues from Mouse Models», *Nature Reviews Genetics* 7, n. 3 (1 de marzo, 2006): 185–99. Para algunos de los paralelismos con la tumorigénesis véase Michael J. Murray y Bruce A. Lessey, «Embryo Implantation and Tumor Metastasis: Common Pathways of Invasion and Angiogenesis», *Seminars in Reproductive Medicine* 17, n. 3 (15 de marzo, 2008): 275–90.

103 **las enzimas disolventes de proteínas erosionan la superficie:** L. A. Salamonsen, «Role of Proteases in Implantation», *Reviews of Reproduction* 4, n. 1 (enero, 1999): 11–22.

103 **contribuyen a garantizar un agarre firme:** Maaike S. M. van Mourik *et al.*, «Embryonic Implantation: Cytokines, Adhesion Molecules, and Immune Cells in Establishing an Implantation Environment», *Journal of Leukocyte Biology* 85, n. 1 (enero, 2009): 4–19.

103 **se envían mensajes al sistema inmunológico:** Van Mourik *et al.*, «Embryonic Implantation».

104 **empieza a estimular la angiogénesis:** D. M. Sherer y O. Abulafia, «Angiogenesis During Implantation, and Placental and Early Embryonic Development», *Placenta* 22, n. 1 (enero, 2001): 1–13.

104 **más paralelismos encuentran:** Melissa Marino, «In the Beginning: What Developmental Biology Can Teach About Cancer», revista online *Lens*, página del Centro Médico Vanderbilt, febrero, 2007.

83 **la transición epitelio-mesenquimal:** El artículo clave es Jean Paul Thiery, «Epithelial-Mesenchymal Transitions in Tumour Progression», *Nature Reviews Cancer*

2, n. 6 (junio, 2002): 442–54. Unas buenas revisiones son Yibin Kang y Joan Massagué, «Epithelial-Mesenchymal Transitions: Twist in Development and Metastasis», *Cell* 118, n. 3 (6 de agosto, 2004): 277–79; Jonathan M. Lee *et al.*, «The Epithelial-Mesenchymal Transition: New Insights in Signaling, Development, and Disease», *Journal of Cell Biology* 172, n. 7 (27 de marzo, 2006): 973–81; Jing Yang y Robert A. Weinberg, «Epithelial-Mesenchymal Transition: At the Crossroads of Development and Tumor Metastasis», *Developmental Cell* 14, n. 6 (junio, 2008): 818–29; y Raghu Kalluri y Robert A. Weinberg, «The Basics of Epithelial-Mesenchymal Transition», *Journal of Clinical Investigation* 119, n. 6 (1 de junio, 2009): 1420–28. Para una descripción de varios negativistas, véase David Tarin, Erik W. Thompson y Donald F. Newgreen, «The Fallacy of Epithelial Mesenchymal Transition in Neoplasia», *Cancer Research* 65, n. 14 (15 de julio, 2005): 5996–6001. Los dos lados de la controversia aparecen descritos en Heidi Ledford, «Cancer Theory Faces Doubts», *Nature* 472, n. 7343 (21 de abril, 2011): 273.

105 **celebraba su reunión anual:** LXIX Reunión Anual de la Sociedad para la Biología del Desarrollo, 5–9 de agosto, 2010, Albuquerque, NM. También asistí a la LXX Reunión Anual, 21–22 de julio, 2011, en Chicago. Para una buena perspectiva general de la biología del desarrollo, véase Sean B. Carroll, *Endless Forms Most Beautiful: The New Science of Evo Devo* (Norton, Nueva York, 2006). La página web de la Sociedad para la Biología del Desarrollo ofrece un portal de acceso a varios recursos como WormAtlas, con mapas detallados y anotados de *C. elegans*, y Fly-Brain, que incluye el sistema nervioso de la *Drosophila*.

105 **«Organogénesis»:** Las actas del congreso de Albuquerque están en *Developmental Biology* 344, n. 1 (2010): 391–542.

105-106 **«sin alas», «rizado», «alisado», «manchado» y «alborotado»:** Si bien he intentado ser sistemático en mi propio uso, no he aplicado con rigor las reglas a la hora de escribir los nombres y los símbolos de los genes en mayúscula, en minúscula, en cursiva o en redonda. Pido disculpas a los especialistas a quienes eso pueda desconcertar.

106 **posibles tratamientos para la alopecia:** Andrzej Dlugosz, «The Hedgehog and the Hair Follicle: A Growing Relationship», *Journal of Clinical Investigation* 104, n. 7 (1 de octubre, 1999): 851–53.

106 **«El extravagante sentido del humor»:** Ken Maclean, «Humour of Gene Names Lost in Translation to Patients», *Nature* 439, n. 7074 (19 de enero, 2006): 266.

106 **Ahora se lo conoce por el nombre menos evocador de Zbtb7:** Tom Simonite, «Pokemon Blocks Gene Name», *Nature* 438, n. 7070 (14 de diciembre, 2005): 897.

106 **Desde su descubrimiento en 1993:** R. D. Riddle, C. Tabin, *et al.*, «Sonic Hedgehog Mediates the Polarizing Activity of the ZPA», *Cell* 75, n. 7 (31 de diciembre, 1993): 1401–16.

106 **las ovejas que pastaban en los montes:** La historia de la ciclopamina aparece en Philipp Heretsch, Lito Tzagkaroulaki y Athanassios Giannis, «Cyclopamine and Hedgehog Signaling: Chemistry, Biology, Medical Perspectives», *Angewandte Chemie* (ed. internacional en inglés) 49, n. 20 (3 de mayo, 2010): 3418–27.

107 **holoprosencefalia:** Max Muenk, «Translational Concepts to Disease: Holoprosencephaly as an Example», conferencia pronunciada el 22 de julio, 2011 en la LXXVII Reunión Anual de la Sociedad para la Biología del Desarrollo, Chicago, IL.

107 **uno de cada 250 embriones en su primera etapa:** Erich Roessler, Maximilian Muenke, *et al.*, «Mutations in the Human Sonic Hedgehog Gene Cause Holoprosencephaly», *Nature Genetics* 14, n. 3 (noviembre, 1996): 357–60.

107 **puede producir la formación de malignidad:** Para una perspectiva general del erizo sónico y el cáncer, véanse Lee L. Rubin and Frederic J. de Sauvage, «Targeting the Hedgehog Pathway in Cancer», *Nature Reviews Drug Discovery* 5, n.

12 (diciembre, 2006): 1026–33; y Jennifer M. Bailey, Pankaj K. Singh y Michael A. Hollingsworth, «Cancer Metastasis Facilitated by Developmental Pathways: Sonic Hedgehog, Notch, and Bone Morphogenic Proteins», *Journal of Cellular Biochemistry* 102, n. 4 (1 de noviembre, 2007): 829–39.

108 **síndrome de Gorlin:** Ervin H. Epstein, «Basal Cell Carcinomas: Attack of the Hedgehog», *Nature Reviews Cancer* 8, n. 10 (octubre, 2008): 743–54.

108 **una crema que contenía ciclopamina:** Sinan Tabs y Oktay Avci, «Induction of the Differentiation and Apoptosis of Tumor Cells in Vivo with Efficiency and Selectivity», *European Journal of Dermatology* 14, n. 2 (abril, 2004): 96–102.

108 **otro inhibidor del erizo:** «FDA Approval for Vismodegib», Instituto Nacional del Cáncer.

109 **quizás ayudara a controlar los interruptores genéticos:** Más concretamente, la Dmrt5 es un factor de transcripción, una molécula que se une al genoma y regula la producción de un gen.

109 **«dedos de cinc», Dmrt5 y «Emma Farley»:** Emma K. Farley *et al.*, «Novel Transcription Factor Involved in Neurogenesis», *Developmental Biology* 344, n. 1 (2010): 493.

109 **la cantidad de información nueva:** Venugopala Reddy Bommireddy Venkata, Cordelia Rauskolb y Kenneth D. Irvine, «Fat-Hippo Signaling Regulates the Proliferation and Differentiation of Drosophila Optic Neuroepithelia», *Developmental Biology* 344, n. 1 (2010): 506; y Thomas L. Gallagher y Joshua Arribere, «Fox1 and Fox4 Regulate Muscle-specific Splicing in Zebrafish and Are Required for Cardiac and Skeletal Muscle Functions», *Developmental Biology* 344, n. 1 (2010): 491–92.

109 **un giro caprichoso:** Cristina L. Walcher y Jennifer L. Nemhauser, «1 + 1 = 3: When Two Hormones Are Better Than One», *Developmental Biology* 344, n. 1 (2010): 487; y Nowlan Freese y Susan C. Chapman, «Where'd My Tail Go?» *Developmental Biology* 344, n. 1 (2010): 441.

110 **ocho simples palabras:** El título entero era «How Heart Cells Embrace Their Fate in the Chordate *Ciona Intestinalis*» de Stacia Ilchena y James Cooley, *Developmental Biology* 344, n. 1 (2010): 502–3.

CAPÍTULO 7. De dónde viene el cáncer realmente

114 **excavar un canal:** La historia del canal de Love se cuenta en Allan Mazur, *A Hazardous Inquiry: The Rashomon Effect at Love Canal* (Harvard University Press, Cambridge, MA, 1998), 8–15.

115 **unas 22 mil toneladas de residuos tóxicos:** «Love Canal: A Special Report to the Governor & Legislature», abril, 1981, página web del Departamento de Sanidad de Nueva York.

115 **«Los olores impregnan la ropa»:** «Chemical Waste at Love Canal, 18 de octubre, 1977», Ecumenical Task Force of the Niagara Frontier Records, 1946–1995 (MS 65), University at Buffalo Libraries, página web de Love Canal Collections.

115 **incorporó esta historia a una novela:** Joyce Carol Oates, *The Falls: A Novel* (Ecco, Nueva York, 2004). [*Niágara*, Lumen, Barcelona, 2005. Trad. de Carmen Camps.]

115 **la Agencia para la Protección del Medio Ambiente calculó:** «U.S. Finds Risk of Cancer High for Residents Near Love Canal; Three Families Inside Fence», *The New York Times*, 11 de noviembre, 1979.

106 **admitió un error matemático:** Irvin Molotsky, «Rep. LaFalce Says Draft Report Inflated Love Canal Cancer Risk; Mathematical Errors Conceded», *The New York Times*, 20 de noviembre, 1979.

116 **Otro informe de la Agencia para la Protección del Medio Ambiente:** Irvin Molotsky, «Damage to Chromosomes Found in Love Canal Tests», *The New York Times,* 17 de mayo, 1980. Los hallazgos estaban en D. Picciano, «Pilot Cytogenetic Study of the Residents Living Near Love Canal, a Hazardous Waste Site», *Mammalian Chromosome Newsletter* 21 (1980): 86–93.

116 **un comité de expertos médicos… lo desechó:** Richard J. Meislin, «Carey Panel Discounts 2 Studies on Love Canal Health Problems», *The New York Times,* 11 de octubre, 1980.

116 **Un estudio posterior de los Centros para el Control de la Enfermedad:** Clark W. Heath Jr. *et al.,* «Cytogenetic Findings in Persons Living Near the Love Canal», *JAMA: The Journal of the American Medical Association* 251, n. 11 (16 de marzo, 1984): 1437–40.

116 **un estudio retrospectivo de treinta años:** «Love Canal Follow-up Health Study», página web del Departamento de Sanidad de Nueva York, octubre 2008. Para una revisión del informe, véase apéndice T, «Public Comments and Responses, Love Canal Followup Health Study», en especial los comentarios del epidemiólogo Richard Clapp, 145–47.

116 **Casi la mitad de los 6.026 residentes:** Los detalles demográficos aparecen descritos en la tabla 20, página 97 de «Love Canal Follow-up».

116 **el índice de defectos de nacimiento:** «Love Canal Follow-up», 42–43. En total hubo 37 malformaciones congénitas entre 1.767 partos únicos (que no incluían mellizos o trillizos) entre 1960 y 1996. Para comparar las tasas de incidencias, el estudio solo contó los casos de los que se informó «de manera sistemática y fiable», tal y como lo define el Registro de Malformaciones Congénitas del estado de Nueva York, que tenía datos completos sólo desde comienzos de 1983. La información anterior procedía de los hospitales locales y no se consideró lo bastante sólida para usar en las comparaciones. (Para los detalles, véanse páginas 29–30 del informe. Véanse asimismo la tabla 19, página 96, y el apéndice A en la página 103.)

116 **superior al del resto del estado:** Eso excluyó la ciudad de Nueva York.

116 **había nacido un número ligeramente mayor de niñas:** «Love Canal Follow-up», 41–43.

116 **no encontró pruebas convincentes:** «Love Canal Follow-up», 2.

116-117 **El índice total de cáncer era en realidad un poco inferior:** Eso se comparó tanto con el condado como con el estado. Véase «Love Canal Follow-up», 39–41.

117 **la elegante advertencia de Rachel Carson:** *Silent Spring* (Houghton Mifflin Company, Boston, 1962).

117 **feroces polémicas:** Samuel S. Epstein, *The Politics of Cancer* (Sierra Club Books, San Francisco, 1978) y *The Politics of Cancer Revisited* (East Ridge Press, Fremont Center, NY, 1998).

117 **una epidemia moderna de cáncer:** El historiador Robert N. Proctor capta el espíritu en *Cancer Wars: How Politics Shapes What We Know and Don't Know About Cancer* (Basic Books, Nueva York, 1995). Véase en particular 54–74.

117 **«la plaga del siglo xx»:** Epstein, *Politics of Cancer Revisited,* 14.

117 **«un tétrico juego de la ruleta química»:** Russell Train en un discurso ante el Club National Press, 26 de febrero, 1976. La historia llegó a oídos de Associated Press y salió en los periódicos al día siguiente, incluidos *The Morning Record* (Meriden, CT) y el *Sarasota Herald-Tribune.*

117 **«las Grandes Guerras del Cáncer»:** Proctor, *Cancer Wars,* 74.

117 **«El noventa por ciento del cáncer es medioambiental»:** Para una descripción del origen del error, véanse Proctor, *Cancer Wars,* 55–57; y (teniendo en cuenta su sesgo libertario) Edith Efron, *Apocalyptics: Cancer and the Big Lie: How Envi-*

ronmental Politics Controls What We Know About Cancer (Simon & Schuster, Nueva York, 1984), 429–32.

118 **los agentes conocidos y sospechosos:** Véase National Toxicology Program, *Report on Carcinogens,* 12ª ed. (Departmento de Salud y Servicios Humanos de EE.UU, Research Triangle Park, NC, 2011).

118 **Para saber en qué medida el cáncer se hallaba determinado:** Los estudios de emigrantes aparecen resumidos en R. Doll y R. Peto, «The Causes of Cancer: Quantitative Estimates of Avoidable Risks of Cancer in the United States Today», *Journal of the National Cancer Institute* 66, n. 6 (junio 1981): 1191–1308, referencia sobre 1200–01; Proctor, *Cancer Wars,* 24–26; y Efron, *Apocalyptics,* 430–32.

119 **parecía haber aumentado bruscamente:** Las cifras se publicaron en Earl S. Pollack y John W. Horm, «Trends in Cancer Incidence and Mortality in the United States, 1969–76», *Journal of the National Cancer Institute* 64, n. 5 (1 de mayo, 1980): 1091–103; y en *Toxic Chemicals and Public Protection: A Report to the President by the Toxic Substances Strategy Committee* (Council on Environmental Quality, Washington, DC, mayo 1980), disponible online a través de la Biblioteca Hathi Trust Digital.

119 **parecía ser la confirmación:** Para una descripción de la controversia, véase Doll y Peto, «Causes of Cancer», 1279–81; y Efron, *Apocalyptics,* 434–36.

120 **las comparaciones no eran válidas:** Doll y Peto, «Causes of Cancer», 1280–81; y Efron, *Apocalyptics,* 435.

120 **encargó un estudio:** Doll y Peto, «Causes of Cancer».

120 **científicos más consumados en su especialidad:** El posterior trabajo de Doll fue puesto en duda cuando se descubrió tras su muerte que había recibido honorarios por asesorar a empresas químicas. Peto, saliendo en defensa de su colega, declaró que Doll estaba abierto a toda clase de contactos y donó el dinero al Green College, Oxford, que él contribuyó a fundar. Véase Sarah Boseley, «Renowned Cancer Scientist Was Paid by Chemical Firm for 20 Years», *The Guardian,* 7 de diciembre, 2006. En la sección de cartas de la edición del día siguiente, otros destacados científicos defendieron la imparcialidad de Doll (véase «Richard Doll Still Deserves Our Respect»). Estos incluyeron al director ejecutivo del Consejo de Investigación Médica, el director Wellcome Trust y Martin Rees, presidente de la Real Sociedad.

120 **qué cifras dar por buenas:** Doll y Peto, «Causes of Cancer», apéndice C, 1270–81.

120 **La situación mejoró:** Doll y Peto, «Causes of Cancer», 1281.

121 **En el treinta por ciento de las muertes por cáncer, el tabaco era una causa:** Doll y Peto, «Causes of Cancer», tabla 20, 1256.

121 **«la mayoría de los tipos de cáncer comunes hoy día»:** Doll y Peto, «Causes of Cancer», 1212.

121-122 **Cualquier caso específico de cáncer tiene múltiples causas:** Para los dilemas relativos a la distinción de los factores ambientales y los genéticos de una enfermedad, véase Kenneth J. Rothman y Sander Greenland, «Causation and Causal Inference in Epidemiology», *American Journal of Public Health* 95 supl. 1 (2005): S144–50.

122 **Eran un componente:** Para una evaluación reciente, véanse Paolo Boffetta y Fredrik Nyberg, «Contribution of Environmental Factors to Cancer Risk», *BMJ: British Medical Journal* 68, n. 1 (1 de diciembre, 2003): 71–94; y Richard W. Clapp y Molly M. Jacobs, «Environmental and Occupational Causes of Cancer: New Evidence, 2005–2007», octubre 2007, página web del Lowell Center for Sustainable Production.

122 **«hay demasiada ignorancia»:** Doll y Peto, «Causes of Cancer», 1251.

122 **la mortalidad por cáncer entre personas menores de 65 años:** Doll y Peto, «Causes of Cancer», 1256. Para más detalles, véanse 1281–85 y tablas D1 y D3.

122 **válido en gran medida para los estadounidenses de mayor edad:** Doll y Peto, «Causes of Cancer», 1256. Véanse tabla D2 para la tasa global y D4 para los cánceres específicos. Aparentemente se produjo un aumento en las muertes por cáncer cerebral e incrementos menores en otros cánceres no respiratorios, pero los autores los atribuyeron principalmente a que se registraron mejor los datos.

122 **no se debía a que hubiese mejorado:** Doll y Peto, «Causes of Cancer», 1256.

122 **Dos estudios menores:** J. Higginson y C. S. Muir, «Environmental Carcinogenesis: Misconceptions and Limitations to Cancer Control», *Journal of the Instituto Nacional del Cáncer* 63, n. 6 (diciembre, 1979): 1291–98; y E. L. Wynder y G. B. Gori, «Contribution of the Environment to Cancer Incidence: An Epidemiologic Exercise», *Journal of the National Cancer Institute* 58, n. 4 (abril, 1977): 825–32.

123 **empezaron a poner en duda el informe:** Samuel S. Epstein y Joel B. Swartz, «Fallacies of Lifestyle Cancer Theories», *Nature* 289, n. 5794 (15 de enero, 1981): 127–30.

123 **Cuando los índices de cáncer de pulmón empezaron a incrementarse:** David G. Hoel, Devra L. Davis, *et al.*, «Trends in Cancer Mortality in 15 Industrialized Countries, 1969–1986», *Journal of the National Cancer Institute* 84, n. 5 (4 de marzo, 1992): 313–20.

123 **Mientras los epidemiólogos seguían atentos:** La historia de Bruce Ames aparece en Proctor, *Cancer Wars*, 136–52.

123 **el test de Ames:** Bruce N. Ames *et al.*, «Carcinogens Are Mutagens: A Simple Test System Combining Liver Homogenates for Activation and Bacteria for Detection», *Proceedings of the National Academy of Sciences* 70, n. 8 (agosto, 1973): 2281–85.

123 **Matando las células del esófago:** El alcohol también puede aumentar el riesgo de cáncer al desintegrarse en forma de acetaldehído carcinogénico y por medio de otros mecanismos. Para un resumen, véase «Alcohol Use and Cancer», página web de la Sociedad Americana del Cáncer, revisada por última vez el 27 de enero de 2012.

124 **un artículo publicado en *Science*:** B. N. Ames, «Dietary Carcinogens and Anticarcinogens», *Science* 221, n. 4617 (23 de setiembre, 1983): 1256–64.

124 **En 1997 dio a conocer:** B. N. Ames y L. S. Gold, «Environmental Pollution, Pesticides, and the Prevention of Cancer: Misconceptions», *FASEB Journal: Official Publication of the Federation of American Societies for Experimental Biology* 11, n. 13 (noviembre, 1997): 1041–52.

124 **De hecho, dudaba:** Ames y Gold, «Environmental Pollution, Pesticides, and the Prevention of Cancer».

125 **La mitad de todo aquello que se sometió a prueba:** B. N. Ames y L. S. Gold, «Chemical Carcinogenesis: Too Many Rodent Carcinogens», *Proceedings of the National Academy of Sciences* 87, n. 19 (octubre, 1990): 7772–76.

125 **experimento que tendría un coste de decenas de millones de dólares:** *Cancer and the Environment* (Departamento de Salud y Servicios Humanos de EE.UU., Washington, DC, marzo, 2003), 25.

125 **la mitogénesis incrementa la mutagénesis:** Ames y Gold, «Chemical Carcinogenesis».

125 **Los toxicólogos salieron en defensa de los test:** P. J. Infante, «Prevention Versus Chemophobia: A Defence of Rodent Carcinogenicity Tests», *Lancet* 337, n. 8740 (marzo, 1991): 538–40; P. F. Infante, «Use of Rodent Carcinogenicity Test Results for Determining Potential Cancer Risk to Humans», *Environmental Health Perspectives* 101, supl. 5 (diciembre, 1993): 143–48; y I. Bernard Weins-

tein, «Cell Proliferation: Concluding Remarks», *Environmental Health Perspectives* 101, supl. 5 (diciembre, 1993): 159–61.

125 **desviar la atención de un problema real:** Véanse, por ejemplo, Clapp y Jacobs, «Environmental and Occupational Causes of Cancer»; Devra Lee Davis y Joel Schwartz, «Trends in Cancer Mortality: U.S. White Males and Females, 1968–83», *Lancet* 331 (marzo, 1988): 633–36; y Devra Davis, *The Secret History of the War on Cancer* (Basic Books, Nueva York, 2007).

125 **Un informe reciente de un grupo asesor de la Casa Blanca:** *Reducing Environmental Cancer Risk: What We Can Do Now*, Informe Anual 2008–2009 (Instituto Nacional del Cáncer, Washington, DC, abril 2010).

126 **La alternativa sería administrar:** *Reducing Environmental Cancer Risk*, 11.

126 **«se ha infravalorado notablemente»:** *Reducing Environmental Cancer Risk*, carta introductoria, sin número de página.

126 **muchos científicos criticaron el informe:** David C. Holzman, «President's Cancer Panel Stirs Up Environmental Health Community», *Journal of the National Cancer Institute* 102, n. 15 (4 de agosto, 2010): 1106–13.

126 **La Academia Nacional de las Ciencias ha observado:** «Toxicity Testing in the 21st Century: A Vision and a Strategy (National Academies Press, Washington, DC, 2007). Estas ideas empiezan a ser plasmadas en el programa de Toxicología Computacional de la Agencia de Protección Medioambiental.

126 **los índices de mortalidad a causa del cáncer en efecto aumentaron gradualmente:** Ahmedin Jemal *et al.*, «Annual Report to the Nation on the Status of Cancer, 1975–2009, Featuring the Burden and Trends in Human Papillomavirus (HPV)–Associated Cancers and HPV Vaccination Coverage Levels», *Journal of the National Cancer Institute* (7 de enero, 2013). Véase tabla 2. Hay un resumen con un enlace al informe completo en la página web de SEER (Vigilancia, Epidemiología y Resultados Finales, por su sigla en inglés) del Instituto Nacional del Cáncer.

127 **empezó a decrecer moderadamente:** Ajustada por edades, la mortalidad global por cáncer fue de unas 199 personas por 100.000 en 1975. Al cabo de diez años fue de 211. En 2009, el último año en que se presentaron estadísticas, había bajado a 173. Véase N. Howlader *et al.*, eds., «SEER Cancer Statistics Review», 1975–2009 (Vintage 2009 Populations), Instituto Nacional del Cáncer, Bethesda, MD, basado en los datos presentados por SEER en noviembre 2011, colgados en la página web de SEER, 2012. Los detalles sobre la mortalidad están en la tabla 2.6 y los detalles de las incidencias en la tabla 2.5.

127 **Las tasas de incidencia revelan algo similar:** El informe de 2012, ya mencionado, no desglosa los índices tan minuciosamente. Yo usé la tabla 1 de un informe anual anterior: Brenda K. Edwards *et al.*, «Annual Report to the Nation on the Status of Cancer, 1975–2006, Featuring Colorectal Cancer Trends and Impact of Interventions», *Cancer* 116, n. 3 (2010): 544–73.

127 **la falta de ejercicio y el exceso de peso son los mayores responsables:** El informe de los avances de la Asociación Americana para la Investigación del Cáncer (AACR, por su sigla en inglés) de 2012 atribuye el 33 por ciento del cáncer al tabaco, el 20 por ciento al sobrepeso y la obesidad, el 5 por ciento a la falta de ejercicio y solo el 5 por ciento a la dieta (figura 9, página 9). El informe está en la página web de los Avances del Cáncer de la AACR. La fuente de las cifras de la AACR es Graham A. Colditz, Kathleen Y. Wolin y Sarah Gehlert. «Applying What We Know to Accelerate Cancer Prevention», *Science Translational Medicine* 4, n. 127 (28 de marzo, 2012): 127rv4.

127 **En un artículo retrospectivo publicado 25 años después:** Graham A. Colditz, Thomas A. Sellers y Edward Trapido, «Epidemiology— Identifying the Cau-

ses and Preventability of Cancer?» *Nature Reviews Cancer* 6, n. 1 (enero, 2006): 75–83.

127 **ofreció unas cifras comparables:** «Attributable Causes of Cancer in France in the year 2000», página web de la Agencia Internacional para la Investigación del Cáncer.

127 *clusters* **de cáncer en vecindarios:** K. J. Rothman, «A Sobering Start for the Cluster Busters' Conference», *American Journal of Epidemiology* 132, n. 1 supl. (julio, 1990): S6–13; y Raymond Richard Neutra, «Counterpoint from a Cluster Buster», *American Journal of Epidemiology* 132, n. 1 (1 de julio, 1990): 1–8. Véase asimismo Atul Gawande, «The Cancer Cluster Myth», *New Yorker,* 8 de febrero, 1999. Para una descripción evocadora de una investigación sobre un *cluster* de cáncer y las lecciones aprendidas, véase Dan Fagin, *Toms River: A Story of Science, Folly and Redemption* (Random House, Nueva York, 2013).

128 **incluso los** *clusters* **ocupacionales son poco comunes:** Para una evaluación, véase P. A. Schulte *et al.*, «Investigation of Occupational Cancer Clusters: Theory and Practice», *American Journal of Public Health* 77, n. 1 (enero, 1987): 52–56.

128 **Las pautas observables en Occidente se cumplen también:** Ahmedin Jemal *et al.*, «Global Cancer Statistics», *CA: A Cancer Journal for Clinicians* 61, n. 2 (2011): 69–90; P. Boyle y B. Levin, eds., *World Cancer Report 2008* (International Agency for Research on Cancer, Lyon, 2008); y World Cancer Research Fund/American Institute for Cancer Research, *Food, Nutrition, Physical Activity, and the Prevention of Cancer: A Global Perspective* (Washington, DC: AICR, 2007). Véase asimismo D. Max Parkin *et al.*, «Global Cancer Statistics, 2002», *CA: A Cancer Journal for Clinicians* 55, n. 2 (24 de febrero, 2009): 74–108.

129 **fumar con el extremo encendido del cigarrillo dentro de la boca:** J. J. Pindborg *et al.*, «Reverse Smoking in Andhra Pradesh, India: A Study of Palatal Lesions Among 10,169 Villagers», *British Journal of Cancer* 25, n. 1 (marzo, 1971): 10–20.

129 **descifrar las estadísticas más recientes del SEER:** Howlader *et al.*, eds., «SEER Cancer Statistics Review». Para los puntos más importantes, véase Jemal *et al.*, «Annual Report to the Nation». También consulté un informe anterior, Betsy A. Kohler *et al.*, «Annual Report to the Nation on the Status of Cancer, 1975–2007, Featuring Tumors of the Brain and Other Nervous System», *Journal of the National Cancer Institute* 103, n. 9 (4 de mayo, 2011), 1–23.

129 **una disminución o nivelación:** Jemal *et al.*, «Annual Report to the Nation».

129 **12,1 casos por 100.000, en comparación con los 62,6 casos:** Howlader *et al.*, eds., «SEER Cancer Statistics Review», tabla 1.4.

130 **Los cánceres en la infancia se encuentran entre los menos comunes:** Howlader *et al.*, eds., «SEER Cancer Statistics Review», tabla 28.1.

130 **Los índices de mortalidad... se han reducido más o menos a la mitad:** Howlader *et al.*, eds., «SEER Cancer Statistics Review», tabla 1.2.

130 **las cifras son muy oscilantes:** Howlader *et al.*, eds., «SEER Cancer Statistics Review», tabla 28.2. Las cifras corresponden a niños de catorce años y menos. Véase asimismo Trevor Butterworth, «Is Childhood Cancer Becoming More Common?» 28 de mayo, 2010, página web de Research at Statistical Assessment Service (STATS), Universidad George Mason.

130 **Cada cáncer cuenta una historia distinta:** Para resúmenes, véanse Jemal *et al.* y los informes anuales de la Sociedad Americana del Cáncer, «Cancer Facts & Figures», en la página web del grupo.

130 **Lo que puede parecer un aumento:** Martha S. Linet *et al.*, «Cancer Surveillance Series: Recent Trends in Childhood Cancer Incidence and Mortality in the

United States», *Journal of the National Cancer Institute* 91, n. 12 (16 de junio, 1999): 1051–58. Véase asimismo «Childhood Cancers», página web del Instituto Nacional del Cáncer, revisada el 10 de enero, 2008; y Butterworth, «Is Childhood Cancer Becoming More Common?»

130 **próstata, pulmón, hígado, páncreas, cuello uterino y colorrectales son más frecuentes:** Howlader *et al.*, eds., «SEER Cancer Statistics Review», tablas 1.5 y 1.6.

131 **inferiores a los de los negros o los blancos:** Howlader *et al.*, eds., «SEER Cancer Statistics Review», tabla 2.5.

131 **la incidencia de cáncer cerebral:** Howlader *et al.*, eds., «SEER Cancer Statistics Review», tabla 3.16.

131 **Para el cáncer de hígado, Hawai va en cabeza:** Howlader *et al.*, eds., «SEER Cancer Statistics Review», tabla 14.16.

132 **« La naturaleza y el entorno repercuten en la probabilidad»:** Doll y Peto, «Causes of Cancer», 1204.

CAPÍTULO 8. «Adriamicina y pozole para Nochebuena»

133 **Entre las sustancias químicas:** Programa Nacional de Toxicología, *Report on Carcinogens,* 12ª ed. (Departmento de Salud y Servicios Humanos, Research Triangle Park, NC: 2011).

133 **Sintetizado por primera vez en 1844:** Michele Peyrone, «Ueber Die Einwirkung Des Ammoniaks Auf Platinchlorür», *Justus Liebigs Annalen Der Chemie* 51, n. 1 (27 enero, 2006): 1–29. Para una breve biografía del descubridor, véase George B. Kauffman *et al.*, «Michele Peyrone (1813–1883), Discoverer of Cisplatin», *Platinum Metals Review* 54, n. 4 (Octubre, 2010): 250–56.

133 **el comportamiento de las células en presencia de electricidad:** Barnett Rosenberg, Loretta Van Camp y Thomas Krigas, «Inhibition of Cell Division in *Escherichia coli* by Electrolysis Products from a Platinum Electrode», *Nature* 205, n. 4972 (13 de febrero, 1965): 698–99. Véase asimismo Gregory A. Petsko, «A Christmas Carol», *Genome Biology* 3, n. 1 (2002); y Rebecca A. Alderden, Matthew D. Hall y Trevor W. Hambley, «The Discovery and Development of Cisplatin», *Journal of Chemical Education* 83 (2006): 728.

134 **«Dios mío, uno no descubre a menudo cosas como esa»:** «Interview with Barnett Rosenberg», colaborador en el Proyecto Sesquicentenario de Historia Oral, disponible online en los Archivos y Colecciones Históricas de la Universidad del Estado de Michigan, 2 de febrero, 2001.

134 **Rosenberg pasó a probar los efectos de la molécula:** Barnett Rosenberg, Loretta Vancamp, *et al.*, «Platinum Compounds: A New Class of Potent Antitumour Agents», *Nature* 222, n. 5191 (26 de abril, 1969): 385–86.

134 **los científicos descubrieron cómo actúa:** Véase, por ejemplo, Huifang Huang *et al.*, «Solution Structure of a Cisplatin-Induced DNA Interstrand Cross-Link», *Science* 270, n. 5243 (15 de diciembre, 1995): 1842–45. Para un repaso de los medicamentos para la quimioterapia y los enlaces cruzados, véanse Andrew J. Deans and Stephen C. West, «DNA Interstrand Crosslink Repair and Cancer», *Nature Reviews Cancer* 11, n. 7 (julio, 2011): 467–80; y Laurence H. Hurley, «DNA and Its Associated Processes as Targets for Cancer Therapy», *Nature Reviews Cancer* 2, n. 3 (marzo, 2002): 188–200.

135 **la penicilina del cáncer:** Stephen Trzaska, «Cisplatin», *Chemical and Engineering News* 83, n. 25 (2005): 3.

135 **severos efectos secundarios:** «Cisplatin», página web de la Sociedad Americana del Cáncer, revisada por última vez el 14 de enero, 2010.

135 **La doxorrubicina tiene su propia historia:** Klaus Mross, Ulrich Massing y Felix Kratz, «DNA-Intercalators— The Anthracyclines», en H. M. Pinedo y Carolien Smorenburg, eds., *Drugs Affecting Growth of Tumours* (Birkhäuser Verlag, Basel, Boston, 2006), 19.

135 **la disminución del recuento de glóbulos blancos:** «Doxorubicin», página web de la Sociedad Americana del Cáncer, revisada por última vez el 7 de noviembre, 2011.

135 **se sabe que el riesgo crece:** Giorgio Minotti *et al.*, «Paclitaxel and Docetaxel Enhance the Metabolism of Doxorubicin to Toxic Species in Human Myocardium», *Clinical Cancer Research* 7, n. 6 (1 de junio, 2001): 1511–15.

135 **El paclitaxel (o Taxol) se aisló inicialmente:** Frank Stephenson, «A Tale of Taxol», *Research in Review,* Fall 2002, disponible online en la Oficina de Investigación de la página web de la Universidad del Estado de Florida.

136 **Los primeros agentes químicos:** Alfred Gilman y Frederick S. Philips, «The Biological Actions and Therapeutic Applications of the B-Chloroethyl Amines and Sulfides», *Science* 103, n. 2675 (5 de abril, 1946): 409–36. Para más información sobre la historia, véanse Vincent T. DeVita y Edward Chu, «A History of Cancer Chemotherapy», *Cancer Research* 68, n. 21 (1 de noviembre, 2008): 8643–53; y Bruce A. Chabner y Thomas G. Roberts. «Chemotherapy and the War on Cancer», *Nature Reviews Cancer* 5, n. 1 (1 enero, 2005): 65–72.

136 **elaborada por la Convención de Armas Químicas de 1993:** *Convention on the Prohibition of the Development, Production, Stockpiling and Use of Chemical Weapons and on Their Destruction* (Organización para la Prohibición de Armas Químicas, Nueva York, 2005). Disponible en la página web de dicha organización.

137 **«El CSPU presenta una propensión»:** Alessandro D. Santin *et al.*, «Trastuzumab Treatment in Patients with Advanced or Recurrent Endometrial Carcinoma Overexpressing HER2/neu», *International Journal of Gynecology & Obstetrics* 102 (agosto, 2008): 128–31.

137 **un cáncer característico de mujeres mayores y más delgadas:** David M. Boruta II *et al.*, «Management of Women with Uterine Papillary Serous Cancer», *Gynecologic Oncology* 115 (2009): 142–53; Amanda Nickles Fader *et al.*, «An Updated Clinicopathologic Study of Early-stage Uterine Papillary Serous Carcinoma (UPSC)», *Gynecologic Oncology* 115, n. 2 (noviembre, 2009): 244–48; C. A. Hamilton *et al.*, «Uterine Papillary Serous and Clear Cell Carcinomas Predict for Poorer Survival Compared to Grade 3 Endometrioid Corpus Cancers», *British Journal of Cancer* 94, n. 5 (13 de marzo, 2006): 642–46; Sunni Hosemann, «Early Uterine Papillary Serous Carcinoma: Treatment Options Tailored to Patient and Disease Characteristics», *OncoLog* 50, ns. 4–5 (abril–mayo, 2010): 4-6; y Carsten Gründker, Andreas R. Günthert y Günter Emons, «Hormonal Heterogeneity of Endometrial Cancer», en Lev M. Berstein y Richard J. Santen, eds., *Innovative Endocrinology of Cancer,* vol. 630 de *Advances in Experimental Medicine and Biology* (Springer, Nueva York, NY, 2008), 166–88.

137 **«No existen factores de riesgo»:** Felice Lackman y Peter Craighead, «Therapeutic Dilemmas in the Management of Uterine Papillary Serous Carcinoma», *Current Treatment Options in Oncology* 4, n. 2 (2003): 99–104.

137 **solo entre el cinco y el diez por ciento:** Boruta *et al.*, «Management of Women with Uterine Papillary Serous Cancer». Véanse asimismo Brij M. Sood *et al.*, «Patterns of Failure After the Multimodality Treatment of Uterine Papillary Serous Carcinoma», *International Journal of Radiation Oncology, Biology, Physics* 57, n. 1 (1 de setiembre, 2003): 208–16; y Hadassah Goldberg *et al.*, «Outcome After Combined Modality Treatment for Uterine Papillary Serous

Carcinoma: A Study by the Rare Cancer Network», *Gynecologic Oncology* 108, n. 2 (febrero, 2008): 298–305.

137 **encontré un artículo:** S. J. Gould, «The Median Isn't the Message», *Discover* 6 (junio, 1985): 40–42.

138 **«Todos los biólogos evolutivos saben»:** Gould, «The Median Isn't the Message».

141 **¿Debían administrarle topotecán?:** Robert W. Holloway, «Treatment Options for Endometrial Cancer: Experience with Topotecan», 2ª parte, *Gynecologic Oncology* 90, n. 3 (setiembre, 2003): S28–33.

142 **Adjuntó resúmenes de tres artículos:** Holly H. Gallion *et al.*, «Randomized Phase III Trial of Standard Timed Doxorubicin Plus Cisplatin Versus Circadian Timed Doxorubicin Plus Cisplatin in Stage III and IV or Recurrent Endometrial Carcinoma», *Journal of Clinical Oncology* 21, n. 20 (15 de octubre, 2003): 3808–13; David Scott Miller *et al.*, «A Phase II Trial of Topotecan in Patients with Advanced, Persistent, or Recurrent Endometrial Carcinoma: A Gynecologic Oncology Group Study», *Gynecologic Oncology* 87, n. 3 (diciembre, 2002): 247–51; y Scott Wadler *et al.*, «Topotecan Is an Active Agent in the First-line Treatment of Metastatic or Recurrent Endometrial Carcinoma», *Journal of Clinical Oncology* 21, n. 11 (1 de junio, 2003): 2110–14.

142 **el oncólogo de Nancy nos dio un artículo:** Alessandro D. Santin, «HER2/neu Overexpression: Has the Achilles' Heel of Uterine Serous Papillary Carcinoma Been Exposed?» *Gynecologic Oncology* 88, n. 3 (marzo, 2003): 263–65.

142 **los receptores que responden a factores de crecimiento epidérmico humano:** El mecanismo es un poco más complejo de lo que suele explicarse. Véase «Targeted Therapies for Breast Cancer Tutorial: Inhibition of HER2», página web del Instituto Nacional del Cáncer.

142 **Suele llamarse simplemente HER2:** El incómodo nombre surgió después de que dos laboratorios descubrieran el gen cada uno por su lado (en humanos y en ratas): Alan L. Schechter, Robert A. Weinberg, *et al.*, «The Neu Oncogene: An erb-Brelated Gene Encoding a 185,000-Mr Tumour Antigen», *Nature* 312, n. 5994 (6 de diciembre, 1984): 513–16; y A. Ullrich *et al.*, «Human Epidermal Growth Factor Receptor cDNA Sequence and Aberrant Expression of the Amplified Gene in A431 Epidermoid Carcinoma Cells», *Nature* 309, n. 5967 (31 de junio, 1984): 418–25.

142 **un fármaco llamado Herceptin:** La historia de su desarrollo aparece en Robert Bazell, *Her-2: The Making of Herceptin, a Revolutionary Treatment for Breast Cancer* (Random House, Nueva York, 1998).

143 **Su nombre había sido mencionado en un episodio de *El ala oeste de la Casa Blanca*:** Lawrence K. Altman, MD, «Very Real Questions for Fictional President», Doctor's World, *The New York Times*, 9 de octubre, 2001.

CAPÍTULO 9. Ahondar en la célula cancerosa

146 **descrita con toda precisión por dos científicos:** D. Hanahan y R. A. Weinberg, «The Hallmarks of Cancer», *Cell* 100, n. 1 (7 enero, 2000): 57–70.

146 **La idea… se remonta a varias décadas atrás:** C. O. Nordling, «A New Theory on the Cancer-inducing Mechanism», *British Journal of Cancer* 7, n. 1 (marzo, 1953): 68–72. Nordling sostuvo que la necesidad de múltiples mutaciones explica por qué el cáncer se vuelve cada vez más frecuente con la edad: «Si se requirieran dos mutaciones, la frecuencia del cáncer debería aumentar en proporción directa a la edad… Si se requirieran tres mutaciones, cabría esperar una frecuencia

267

de cáncer proporcional a la edad elevada al cuadrado, con cuatro mutaciones sería proporcional a la edad elevada al cubo, y así sucesivamente». A menudo se atribuye a Peter Nowell la primera explicación clara del concepto de cáncer como proceso darwiniano en «The Clonal Evolution of Tumor Cell Populations», *Science* 194, n. 4260 (1 de octubre, 1976): 23–28. Se dotó a la teoría de una base sólida por medio de experimentos que marcaron hitos en cuanto al cáncer colorrectal. Véase Bert Vogelstein *et al.*, «Genetic Alterations During Colorectal-tumor Development», *New England Journal of Medicine* 319, n. 9 (1 de setiembre, 1988): 525–32.

147 **«Desde hace ya décadas»:** Hanahan y Weinberg, «The Hallmarks of Cancer» (las comillas son mías).

148 **no tienen por qué producirse necesariamente a través de mutaciones:** El artículo fundamental sobre los mecanismos epigenéticos es de Andrew P. Feinberg y Bert Vogelstein, «Hypomethylation Distinguishes Genes of Some Human Cancers from Their Normal Counterparts», *Nature* 301, n. 5895 (6 enero, 1983): 89–92. Para una visión histórica, véase Andrew P. Feinberg y Benjamin Tycko, «The History of Cancer Epigenetics», *Nature Reviews Cancer* 4, n. 2 (febrero, 2004): 143–53. Los cambios epigenéticos en las células germinales —espermatozoides u óvulos— incluso podrían transmitirse de padres a hijos, si bien se desconoce la transcendencia de eso.

150 **estos mutan en distintos cánceres:** Päivi Peltomäki, «Mutations and Epimutations in the Origin of Cancer», *Experimental Cell Research* 318, n. 4 (15 de febrero, 2012): 299–310.

150 **han planteado que en realidad el cambio empieza con alteraciones epigenéticas:** Andrew P. Feinberg, Rolf Ohlsson y Steven Henikoff, «The Epigenetic Progenitor Origin of Human Cancer», *Nature Reviews Genetics* 7, n. 1 (enero, 2006): 21–33.

150 **la polémica idea conocida como «teoría de las células madre del cáncer»:** Piyush B. Gupta, Christine L. Chaffer y Robert A. Weinberg, «Cancer Stem Cells: Mirage or Reality?» *Nature Medicine* 15, n. 9 (2009): 1010–12; Jerry M. Adams y Andreas Strasser, «Is Tumor Growth Sustained by Rare Cancer Stem Cells or Dominant Clones?» *Cancer Research* 68, n. 11 (1 de junio 2008): 4018–21; y Peter Dirks, «Cancer Stem Cells: Invitation to a Second Round», *Nature* 466, n. 7302 (1 de julio, 2010): 40–41. La idea básica se planteó ya en 1937 (J. Furth y M. C. Kahn, «The Transmission of Leukaemia of Mice with a Single Cell», *American Journal of Cancer* 31 [1937]: 276–82), y células madre cancerígenas fueron identificadas en un cáncer de sangre por Dominique Bonnet y John E. Dick: «Human Acute Myeloid Leukemia Is Organized as a Hierarchy That Originates from a Primitive Hematopoietic Cell», *Nature Medicine* 3, n. 7 (1 de julio, 1997): 730–37.

151 **más confusa me resultaba:** Para hacerse una idea de la controversia, véanse John E. Dick, «Looking Ahead in Cancer Stem Cell Research», *Nature Biotechnology* 27, n. 1 (enero, 2009): 44–46; Elsa Quintana *et al.*, «Efficient Tumour Formation by Single Human Melanoma Cells», *Nature* 456, n. 7222 (4 de diciembre, 2008): 593–98; Priscilla N. Kelly *et al.*, «Tumor Growth Need Not Be Driven by Rare Cancer Stem Cells», *Science* 317, n. 5836 (20 de julio, 2007): 337; Richard P. Hill, «Identifying Cancer Stem Cells in Solid Tumors: Case Not Proven», *Cancer Research* 66, n. 4 (15 de febrero, 2006): 1891–96; y Scott E. Kern y Darryl Shibata, «The Fuzzy Math of Solid Tumor Stem Cells: A Perspective», *Cancer Research* 67, n. 19 (1 de octubre, 2007): 8985–88.

151 **mudan su identidad y revierten:** Una hipótesis es que realizarían la transformación a través de la transformación epitelial-mesenquimal, mecionada en el Capítulo 6 de este libro.

151 **debía seguirse en el futuro:** Tres artículos publicados en agosto de 2012 suscitaron una oleada de publicidad a favor de la teoría junto con una reacción de escepticismo. Para un resumen, incluyendo citas, véase Monya Baker, «Cancer Stem Cells Tracked», *Nature* 488, n. 7409 (2 de agosto, 2012): 13–14.

151 **la reunión anual:** Asociación Americana para la Investigación del Cáncer, 102 Congreso Anual, «Innovation and Collaboration: The Path to Progress», 2–6 de abril, 2011, Centro de Convenciones Orange County, Orlando, Florida.

152 **más de 16.000 científicos:** «AACR Hosts Successful 102nd Annual Meeting in Orlando», Congresos Anuales Previos, página web de la AACR.

152 **un increíble vídeo:** Fotogramas en alta definición y vídeos en dos y tres dimensiones están disponibles en la página web de Amgen.

152 **Amgen desarrolla un inhibidor de la angiogénesis:** Beth Y. Karlan *et al.*, «Randomized, Double-Blind, Placebo-Controlled Phase II Study of AMG 386 Combined with Weekly Paclitaxel in Patients with Recurrent Ovarian Cancer», *Journal of Clinical Oncology* 30, n. 4 (1 de febrero, 2012): 362–71.

152 **prolongó la vida:** El término técnico empleado en el estudio fue «supervivencia total».

153 **«Judah va a curar el cáncer»:** Gina Kolata, «A Cautious Awe Greets Drugs That Eradicate Tumors in Mice, *The New York Times,* 3 de mayo, 1998.

153 **«la investigación sobre el cáncer más apasionante que he visto en la vida»:** James Watson, «High Hopes on Cancer», *The New York Times,* carta al director, 7 de mayo, 1998.

153 **«destacados y extraordinarios»:** Kolata, «A Cautious Awe Greets Drugs».

153 **metástasis más vigorosa:** Erika Check Hayden, «Cutting Off Cancer's Supply Lines», *Nature News* 458, n. 7239 (8 de abril, 2009): 686–87.

153 **dar unos cuantos meses más de vida a una paciente:** página del producto Avastin, página web de Genentech.

153 **el Departamento de Alimentos y Medicamentos... prohibió el uso:** Andrew Pollack, «F.D.A. Revokes Approval of Avastin for Use as Breast Cancer Drug», *The New York Times,* 18 de noviembre, 2011.

154 **se acompañaba de Herceptin la quimioterapia corriente:** Edward H. Romond *et al.*, «Trastuzumab Plus Adjuvant Chemotherapy for Operable HER2-positive Breast Cancer», *New England Journal of Medicine* 353, n. 16 (20 de octubre, 2005): 1673–84. Véase asimismo Luca Gianni *et al.*, «Treatment with Trastuzumab for 1 Year After Adjuvant Chemotherapy in Patients with HER2-positive Early Breast Cancer: A 4-year Follow-up of a Randomised Controlled Trial», *Lancet Oncology* 12, n. 3 (marzo, 2011): 236–244.

154 **Genentech pudiera reducir el plazo de entrada en el mercado:** El hecho de que un ensayo clínico termine pronto no se considera necesariamente bueno. Véase F. Trotta *et al.*, «Stopping a Trial Early in Oncology: For Patients or for Industry?» *Annals of Oncology* 19, n. 7 (1 de julio, 2008): 1347–53; Margaret McCartney, «Leaping to Conclusions», *BMJ: British Medical Journal* 336, n. 7655 (31 de mayo, 2008): 1213–14; y Victor M. Montori *et al.*, «Randomized Trials Stopped Early for Benefit: A Systematic Review», *JAMA: The Journal of the American Medical Association* 294, n. 17 (2 de noviembre, 2005): 2203–9.

154 **un elevado riesgo de fallo cardíaco congestivo:** Un estudio con doce mil mujeres que tomaban Herceptin demostró que la mortalidad por cáncer de mama se redujo en un tercio pero con un riesgo cinco veces mayor de padecer toxicidad cardiaca. Véase Lorenzo Moja *et al.*, «Trastuzumab Containing Regimens for Early Breast Cancer», *Cochrane Database of Systematic Reviews* 2012, número 4, artículo n. CD006243, publicado online el 18 de abril, 2012.

154 **el «máximo logro»:** Scott A. Stuart, Yosuke Minami y Jean Y. J. Wang, «The

CML Stem Cell: Evolution of the Progenitor», *Cell Cycle* 8, n. 9 (1 de mayo, 2009): 1338–43. Para la historia de Gleevec, véase Terence Monmaney, «A Triumph in the War Against Cancer», *Smithsonian*, mayo, 2011.

154 **fortaleciendo las defensas inmunológicas del organismo:** Para una perspectiva general, véanse Ira Mellman, George Coukos y Glenn Dranoff, «Cancer Immunotherapy Comes of Age», *Nature* 480, n. 7378 (21 de diciembre, 2011): 480–89; Drew M. Pardoll, «The Blockade of Immune Checkpoints in Cancer Immunotherapy», *Nature Reviews Cancer* 12, n. 4 (abril, 2012): 252–64; y David L. Porter *et al.*, «Chimeric Antigen Receptor–Modified T Cells in Chronic Lymphoid Leukemia», *New England Journal of Medicine* 365, n. 8 (10 de agosto, 2011): 725–33.

154 **se extraen y modifican las células inmunes del propio paciente:** En otro tipo de tratamiento, se emplean células cancerosas muertas para vacunar a pacientes contra sus propios tumores de un modo muy similar a la manera en que se emplean virus inactivos para las vacunas contra la gripe.

156 **tan drásticamente como ha ocurrido con las enfermedades coronarias:** Arialdi M. Miniño *et al.*, «Deaths: Final Data for 2008», *National Vital Statistics Reports* 59, n. 10 (7 de diciembre, 2011). Véase el diagrama 6, página 9.

156 **perdiendo la guerra contra el cáncer:** Para un razonamiento comedido, véase Sharon Begley, «We Fought Cancer... And Cancer Won», *Newsweek*, 5 de setiembre, 2008.

156 **fundadora y presidenta del consejo asesor:** página web de Telome Health Inc.

156 **había perdido esa diapositiva:** La ponente era Lynda Chin y la empresa es Aveo Oncology. Su marido es Ronald DePinho, que después sería el presidente del centro de cáncer MD Anderson. En 2012 la pareja estuvo involucrada en una disputa por una subvención de 18 millones de dólares. Los detalles aparecen en Meredith Wadman, «Texas Cancer Institute to Re-review Controversial Grant», *Nature News*, 31 de mayo, 2012. Véase asimismo Meredith Wadman, «Texas Cancercentre Head Apologizes for Promoting Stock on Television», *Nature News*, 1 de junio, 2012.

156 **«quiero realmente que esto funcione»:** Ervin J. Epstein, conferencia plenaria, 102 Congreso Anual de la Asociación Americana para la Investigación del Cáncer, 3 de abril, 2011. También señaló que había sido consultor para Genentech y Novartis y poseía acciones de una empresa llamada Curis.

156 **innovadora obra sobre virus y oncogenes:** D. Stehelin, H. E. Varmus, J.M. Bishop y P. K. Vogt, «DNA Related to the Transforming Gene(s) of Avian Sarcoma Viruses Is Present in Normal Avian DNA», *Nature* 260, n. 5547 (11 de marzo, 1976): 170–73.

156 **las cuestiones más desconcertantes:** Varmus se refería al proyecto Preguntas Provocadoras, descrito en la página web del Instituto Nacional del Cáncer. Véase asimismo Harold Varmus y Ed Harlow, «Science Funding: Provocative Questions in Cancer Research», *Nature* 481, n. 7382 (25 enero, 2012): 436–37.

157 **cáncer de corazón:** Timothy J. Moynihan, «Heart Cancer: Is There Such a Thing?» Disease and Vonditions, página web de Mayo Clinic Health Information.

157 **los resultados han sido sorprendentes:** Michael R. Stratton, Peter J. Campbell y P. Andrew Futreal, «The Cancer Genome», *Nature* 458, n. 7239 (9 de abril, 2009): 719–24; y P. Andrew Futreal, Michael R. Stratton, *et al.*, «A Census of Human Cancer Genes», *Nature Reviews Cancer* 4, n. 3 (marzo, 2004): 177–83.

157 **centenares de mutaciones:** Para un ejemplo especialmente llamativo, véase H. Nikki March *et al.*, «Insertional Mutagenesis Identifies Multiple Networks of Cooperating Genes Driving Intestinal Tumorigenesis», *Nature Genetics* 43, n.

12 (2011): 1202–9. Parte del reto consiste en distinguir entre las mutaciones «conductoras» y «pasajeras». Véase Capítulo 12 del libro para los detalles.

158 **el fenómeno de la polarización:** Para la relación con el cáncer, véase, por ejemplo, Minhui Lee y Valeri Vasioukhin, «Cell Polarity and Cancer— Cell and Tissue Polarity as a Non-canonical Tumor Suppressor», *Journal of Cell Science* 121, n. 8 (15 de abril, 2008): 1141–50.

158 **las muchas clases distintas de muerte celular:** Melanie M. Hippert, Patrick S. O'Toole y Andrew Thorburn, «Autophagy in Cancer: Good, Bad, or Both?» *Cancer Research* 66, n. 19 (1 de octubre, 2006): 9349–51; Michael Overholtzer, Joan S. Brugge, *et al.*, «A Nonapoptotic Cell Death Process, Entosis, That Occurs by Cell-in-Cell Invasion», *Cell* 131, n. 5 (30 de noviembre, 2007): 966–79; y Peter Vandenabeele *et al.*, «Molecular Mechanisms of Necroptosis: An Ordered Cellular Explosion», *Nature Reviews Molecular Cell Biology* 11, n. 10 (1 de octubre, 2010): 700–14.

158 **el efecto Warburg:** El cambio metabólico, en el que interviene la glicolisis, fue descrito por Otto Warburg en «On the Origin of Cancer Cells», *Science* 123, n. 3191 (24 de febrero, 1956): 309–14. Cuando tiene lugar en presencia de oxígeno, el proceso se llama glicolisis aeróbica. El resultado es un mayor consumo de glucosa, y por eso las células cancerosas se iluminan en las tomografías.

159 **incorporar una mayor cantidad de la materia prima:** Matthew G. Vander Heiden, Lewis C. Cantley y Craig B. Thompson, «Understanding the Warburg Effect: The Metabolic Requirements of Cell Proliferation», *Science* 324, n. 5930 (22 de mayo, 2009): 1029–33.

159 **La lenta quemazón de la inflamación crónica:** Para una buena perspectiva general, véase Gary Stix, «Is Chronic Inflammation the Key to Unlocking the Mysteries of Cancer?» *Scientific American*, julio, 2007, actualizado online el 9 de noviembre, 2008. Hay más referencias en las notas del Capítulo 10.

159 **las moléculas llamadas sirtuinas:** Para una revisión, véase Finkel Toren, Chu-Xia Deng y Raul Mostoslavsky, «Recent Progress in the Biology and Physiology of Sirtuins», *Nature* 460, n. 7255 (30 de julio, 2009): 587–91.

159 **los genes que residen en los microbios:** Steven R. Gill *et al.*, «Metagenomic Analysis of the Human Distal Gut Microbiome», *Science* 312, n. 5778 (2 de junio, 2006): 1355–59.

160 **un Proyecto del Microbioma Humano:** Peter J. Turnbaugh *et al.*, «The Human Microbiome Project», *Nature* 449, n. 7164 (18 de octubre, 2007): 804–10.

160 **«-ómicas»:** Joshua Lederberg bautizó el microbioma, y en un breve ensayo, «Ome Sweet 'Omics», comentó el fenómeno del nombre: *The Scientist* 15, n. 7 (2 de abril, 2001): 8.

160 **separar el ridiculoma del relevantoma:** Creía que yo había inventado estas palabras, pero en una búsqueda por Internet aparecieron en una presentación en PowerPoint: Andrea Califano, Brian Athey y Russ Altman, «Creating a DBP Community to Enhance the NCBC Biomedical Impact, A National Center for Biomedical Computing Work Group Report», 18 de julio, 2006, página web de National Alliance for Medical Image Computing.

160 **del magnífico libro de Horace Freeland Judson:** *The Eighth Day of Creation: Makers of the Revolution in Biology*, ed. ampliada (Cold Spring Harbor Laboratory Press, Cold Spring Harbor, NY, 1996).

161 **microARN:** Rosalind C. Lee, Rhonda L. Feinbaum y Victor Ambros, «The C. *elegans* Heterochronic Gene lin-4 Encodes Small RNAs with Antisense Complementarity to lin-14», *Cell* 75 (diciembre, 1993): 843–54.

162 **la importancia… se ha exagerado:** Harm van Bakel *et al.*, «Most 'Dark Matter' Transcripts Are Associated with Known Genes», *PLOS Biology* 8, n. 5 (18 de

mayo, 2010): e1000371; y Richard Robinson, «Dark Matter Transcripts: Sound and Fury, Signifying Nothing?» *PLOS Biology* 8 (18 de mayo, 2010): e1000370.

162 **una teoría nueva arrolladora:** Leonardo Salmena, Pier Paolo Pandolfi , *et al.*, «A ceRNA Hypothesis: The Rosetta Stone of a Hidden RNA Language?» *Cell* 146, n. 3 (5 de agosto, 2011): 353–58. El ponente fue el principal autor, Pier Paolo Pandolfi.

162 **Basura que no es basura:** Parece que incluso una mayor parte del ADN no codificado encontró una razón de ser con el proyecto ENCODE, cuyos resultados fueron anunciados con una exagerada página web multimedia por la revista *Nature*. Para una perspectiva a la antigua de los resultados, Consortium, The EN-CODE Project, «An Integrated Encyclopedia of DNA Elements in the Human Genome», *Nature* 489, n. 7414 (6 de setiembre, 2012): 57–74. Cuando se publicó, se produjo una violenta reacción entre los científicos que consideraron que los resultados, aunque importantes, recibieron una publicidad excesiva. Véase John Timmer, «Most of What You Read Was Wrong: How Press Releases Rewrote Scientific History», en la publicación online *Ars Technica*, 10 de septiembre de 2012.

163 **habían publicado una segunda entrega de su trabajo:** Douglas Hanahan y Robert A Weinberg, «Hallmarks of Cancer: The Next Generation», *Cell* 144, n. 5 (4 de marzo, 2011): 646–74. Se aprovechó el décimo aniversario del artículo original «Hallmarks» para hacer una crítica: Yuri Lazebnik, «What Are the Hallmarks of Cancer?» *Nature Reviews Cancer* 10, n. 4 (1 de abril, 2010): 232–33.

CAPÍTULO 10. El desbarajuste metabólico

165 **Alexander Fleming descubrió la penicilina:** A. Fleming, «On the Antibacterial Action of Cultures of a Penicillium, with Special Reference to Their Use in the Isolation of B. Influenzae», *British Journal of Experimental Pathology* 10 (1929): 226–35. El artículo volvió a publicarse en *Bulletin of the World Health Organization* 79, n. 8 (2001): 780–90. Describió el descubrimiento en su discurso del Premio Nobel, 11 de diciembre, 1945: Alexander Fleming, «Penicillin», en *Nobel Lectures, Physiology or Medicine 1942–1962* (Elsevier Publishing Company, Amsterdam, 1964), disponible en la página web del Premio Nobel. Sin que Fleming lo supiera, otros científicos antes que él también habían advertido los efectos de la penicilina (véase Horace Freeland Judson, *The Search for Solutions* [Hutchinson, 1980, Londres], 73–75), y ciertos historiadores han puesto en duda los detalles de la versión canónica: Douglas Allchin, «Penicillin and Chance», Sociology, página web de History and Philosophy in Science Teaching Resource Center, Universidad de Minnesota.

166 **chicos flacos a causa de la desnutrición:** H. A. Waldron, «A Brief History of Scrotal Cancer», *British Journal of Industrial Medicine* 40, n. 4 (noviembre, 1983): 390–401.

166 **«El destino de estas personas»:** Percivall Pott, *The Chirurgical Works of Percival Pott, F.R.S. and Surgeon to St. Bartholomew's Hospital* (impreso para T. Lowndes, J. Johnson, G. Robinson, T. Cadell, T. Evans, W. Fox, J. Bew y S. Hayes, Londres, 1783). El libro se imprimió por primera vez en 1775, y la cita es de la página 178 de una edición posterior y ampliada (J. Johnson, Londres, 1808).

166 **«He llevado a cabo el experimento»:** Potts, *The Chirurgical Works*, 179.

166 **Los deshollinadores de la Europa continental:** Waldron, «A Brief History».

166 **no se conocía en Edimburgo:** Robert M. Green, MD, «Cancer of the Scrotum», *Boston Medical and Surgical Journal* 163, n. 2 (17 de noviembre, 1910): 755–59.

167 **«desde el tamaño de un grano de arroz»:** K. Yamagiwa y K. Ichikawa, «Experimental Study of the Pathogenesis of Carcinoma», *Journal of Cancer Research* 3 (1918): 1–29. Reeditado con una breve biografía de Katsusaburo Yamagiwa en *CA: A Cancer Journal for Clinicians* 27, n. 3 (mayo/junio, 1977): 172–81.

167 **«Todas las ciudades de Italia»:** Bernardino Ramazzini, *Diseases of Workers*, traducido del texto en latín *De morbis artificum* de 1713 por Wilmer Cave Wright, con una introducción de George Rosen (University of Chicago Press, Chicago, 1940), 191. Esta edición incluye el texto en latín en páginas opuestas. Ramazzini escribió sobre las monjas en una sección titulada «Nodrizas», 189–93. Véase asimismo J. S. Felton, «The Heritage of Bernardino Ramazzini», *Occupational Medicine* 47, n. 3 (1 de abril, 1997): 167–79.

168 **la lactancia:** Fundación Mundial de la Investigación del Cáncer /Instituto Americano para la Investigación del Cáncer, *Food, Nutrition, Physical Activity, and the Prevention of Cancer: A Global Perspective* (AICR, Washington, DC, 2007), 239–42.

169 **Domenico Rigoni-Stern, observó:** I. D. Rotkin, «A Comparison Review of Key Epidemiological Studies in Cervical Cancer Related to Current Searches for Transmissible Agents», *Cancer Research* 33, n. 6 (1 de junio 1973): 1353–67; y Joseph Scotto y John C. Bailar, «Rigoni-Stern and Medical Statistics: A Nineteenth-Century Approach to Cancer Research», *Journal of the History of Medicine and Allied Sciences* 24, n. 1 (1969): 65–75.

169 **«El dogma era que el cáncer»:** Todas las citas de Riboli proceden de una entrevista con el autor en Londres, 12 de mayo, 2011.

169 **procedieron de experimentos de laboratorio:** Albert Tannenbaum realizó investigaciones innovadoras en los años 1940. Véase «The Initiation and Growth of Tumors. Introduction. I. Effects of Underfeeding», *American Journal of Cancer* 38 (1940): 335–50. Para trabajos posteriores, véanse D. Kritchevsky *et al.*, «Calories, Fat and Cancer», *Lipids* 21, n. 4 (abril 1986): 272–74; D. Kritchevsky, M. M. Webe y D. M. Klurfeld, «Dietary Fat Versus Caloric Content in Initiation and Promotion of Mammary Tumorigenesis in Rats», *Cancer Research* 44, n. 8 (agosto, 1984): 3174–77; G. A. Boissonneault, C. E. Elson y M. W. Pariza, «Net Energy Effects of Dietary Fat on Chemically Induced Mammary Carcinogenesis in F344 Rats», *Journal of the National Cancer Institute* 76, n. 2 (febrero, 1986): 335–38; y M. W Pariza, «Fat, Calories, and Mammary Carcinogenesis: Net Energy Effects», *American Journal of Clinical Nutrition* 45, n. 1 (1 enero, 1987): 261–63.

169 **darles de comer distintas variedades de alimentos:** G. J. Hopkins y K. K. Carroll, «Relationship Between Amount and Type of Dietary Fat in Promotion of Mammary Carcinogenesis», *Journal of the National Cancer Institute* 62, n. 4 (abril, 1979): 1009–12.

169 **Las dietas demasiado ricas en sal:** Para una perspectiva general, véase Xiao-Qin Wang, Paul D. Terry y Hong Yan, «Review of Salt Consumption and Stomach Cancer Risk: Epidemiological and Biological Evidence», *World Journal of Gastroenterology* 15, n. 18 (14 de mayo, 2009): 2204–13.

170 **las nitrosaminas, compuestos de N-nitroso, y otras sustancias:** Véanse, por ejemplo, P. Issenberg, «Nitrite, Nitrosamines, and Cancer», *Federation Proceedings* 35, n. 6 (1 de mayo, 1976): 1322–26; y William Lijinsky, «N-Nitroso Compounds in the Diet», *Mutation Research/Genetic Toxicology and Environmental Mutagenesis* 443, n. 1–2 (15 de julio, 1999): 129–38.

170 **revisar unos cuatro mil estudios:** Fundación Mundial de la Investigación del Cáncer/ Instituto Americano para la Investigación del Cáncer, *Food, Nutrition, Physical Activity, and the Prevention of Cancer*, 585.

170 **«con una cantidad considerable»:** Fundación Mundial de la Investigación del Cáncer/ Instituto Americano para la Investigación del Cáncer, *Food, Nutrition, Physical Activity, and the Prevention of Cancer*, 538.

170 **«dietas basadas predominantemente en vegetales»:** Fundación Mundial de la Investigación del Cáncer/ Instituto Americano para la Investigación del Cáncer, *Food, Nutrition, Physical Activity, and the Prevention of Cancer*, 522.

171 **«especialmente ricos en sustancias que protegen contra el cáncer»:** Jane Brody, «Eat Your Vegetables! But Choose Wisely», Personal Health, *New York Times*, 2 enero, 2001.

171 **la decepcionante segunda entrega:** Fundación Mundial de la Investigación del Cáncer/ Instituto Americano para la Investigación del Cáncer, *Food, Nutrition, Physical Activity, and the Prevention of Cancer*. Las actualizaciones se cuelgan en la página web del Informe del Cáncer y la Dieta de la organización.

171 **«en ningún caso se considera ahora que las pruebas de protección son convincentes»:** Fundación Mundial de la Investigación del Cáncer/ Instituto Americano para la Investigación del Cáncer, *Food, Nutrition, Physical Activity and the Prevention of Cancer*, 75, 114.

171 **el Estudio Prospectivo Europeo sobre el Cáncer y la Nutrición:** Los detalles pueden verse en la página web de EPIC.

172 **Ahora eran mínimas las pruebas:** Paolo Boffetta *et al.*, «Fruit and Vegetable Intake and Overall Cancer Risk», *Journal of the National Cancer Institute* 102, n. 8 (21 de abril, 2010): 529–37.

172 **o siquiera los cánceres específicos:** Para las citas, véase la respuesta al artículo de Christine Bouchardy, Simone Benhamou y Elisabetta Rapiti, «Re: Fruit and Vegetable Intake and Overall Cancer Risk in the European Prospective Investigation into Cancer and Nutrition», *Journal of the National Cancer Institute* (16 de diciembre, 2010); y T. J. Key, «Fruit and Vegetables and Cancer Risk», *British Journal of Cancer* 104, n. 1 (4 de enero, 2011): 6–11.

172 **un pequeño efecto protector:** Anthony B. Miller *et al.*, «Fruits and Vegetables and Lung Cancer», *International Journal of Cancer* 108, n. 2 (10 enero, 2004): 269–76; Heiner Boeing *et al.*, «Intake of Fruits and Vegetables and Risk of Cancer of the Upper Aero-digestive Tract», *Cancer Causes & Control* 17, n. 7 (setiembre 2006): 957–69; y F. L. Büchner *et al.*, «Fruits and Vegetables Consumption and the Risk of Histological Subtypes of Lung Cancer in the European Prospective Investigation into Cancer and Nutrition (EPIC)», *Cancer Causes & Control* 21, n. 3 (marzo 2010): 357–71.

172 **demasiado pronto para extraer algo más que vacilantes conjeturas:** Key, «Fruit and Vegetables and Cancer Risk».

172 **la gente que fuma y bebe en exceso:** M. K. Serdula *et al.*, «The Association Between Fruit and Vegetable Intake and Chronic Disease Risk Factors», *Epidemiology* 7, n. 2 (marzo, 1996): 161–65.

172 **posiblemente estos alimentos desempeñaron un discreto papel:** F. J. van Duijnhoven *et al.*, «Fruit, Vegetables, and Colorectal Cancer Risk», *American Journal of Clinical Nutrition* 89, n. 5 (mayo, 2009): 1441–52.

172 **eso también sigue siendo tema de debate:** Key, «Fruit and Vegetables and Cancer Risk».

173 **«en extremo optimistas»:** Walter C. Willett, «Fruits, Vegetables, and Cancer Prevention: Turmoil in the Produce Section», *Journal of the National Cancer Institute* 102, n. 8 (21 de abril, 2010): 510–11. Hace referencia a Boffetta *et al.*, «Fruit and Vegetable Intake».

173 **el riesgo de contraer cáncer colorrectal en diez años:** Véase Teresa Norat *et al.*, «Meat, Fish, and Colorectal Cancer Risk», *Journal of the National Cancer Insti-*

tute 97, n. 12 (15 de junio, 2005): 906–16. El estudio reveló efectos protectores de una magnitud parecida en el consumo de pescado. Se informó de pruebas similares para la fibra en Sheila A. Bingham *et al.*, «Dietary Fibre in Food and Protection Against Colorectal Cancer in the European Prospective Investigation into Cancer and Nutrition», *Lancet* 361, n. 9368 (3 de mayo, 2003): 1496–501.

173 **han llegado a conclusiones contrarias:** Véanse, por ejemplo, D. D. Alexander y C. A. Cushing, «Red Meat and Colorectal Cancer: A Critical Summary of Prospective Epidemiologic Studies», *Obesity Reviews* 12, n. 5 (mayo, 2011): e472–493; y Doris S. M. Chan *et al.*, «Red and Processed Meat and Colorectal Cancer Incidence: Meta-Analysis of Prospective Studies», *PLOS ONE* 6, n. 6 (6 de junio, 2011). Para trabajos anteriores, véanse Scott Gottlieb, «Fibre Does Not Protect Against Colon Cancer», *BMJ: British Medical Journal* 318, n. 7179 (30 de enero, 1999): 281; y C. S. Fuchs, W. C. Willett, *et al.*, «Dietary Fiber and the Risk of Colorectal Cancer and Adenoma in Women», *New England Journal of Medicine* 340, n. 3 (21 de enero, 1999): 169–76. La Fundación Mundial de la Investigación del Cáncer concluye en la página web de su Informe del Cáncer y la Dieta que el argumento a favor de la fibra es cada vez más sólido.

173 **las mujeres mayores que habían aumentado entre 15 y 20 kilos:** Lahmann *et al.*, «Longterm Weight Change and Breast Cancer».

174 **la gordura en sí... parecía la fuerza impulsora:** Véanse, por ejemplo, P. H. Lahmann *et al.*, «Long-term Weight Change and Breast Cancer Risk», *British Journal of Cancer* 93, n. 5 (5 de setiembre, 2005): 582–89; y Tobias Pischon *et al.*, «Body Size and Risk of Renal Cell Carcinoma in the European Prospective Investigation into Cancer and Nutrition», *International Journal of Cancer* 118, n. 3 (1 de febrero, 2006): 728–38.

174 **hasta el 25 por ciento de cánceres:** Graham A. Colditz, Kathleen Y. Wolin y Sarah Gehlert, «Applying What We Know to Accelerate Cancer Prevention», *Science Translational Medicine* 4, n. 127 (28 de marzo, 2012): 127rv4.

174 **Las razones son complejas:** Otros componentes importantes incluyen la hormona leptina, que interviene en la regulación del apetito, la globulina fijadora de hormonas sexuales, la aromatasa (también llamada estrógeno sintetasa) y cinasa PI3. Véanse Sandra Braun, Keren Bitton-Worms y Derek LeRoith, «The Link Between the Metabolic Syndrome and Cancer», *International Journal of Biological Sciences* (2011): 1003–15; y Stephanie Cowey y Robert W. Hardy, «The Metabolic Syndrome», *American Journal of Pathology* 169, n. 5 (noviembre, 2006): 1505–22. También interviene el efecto Warburg, en el que las células cancerosas adoptan un metabolismo básicamente anaeróbico. Para una perspectiva general, véase Gary Taubes, «Unraveling the Obesity-Cancer Connection», *Science* 335, n. 6064 (6 de enero, 2012): 28–32.

175 **La edad de la menarquía se reduce:** Véanse Sandra Steingraber, «The Falling Age of Puberty in U.S. Girls», agosto, 2007, página web de la Fundación del Cáncer de Mama, que incluye citas de la investigación, y Sarah E. Anderson, Gerard E. Dallal y Aviva Must, «Relative Weight and Race Influence Average Age at Menarche», 1ª parte, *Pediatrics* 111, n. 4 (abril, 2003): 844–50.

175 **mayor estatura corporal:** Véase, por ejemplo, Jane Green *et al.*, «Height and Cancer Incidence in the Million Women Study», *Lancet Oncology* 12, n. 8 (20 de agosto, 2011): 785–94.

175 **también afecta al sistema inmunológico:** Para una revisión, véanse Lisa M. Coussens y Zena Werb, «Inflammation and Cancer», *Nature* 420, n. 6917 (19 de diciembre, 2002): 860–67; y Gary Stix, «Is Chronic Inflammation the Key to Unlocking the Mysteries of Cancer?» *Scientific American*, julio, 2007, actualizado online el 9 de noviembre, 2008.

175 **Rudolf Virchow afirmó:** Coussens y Werb, «Inflammation and Cancer».

175 **la aspirina y otros fármacos antiinflamatorios:** Véanse, por ejemplo, Peter M. Rothwell *et al.*, «Effect of Daily Aspirin on Risk of Cancer Metastasis: A Study of Incident Cancers During Randomised Controlled Trials», *The Lancet* 379, n. 9826 (abril, 2012): 1591–1601; y Peter M. Rothwell *et al.*, «Short-term Effects of Daily Aspirin on Cancer Incidence, Mortality, and Non-vascular Death: Analysis of the Time Course of Risks and Benefits in 51 Randomised Controlled Trials», *The Lancet* 379, n. 9826 (abril 2012): 1602–12.

175 **«estado inflamatorio crónico de bajo nivel»:** Véase, por ejemplo, Fundación Mundial de la Investigación del Cáncer /Instituto Americano para la Investigación del Cáncer, *Food, Nutrition, Physical Activity*, 39, caja 2.4.

175 **«heridas que no cicatrizan»:** H. F. Dvorak, «Tumors: Wounds That Do Not Heal; Similarities Between Tumor Stroma Generation and Wound Healing», *New England Journal of Medicine* 315, n. 26 (25 de diciembre, 1986): 1650–59. Unos cuantos investigadores han estado explorando la posibilidad de que la carne roja pueda propiciar el cáncer de colon porque contiene, entre otros carcinógenos, una molécula que provoca una respuesta inmunológica inflamatoria. Véanse Maria Hedlund *et al.*, «Evidence for a Human-specific Mechanism for Diet and Antibody-mediated Infl ammation in Carcinoma Progression», *Proceedings of the National Academy of Sciences* 105, n. 48 (2 de diciembre, 2008): 18936–41; y Pam Tangvoranuntakul *et al.*, «Human Uptake and Incorporation of an Immunogenic Nonhuman Dietary Sialic Acid», *Proceedings of the National Academy of Sciences* 100, n. 21 (14 de octubre, 2003): 12045–50.

176 **también se ha vinculado al síndrome metabólico y la diabetes:** Kathryn E. Wellen y Gökhan S. Hotamisligil, «Inflammation, Stress, and Diabetes», *Journal of Clinical Investigation* 115, n. 5 (2 de mayo, 2005): 1111–19.

176 **la diabetes remite:** Véase, por ejemplo, Hutan Ashrafian *et al.*, «Metabolic Surgery and Cancer: Protective Effects of Bariatric Procedures», *Cancer* 117, n. 9 (1 de mayo, 2011): 1788–99.

176 **«el trabajo en turnos que implica la alteración del ritmo circadiano»:** Kurt Straif *et al.*, «Carcinogenicity of Shift-work, Painting, and Fire-fighting», *Lancet Oncology* 8, n. 12 (diciembre, 2007): 1065–66. El artículo proporciona datos sobre los estudios epidemiológicos y de laboratorio tenidos en cuenta por la Agencia Internacional para la Investigación del Cáncer de la OMS.

177 **«Ahora es entre cincuenta y sesenta kilos»:** El Departamento de Agricultura de EE.UU ha calculado que los estadounidenses consumen al año 80 kilos de diversos azúcares, incluido el sirope de maíz con un elevado contenido en fructosa. Véase *Agriculture Factbook 2001–2002* (Departmento de Agricultura de EE.UU, Washington, DC, marzo, 2003), 20.

177 **que sostiene que los hidratos de carbono y el azúcar:** Véanse los libros de Taubes *Good Calories, Bad Calories: Fats, Carbs, and the Controversial Science of Diet and Health* (Vintage, Nueva York, 2008) y *Why We Get Fat: And What to Do About It* (Knopf, Nueva York, 2010).

177 **reducen la toma de energía y por tanto la carga de insulina:** Para el efecto de la fibra en la secreción de insulina véase, por ejemplo, J. G. Potter *et al.*, «Effect of Test Meals of Varying Dietary Fiber Content on Plasma Insulin and Glucose Response», *American Journal of Clinical Nutrition* 34, n. 3 (1 de marzo, 1981): 328–34.

177 **la gente puede llevar una vida más sedentaria:** Sin embargo incluso eso es controvertido. Véase Herman Pontzer *et al.*, «Hunter-Gatherer Energetics and Human Obesity», *PLOS ONE* 7, n. 7 (25 de julio, 2012): e40503.

177 **Una declaración oficial del EPIC:** «Key Findings», página web del proyecto EPIC.

CAPÍTULO 11. Jugar con la radiación

180 **una estela de radicales libres:** Hongning Zhou *et al.*, «Consequences of Cytoplasmic Irradiation: Studies from Microbeam», *Journal of Radiation Research* 50, supl. A (2009): A59–A65.

180 **enviar señales a las células vecinas:** Hongning Zhou *et al.*, «Induction of a Bystander Mutagenic Effect of Alpha Particles in Mammalian Cells», *Proceedings of the National Academy of Sciences* 97, n. 5 (29 de febrero, 2000): 2099–104.

180 **el 13,4 por ciento, pueden estar relacionados con el radón:** Departamento de Radiación y Espacios Interiores, *EPA Assessment of Risks from Radon in Homes* (Agencia para la Protección del Medio Ambiente de EE.UU, Washington, DC, junio 2003), iv, disponible en la página web de la EPA.

180 **el tabaco también incide:** «Radon and Cancer», página web del Instituto Nacional del Cáncer.

181 **la escala de la Agencia para la Protección del Medio Ambiente:** «Health Risks», página web de la EPA, actualizada por última vez el 26 de junio, 2012.

181 **grupos de dos neutrones y dos protones:** De hecho, son núcleos de helio. Muy pronto se advirtió que el radio emite helio cuando se desintegra. Véase William Ramsay y Frederick Soddy, «Experiments in Radioactivity, and the Production of Helium from Radium», *Proceedings of the Royal Society* 72 (1903): 204–7.

183 **un 70 por ciento de su tiempo en casa:** *EPA Assessment of Risks*, 7, 44.

183 **Las probabilidades de que un no fumador contraiga cáncer de pulmón:** Rebecca Goldin, «Lung Cancer Rates: What's Your Risk?» 8 de marzo, 2006, página web de Research at Statistical Assessment Service (STATS), Universidad George Mason.

183 **un análisis de laboratorio de mis gafas:** R. L. Fleischer *et al.*, «Personal Radon Dosimetry from Eyeglass Lenses», *Radiation Protection Dosimetry* 97, n. 3 (1 de noviembre, 2001): 251–58.

184 **un método a partir de cristal doméstico corriente:** R. W. Field *et al.*, «Intercomparison of Retrospective Radon Detectors», *Environmental Health Perspectives* 107, n. 11 (noviembre 1999): 905–10; D. J. Steck, R. W. Field, *et al.*, «210Po Implanted in Glass Surfaces by Long Term Exposure to Indoor Radon», *Health Physics* 83, n. 2 (agosto, 2002): 261–71; y Kainan Sun, Daniel J. Steck y R. William Field, «Field Investigation of the Surface-deposited Radon Progeny as a Possible Predictor of the Airborne Radon Progeny Dose Rate», *Health Physics* 97, n. 2 (agosto, 2009): 132–44.

184 **durante todo el tiempo que los objetos en cuestión han sido de su propiedad:** Al menos durante unas décadas. El periodo de semidesintegración de 210Po, uno de los productos medidos del radón, es de veintidós años.

184 **las casas de Grand Junction:** Leonard A. Cole, *Element of Risk: The Politics of Radon* (Nueva York: Oxford University Press, 1994), 10–12.

184 **un ingeniero de la construcción llamado Stanley Watras:** Cole, *Element of Risk*, 12.

185 **Uno realizado en Winnipeg:** E. G. Létourneau *et al.*, «Case-Control Study of Residential Radon and Lung Cancer», *American Journal of Epidemiology* 140, n. 4 (1994): 310–22.

185 **compararon los niveles medios de radón:** Éste y otros estudios aparecen resumidos en el artículo de Winnipeg.

185 **una correlación negativa:** B. L. Cohen, «Test of the Linear-No Threshold Theory of Radiation Carcinogenesis for Inhaled Radon Decay Products», *Health Physics* 68, n. 2 (febrero, 1995): 157–74.

185 **el estudio era defectuoso:** J. H. Lubin, «On the Discrepancy Between Epidemiologic Studies in Individuals of Lung Cancer and Residential Radon and Cohen's Ecologic Regression», *Health Physics* 75, n. 1 (julio, 1998): 4–10.

185 **estaban sesgados por una relación inversa:** J. S. Puskin, «Smoking as a Confounder in Ecologic Correlations of Cancer Mortality Rates with Average County Radon Levels», *Health Physics* 84, n. 4 (abril, 2003): 526–32. Para una muestra del debate que surgió, véase B. J. Smith, R. W. Field y C. F. Lynch, «Residential 222Rn Exposure and Lung Cancer: Testing the Linear No-threshold Theory with Ecologic Data», *Health Physics* 75, n. 1 (julio 1998): 11–17; y B.J. Cohen, «Response to Criticisms of Smith *et al*»., *Health Physics* 75, n. 1 (julio, 1998): 23–28, 31–33. Se sucedieron réplicas y más réplicas a las réplicas.

185 **Tal vez el humo del tabaco incidía en el funcionamiento de los detectores de radón:** R. W. Field, mensaje de correo electrónico al autor, 7 de junio, 2012.

185 **los centenares o miles de picocurios por litro:** Cole, *Element of Risk*, 28.

185 **los índices de cáncer de pulmón entre los trabajadores de las minas de uranio:** Los estudios aparecen resumidos en «EPA's Assessment of Risks from Radon», 8, 11, y en Committee on Health Risks of Exposure to Radon (BEIR VI), National Research Council, *Health Effects of Exposure to Radon: BEIR VI* (The National Academies Press, Washington, DC, 1999), 76–78.

185 **cuánto tiempo habían fumado y con qué frecuencia:** *BEIR VI*, 77, tabla 3-2.

185 **un comité del Consejo Nacional de Investigación:** *BEIR VI*, 18.

186 **El estudio más ambicioso:** R. W. Field *et al.*, «Residential Radon Gas Exposure and Lung Cancer: The Iowa Radon Lung Cancer Study», *American Journal of Epidemiology* 151, n. 11 (1 de junio 2000): 1091–102.

186 **62 casos por cien mil hombres y mujeres:** «SEER Stat Fact Sheets: Lung and Bronchus», página web del Programa de Vigilancia, Epidemiología y Resultados Finales (SEER).

187 **Tres de los análisis:** S. Darby *et al.*, «Radon in Homes and Risk of Lung Cancer: Collaborative Analysis of Individual Data from 13 European Casecontrol Studies», *BMJ: British Medical Journal* 330, n. 7485 (29 de enero, 2005): 223. Los resultados han sido descritos en Hajo Zeeb y Ferid Shannoun, eds., *WHO Handbook on Indoor Radon: A Public Health Perspective* (Organización Mundial de la Salud, Ginebra, 2009), 12.

187 **consideran el asunto zanjado:** Para una perspectiva general, véase Jonathan M. Samet, «Radiation and Cancer Risk: A Continuing Challenge for Epidemiologists», *Environmental Health* 10, supl. 1 (5 de abril, 2011): S4.

187 **pequeñas dosis de radiación... beneficiosas:** Alexander M. Vaiserman, «Radiation Hormesis: Historical Perspective and Implications for Low-Dose Cancer Risk Assessment», *Dose-Response* 8, n. 2 (18 de enero, 2010): 172–91. Véanse asimismo Edward J. Calabrese y Linda A. Baldwin, «Toxicology Rethinks Its Central Belief», *Nature* 421, n. 6924 (13 de febrero, 2003): 691–92; L. E. Feinendegen, «Evidence for Beneficial Low Level Radiation Effects and Radiation Hormesis», *British Journal of Radiology* 78, n. 925 (1 de enero, 2005): 3–7; y Jocelyn Kaiser, «Sipping from a Poisoned Chalice», *Science* 302, n. 5644 (17 de octubre, 2003): 376–79.

187 **Un investigador del John Hopkins ha llegado recientemente a la conclusión:** Richard E. Thompson, «Epidemiological Evidence for Possible Radiation Hormesis from Radon Exposure», *Dose-Response* 9, n. 1 (14 de diciembre, 2010): 59–75.

187 **bajos niveles de radiación beta, gamma y rayos X:** Bobby R. Scott *et al.*, «Radiation-stimulated Epigenetic Reprogramming of Adaptive-response Genes in the Lung: An Evolutionary Gift for Mounting Adaptive Protection Against Lung Cancer», *Dose-Response* 7, n. 2 (2009): 104–31.

187 **la central nuclear de Chernóbil:** «Chernobyl's Legacy: Health, Environmental and Socio-economic Impacts», El Foro de Chernobyl: 2003–2005, 2ª versión revisada, 2012. Disponible en la página web de la Agencia Internacional de Energía Atómica.

188 **un aumento del cáncer de tiroides:** Para un seguimiento reciente, véase Alina V. Brenner *et al.*, «I-131 Dose Response for Incident Thyroid Cancers in Ukraine Related to the Chernobyl Accident», *Environmental Health Perspectives* 119, n. 7 (julio, 2011): 933–39.

188 **el peor problema para la sanidad pública... fue psicológico:** «Chernobyl's Legacy», 36.

188 **«un fatalismo paralizador»:** Elisabeth Rosenthal, «Experts Find Reduced Effects of Chernobyl», *The New York Times*, 6 de setiembre, 2005.

188 **ha abierto recientemente el recinto de Chernóbil al turismo:** Peter Walker, «Chernobyl: Now Open to Tourists», *The Guardian*, 13 de diciembre, 2010.

188 **una meca para la fauna:** Robert J. Baker y Ronald K. Chesser, «The Chernobyl Nuclear Disaster and Subsequent Creation of a Wildlife Preserve», *Environmental Toxicology and Chemistry* 19, n. 5 (1 de mayo, 2000): 1231–32.

188 **mataron al menos a 150.000 personas:** «How Many People Died as a Result of the Atomic Bombings?» página web de la Fundación para la Investigación de los Efectos de la Radiación.

188 **un excedente de 527 muertes por cánceres sólidos:** Kotaro Ozasa *et al.*, «Studies of the Mortality of Atomic Bomb Survivors, Report 14, 1950–2003: An Overview of Cancer and Noncancer Diseases», *Radiation Research* 177, n. 3 (marzo, 2012): 229–43.

188 **y 103 por leucemia:** David Richardson *et al.*, «Ionizing Radiation and Leukemia Mortality Among Japanese Atomic Bomb Survivors, 1950–2000», *Radiation Research* 172, n. 3 (setiembre, 2009): 368–82. Basándose en la incidencia en lugar de las tasas de mortalidad, la Fundación para la Investigación de los Efectos de la Radiación atribuyó 1.900 casos de cáncer a las bombas. Véase «How Many Cancers in Atomic-bomb Survivors are Attributable to Radiation?» en la página web de la fundación.

188 **Tsutomu Yamaguchi sobrevivió a las dos explosiones:** Mark McDonald, «Tsutomu Yamaguchi, Survivor of 2 Atomic Blasts, Dies at 93», *The New York Times*, 7 de enero, 2010.

188 **«cáncer en forma líquida, fundida»:** Siddhartha Mukherjee, *The Emperor of All Maladies: A Biography of Cancer* (Scribner, Nueva York, 2010), 16.

189 **volver a enterrarla con Pierre en el Panthéon:** Nanny Fröman, «Marie and Pierre Curie and the Discovery of Polonium and Radium», 1 de diciembre, 1996, página web del Premio Nobel.

189 **temieron que su cuerpo fuese peligrosamente radiactivo:** D. Butler, «Xrays, Not Radium, May Have Killed Curie», *Nature* 377, n. 6545 (14 de setiembre, 1995): 96.

189 **una caja de plomo en la Bibliothèque Nationale:** Fröman, «Marie and Pierre Curie».

189 **demasiado enfermos para viajar a Estocolmo:** Marie Curie, *Pierre Curie (With the Autobiographical Notes of Marie Curie)*, trad. Charlotte Kellogg (Macmillan Co., Nueva York, 1923), 125.

189 **Pierre... describió un experimento:** «Radioactive Substances, Especially Radium», 6 de junio, 1905, en *Nobel Lectures, Physics 1901–1921* (Elsevier Publishing Company, Amsterdam, 1967). Disponible en la página web del Premio Nobel.

190 **Un fármaco dirigido que se llama Alpharadin:** Christopher Parker *et al.*, «Ove-

rall Survival Benefit of Radium-223 Chloride (Alpharadin) in the Treatment of Patients with Symptomatic Bone Metastases in Castration-Resistant Prostate Cancer», 7° Congreso del Cáncer NCRI, noviembre, 2011, Liverpool. Véase asimismo Deborah A. Mulford, David A. Scheinberg y Joseph G. Jurcic, «The Promise of Targeted Alpha-particle Therapy», *Journal of Nuclear Medicine* 46 supl. 1 (enero, 2005): 199S–204S.

CAPÍTULO 12. El demonio inmortal

195 **«Besos para la curación»:** Anne Landman, «How Breast Cancer Became Big Business», página web de PR Watch, 14 de junio, 2008.

195 **la telemaratón *Plántale cara al cáncer*:** «The Show», página web de Stand Up to Cancer. (Después se emitió en 2012.)

197 **un taller que tenía lugar esa tarde en el Parker House:** «Translational Cancer Research for Basic Scientists Workshop», Asociación Americana para la Investigación del Cáncer, 17–22 de octubre, 2010, Boston, MA.

198 **había contado en fecha reciente la historia de dos primos:** Amy Harmon, «New Drugs Stir Debate on Rules of Clinical Trials», *The New York Times*, 18 de setiembre, 2010. Para más información sobre el juicio, véase Amy Harmon, «Target Cancer», una serie de seis artículos, *The New York Times*, 22 de febrero, 2010, hasta el 20 de enero, 2011.

198 **un gen llamado *BRAF*:** A raíz de eso, el gen produce una versión distorsionada de una proteína que forma parte de una ruta de crecimiento celular. Normalmente la proteína BRAF se activa solo cuando interacciona con otra proteína llamada RAS, pero la mutación la libera de esta restricción. Véase «Vemurafenib», Tratamientos nuevos, página web de la Fundación Melanoma. Para una descripción del cáncer y los ensayos con vemurafenib, véase Paul B. Chapman *et al.*, «Improved Survival with Vemurafenib in Melanoma with BRAF V600E Mutation», *New England Journal of Medicine* 364, n. 26 (30 de junio, 2011): 2507–16. Para un estudio posterior, véase Jeffrey A. Sosman *et al.*, «Survival in BRAF V600-Mutant Advanced Melanoma Treated with Vemurafenib», *New England Journal of Medicine* 366, n. 8 (2012): 707–14.

199 **la Fase III resultó tan concluyente:** Andrew Pollack, «Two New Drugs Show Promise in Slowing Advanced Melanoma», *The New York Times*, 6 de junio, 2011.

199 **vivían por término medio cuatro meses más:** La mediana de supervivencia total era de 13,2 frente a 9,6 meses para la dacarbazina. Véase Paul B. Chapman *et al.*, «Updated Overall Survival (OS) Results for BRIM-3», 2012 Reunión Anual de ASCO, *Journal of Clinical Oncology* 30 n. 18, supl. (20 de junio, 2012): resumen 8502.

199 **sesenta y seis en el grupo de la dacarbacina:** «Clinical Trial Result Information», número de protocolo NO25026, 4 de enero, 2011, página web de la base de datos de los ensayos de Roche.

199 **la mitad de las personas… estaban muertas:** Chapman, «Updated Overall Survival (OS) Results».

199 **«corría en una carrera»:** Alexander Solzhenitsyn, *Cancer Ward*, trad. de Nicholas Bethell y David Burg (Farrar, Straus and Giroux, Nueva York, 1969), 250. [*Pabellón de Cáncer*, Tusquets, 1993. Trad. de Julia Pericacho.]

200 **por medio de una mutación fortuita:** Ramin Nazarian *et al.*, «Melanomas Acquire Resistance to B-RAF(V600E) Inhibition by RTK or N-RAS Upregulation», *Nature* 468, n. 7326 (24 de noviembre, 2010): 973–77.

200 **un efecto secundario paradójico:** Fei Su *et al.*, «RAS Mutations in Cutaneous Squamous-cell Carcinomas in Patients Treated with BRAF Inhibitors», *New England Journal of Medicine* 366, n. 3 (19 de enero, 2012): 207–15.

200 **experimentan con combinaciones:** En 2012, *The New England Journal of Medicine* informó de los resultados alentadores de un ensayo en el que se empleó dabrafenib, un inhibidor de BRAF distinto. Se combinó con trametinib, que inhibe la MEK, otra enzima presente en la misma ruta celular. Véase Keith T. Flaherty *et al.*, «Combined BRAF and MEK Inhibition in Melanoma with BRAF V600 Mutations», *New England Journal of Medicine* (publicado online el 29 de setiembre, 2012).

200 **describió el chirriante efecto:** Tom Curran, «Oncology as a Team Sport», Translational Cancer Research Workshop, 17 de octubre, 2010.

200 **descubierto un gen llamado *reelina*:** G. D'Arcangelo, T. Curran, *et al.*, «A Protein Related to Extracellular Matrix Proteins Deleted in the Mouse Mutant Reeler», *Nature* 374, n. 6524 (20 de abril, 1995): 719–23; y G. G. Miao, T. Curran, *et al.*, «Isolation of an Allele of Reeler by Insertional Mutagenesis», *Proceedings of the National Academy of Sciences* 91, n. 23 (8 de noviembre, 1994): 11050–54.

200 **ocho casos por diez millones de personas:** Betsy A. Kohler *et al.*, «Annual Report to the Nation on the Status of Cancer, 1975–2007, Featuring Tumors of the Brain and Other Nervous System», *Journal of the National Cancer Institute* 103, n. 9 (4 de mayo, 2011), 1–23, tabla 5.

200 **entre niños y adolescentes se dan cinco casos por cada cien mil:** Kohler *et al.*, «Annual Report», 12, tabla 6.

200 **el tumor cerebral pediátrico más común:** Charles M. Rudin *et al.*, «Treatment of Medulloblastoma with Hedgehog Pathway Inhibitor GDC-0449», *New England Journal of Medicine* 361, n. 12 (17 de setiembre, 2009): 1173–78.

200 **La mediana de edad del diagnóstico es cinco:** Rudin, «Treatment of Medulloblastoma».

200 **«una manera de andar torpe y vacilante»:** «Mcdulloblastoma», página web de la Asociación Americana del Tumor Cerebral (2006), 6.

201 **el índice de supervivencia al cabo de cinco años era del ochenta por ciento:** «Medulloblastoma», 17.

201 **«Conocí a un chico, un adolescente»:** Curran, «Oncology as a Team Sport».

201 **investigaciones de otros laboratorios:** Para una perspectiva general, véase Ken Garber, «Hedgehog Drugs Begin to Show Results», *Journal of the National Cancer Institute* 100, n. 10 (21 de mayo, 2008): 692–97.

201 **la historia de los corderos ciclópeos:** Esto se cuenta en el Capítulo 6 de este libro.

201 **un congreso sobre genética y desarrollo del cerebro:** Genetic Basis of Brain Development and Dysfunction, 18–23 de marzo, 2000, Sagebrush Inn and Conference Center, Taos, Nuevo México. La autoridad sobre señalización del erizo era Andrew McMahon, de la Universidad de Harvard.

202 **Curran procedió a demostrar:** Justyna T. Romer, T. Curran, *et al.*, «Suppression of the Shh Pathway Using a Small Molecule Inhibitor», *Cancer Cell* 6, n. 3 (setiembre 2004): 229–40.

202 **inhibía el desarrollo óseo:** Garber, «Hedgehog Drugs Begin to Show Results».

202 **había ya indicios de que el fármaco… era seguro:** «Experimental Targeted Therapy Shows Early Promise Against Medulloblastomas», página web del Hospital Infantil de Investigación St. Jude, 5 de junio, 2010.

202 **autorizado su uso para el carcinoma basocelular:** «FDA Approval for Vismodegib», página web del Instituto Nacional del Cáncer.

281

202 **«mira hacia delante»:** Emmy Wang, gerente, relaciones corporativas, Genentech, mensaje de correo electrónico al autor en nombre de Fred de Sauvage, 2 de marzo, 2012.

202 **un organismo llamado Consejo de Nombres Adoptados de Estados Unidos:** Para descifrar los nombres de los fármacos genéricos, véase «USAN Stem List», página web de la Asociación Médica Americana.

202 **describió los últimos hallazgos:** José Baselga, tema central (sin título), Taller sobre la Investigación del Cáncer Translacional, Boston, 17 de octubre, 2010.

203 **«super Herceptin» o trastuzumab emtansine:** Ion Niculescu-Duvaz, «Trastuzumab Emtansine, an Antibody-drug Conjugate for the Treatment of HER2+ Metastatic Breast Cancer», *Current Opinion in Molecular Therapeutics* 12, n. 3 (junio, 2010): 350–60.

203 **que se llama pertuzumab:** Cormac Sheridan, «Pertuzumab to Bolster Roche/Genentech's Breast Cancer Franchise?» *Nature Biotechnology* 29, n. 10 (13 de octubre, 2011): 856–58.

203 **el pertuzumab pasó a llamarse Perjeta:** «FDA Approval for Pertuzumab», página web del Instituto Nacional del Cáncer, 11 de junio, 2012.

203 **algunos pacientes se indignaron:** Robert Weisman, «Limits on Test Drugs Add to Patients' Ordeals», *Boston Globe*, 5 de enero, 2011.

203 **el departamento insistió en esperar:** Martin de Sa'Pinto y Katie Reid, «FDA Puts Brakes on Roche, ImmunoGen Cancer Drug», *Reuters*, 27 de agosto, 2010.

203 **una concentración frente al ayuntamiento de Boston:** La fecha fue del 6 de diciembre, 2011.

203-204 **«reducía en un 35 por ciento el riesgo de agravamiento del cáncer»:** Comunicado de prensa, 3 de junio, 2012, página web de Roche. Véase asimismo Lisa Hutchinson, «From ASCO— Breast Cancer: EMILIA Trial Offers Hope», *Nature Reviews Clinical Oncology* 9, n. 8 (1 de agosto, 2012): 430. Fue aprobado el 22 de febrero, 2013, por el Departamento de Alimentos y Medicamentos y se vende con el nombre de Kadcyla.

204 **«te deja la piel más suave y tersa»:** Barbara Ehrenreich, «Welcome to Cancerland», *Harper's Magazine*, noviembre, 2001. Véase asimismo Gayle A. Sulik, *Pink Ribbon Blues: How Breast Cancer Culture Undermines Women's Health*, (Oxford University Press, Nueva York,2011).

205 **el número de vidas que se salvan:** Para más información sobre la controversia acerca del tratamiento del cáncer de mama, véanse Robert A. Aronowitz, *Unnatural History: Breast Cancer and American Society* (Cambridge University Press, Cambridge, 2007); y David Plotkin, «Good News and Bad News About Breast Cancer», *The Atlantic*, junio, 1998.

205 **Un reciente estudio epidemiológico basado en 600.000 mujeres:** P. C. Gøtzsche y M. Nielsen, «Screening for Breast Cancer with Mammography», *The Cochrane Library* 4 (2009). Se publicó un resumen en la página web de Cochrane el 13 de abril, 2011.

205 **un inquietante número:** Timothy J. Wilt *et al.*, «Radical Prostatectomy Versus Observation for Localized Prostate Cancer», *New England Journal of Medicine* 367, n. 3 (2012): 203–13. Véase asimismo G. Sandblom *et al.*, «Randomised Prostate Cancer Screening Trial: 20 Year Follow-up», *BMJ: British Medical Journal* 342 (31 de marzo, 2011): d1539.

205 **alrededor del setenta por ciento de los hombres entre setenta y ochenta años:** Para una revisión de los estudios de las autopsias, véase Richard M. Martin, «Commentary: Prostate Cancer Is Omnipresent, but Should We Screen for It?» *International Journal of Epidemiology* 36, n. 2 (1 de abril, 2007): 278–81.

205 **Los urólogos ofrecen entradas gratuitas:** Los ejemplos son de Gary Schwitzer, «Cheerleading, Shibboleths and Uncertainty», una presentación que tuvo lugar el 23 de abril, 2012, Science Writing in the Age of Denial, Universidad de Wisconsin, Madison, WI. Schwitzer obtuvo el ejemplo del urinario de Ivan Oransky, director de Reuters Health.

206 **una de «las mejores y más brillantes»:** Tom Junod, «Franziska Michor Is the Isaac Newton of Biology», *Esquire*, 20 de noviembre, 2007.

206 **descubrieron los primeros indicios:** Véanse, por ejemplo, J. C. Fisher, «Multiple-Mutation Theory of Carcinogenesis», *Nature* 181 (1 de marzo, 1958): 651–52; P. Armitage and R. Doll, «The Age Distribution of Cancer and a Multi-stage Theory of Carcinogenesis», *British Journal of Cancer* 8 (1954): 1–12; y C.O. Nordling, «A New Theory on the Cancer-inducing Mechanism», *British Journal of Cancer* 7, n. 1 (marzo, 1953): 68–72.

207 **mutaciones «autoestop» o de «pasajero»:** Ondrej Podlaha, Franziska Michor, *et al.*, «Evolution of the Cancer Genome», *Trends in Genetics* 28, n. 4 (1 de abril, 2012): 155–63.

207 **el orden en que se producen las mutaciones:** Camille Stephan-Otto Attolini, Franziska Michor, *et al.*, «A Mathematical Framework to Determine the Temporal Sequence of Somatic Genetic Events in Cancer», *Proceedings of the National Academy of Sciences* 107, n. 41 (12 de octubre, 2010): 17604–9.

207 **superan rápidamente los obstáculos:** Podlaha, Michor, *et al.*, «Evolution of the Cancer Genome».

208 **a veces compensa que los adversarios cooperen:** El texto clásico es R. Axelrod y W. D. Hamilton, «The Evolution of Cooperation», *Science* 211, n. 4489 (27 de marzo, 1981): 1390–96.

208 **ha indicado cómo podría aplicarse:** Robert Axelrod, David E. Axelrod y Kenneth J Pienta, «Evolution of Cooperation Among Tumor Cells», *Proceedings of the National Academy of Sciences* 103, n. 36 (5 de setiembre, 2006): 13474–79.

208 **«El cáncer no es cada día más listo»:** La presentación de The Stand Up to Cancer tuvo lugar en la Reunión Anual de 2011 de la Asociación Americana para la Investigación del Cáncer, Orlando, FL, 2–6 de abril. La científica citada es Angelique Whitehurst.

209 **«una masa desagradable, redondeada y protuberante»:** David Quammen, «Contagious Cancer: The Evolution of a Killer», *Harper's Magazine*, abril, 2008.

209 **los científicos han localizado el origen:** Elizabeth P. Murchison *et al.*, «Genome Sequencing and Analysis of the Tasmanian Devil and Its Transmissible Cancer», *Cell* 148, n. 4 (17 de febrero, 2012): 780–91.

209 **«el demonio inmortal»:** Ewen Callaway, «Field Narrows in Hunt for Devil Tumour Genes», *Nature*, Noticia y Comentario, publicado online 16 de febrero, 2012.

209 **los mosquitos pueden propagarlo entre los hámsters:** W. G. Banfield *et al.*, «Mosquito Transmission of a Reticulum Cell Sarcoma of Hamsters», *Science* 148, n. 3674 (28 de mayo, 1965): 1239–40.

CAPÍTULO 13. Cuidado con los Echthroi

212 **«Comprueba si una aspirina te cura el dolor de cabeza»:** Mi viaje a Sandia Crest y la situación en Santa Fe se describen en «On Top of Microwave Mountain», *Slate*, 21 de abril, 2010.

212 **un libro sobre la histeria colectiva:** Elaine Showalter, *Hystories: Hysterical Epidemics and Modern Media* (Columbia University Press, Nueva York, 1997).

212 **el umbral fijado por la Comisión Federal de Comunicaciones:** Comisión Federal de Comunicaciones, «Evaluating Compliance with FCC Guidelines for Human Exposure to Radiofrequency Electromagnetic Fields», *OET Bulletin* 65 (agosto, 1997): 67. Véase parte B de la tabla 1, «Limits for Maximum Permissible Exposure (MPE)», para 1,500–100,000 Mhz. (El límite ocupacional es de 5mW/cm2 para seis minutos.) Para más información, véase «Questions and Answers About Biological Effects and Potential Hazards of Radiofrequency Electromagnetic Fields» de la Comisión, *OET Bulletin* 56, 4ª ed. (agosto, 1999). La exposición a los teléfonos móviles también se mide en vatios por kilogramo: el índice de absorción de energía por radiofrecuencia por parte del cuerpo.

212 **unos 100 milivatios por centímetro cuadrado:** «Calculating the Energy from Sunlight over a 12–Hour Period», Math & Science Resources, página web de la NASA.

213 **contradictorios y poco concluyentes:** Para un resumen e información general sobre las tecnologías inalámbricas y la salud, véase Rfcom, una página web mantenida por el Centro McLaughlin para la Evaluación de Riesgo para la Población de la Universidad de Ottawa.

213 **llevada a cabo por la Organización Mundial de la Salud:** «Electromagnetic Fields, Summary of Health Effects», página web de la OMS. Otra buena fuente es «Cell Phones and Cancer Risk» en la página web del Instituto Nacional del Cáncer.

214 **se ha mantenido muy baja:** Véase tabla 1.4 de las estadísticas del SEER, N. Howlader *et al.*, eds., «SEER Cancer Statistics Review», 1975–2009 (Vintage 2009 Populations), Instituto Nacional del Cáncer, Bethesda, MD, basadas en los datos presentados por el SEER en 2011, colgados en la página web del SEER en 2012.

214 **ha disminuido ligera pero uniformemente:** N. Howlader *et al.*, eds., «SEER Cancer Statistics Review», tabla 1.7.

214 **El más ambicioso de estos esfuerzos:** «The Interphone Study», International Agency for Research on Cancer, World Health Organization, IARC página web.

214 **No se advirtió ninguna relación:** «IARC Report to the Union for International Cancer Control (UICC) on the Interphone Study», 3 de octubre, 2011, página web de la IARC.

214 **Las probabilidades de que a una persona se le diagnostique esta clase de cáncer:** Esta cifra fue difícil de obtener. La estadística del SEER disponible online no desglosa los tumores cerebrales por tipos, pero la agencia realizó el cálculo a petición mía (correo elctrónico al autor de Rick Borchelt, NCI Media Relations, 12 de julio, 2012.) Para un cálculo un tanto inferior, véase tabla 1 de Judith A. Schwartzbaum *et al.*, «Epidemiology and Molecular Pathology of Glioma», *Nature Clinical Practice Neurology* 2, n. 9 (2006): 494–503. Sumando los índices de incidencia de los distintos tipos de glioma se obtiene la cifra de 0,0049. El artículo también calcula que el 77 por ciento de los tumores cerebrales malignos primarios son gliomas. La multiplicación del índice de incidencias del SEER para todos los gliomas, 0,0061 por 0,77 da un valor un poco distinto, 0,0047.

215 **un posterior estudio realizado por el Instituto Nacional del Cáncer:** M. P. Little *et al.*, «Mobile Phone Use and Glioma Risk: Comparison of Epidemiological Study Results with Incidence Trends in the United States», *BMJ: British Medical Journal* 344 (8 de marzo, 2012): e1147.

215 **para añadir las microondas:** «IARC Classifies Radiofrequency Electromagnetic Fields as Possibly Carcinogenic to Humans», 31 de mayo de 2011, página web de la IARC. Las clasificaciones de la IARC se describen en la página web de la agencia, actualizada por última vez el 27 de marzo de 2012.

215 **COSMOS:** Joachim Schüz *et al.*, «An International Prospective Cohort Study of Mobile Phone Users and Health (Cosmos): Design Considerations and Enrollment», *Cancer Epidemiology* 35, n. 1 (febrero, 2011): 37–43.

215 **se recibió con generalizada incredulidad:** El estudio sobre las líneas de alta tensión y el cáncer es de Nancy Wertheimer y Ed Leeper, «Electrical Wiring Configurations and Childhood Cancer», *American Journal of Epidemiology* 109, n. 3 (1 de marzo, 1979): 273–84.

216 **Robert Weinberg calculó:** A lo largo de una vida un cuerpo humano crea alrededor de 10^{16} cells. Si se divide esa cifra por el número de segundos de una vida de ochenta años, o 2,5 x 10^9, se obtiene 4 x 10^6. Robert Weinberg, mensaje de correo electrónico al autor, 8 de noviembre, 2010. En *Biology of Cancer*, página 43, da una estimación del orden de diez millones.

216 **todos tendríamos cáncer:** Entrevista con Robert Weinberg, 18 de agosto, 2010, Whitehead Institute, Boston, MA.

216 **el cáncer está aquí «con una finalidad»:** Entrevista con Robert Austin, 21 de octubre, 2010, Universidad de Princeton. Amplió esta idea en el primer taller organizado por el programa Ciencias Físicas en la Oncología del Instituto Nacional del Cáncer, «Integrating and Leveraging the Physical Sciences to Open a New Frontier in Oncology», 26–28 de febrero, 2008, Arlington, VA.

216 7 **quizá... las células de un organismo hacen lo mismo:** Guillaume Lambert, Robert H. Austin, *et al.*, «An Analogy Between the Evolution of Drug Resistance in Bacterial Communities and Malignant Tissues», *Nature Reviews Cancer* 11, n. 5 (21 de abril, 2011): 375–82.

216-217 **en un intento de acabar con el punto muerto:** El programa se llama Ciencias Físicas en Oncología. Véanse Franziska Michor *et al.*, «What Does Physics Have to Do with Cancer?» *Nature Reviews Cancer* 11, n. 9 (18 de agosto, 2011): 657–70; y Paul Davies, «Rethinking Cancer», *Physics World* (junio 2010): 28–33.

217 **estudiando las fuerzas mecánicas:** Denis Wirtz, Konstantinos Konstantopoulos y Peter C. Searson, «The Physics of Cancer: The Role of Physical Interactions and Mechanical Forces in Metastasis», *Nature Reviews Cancer* 11, n. 7 (24 de junio, 2011): 512–22.

217 **un nivel de abstracción distinto:** Este fue el tema del tercer taller de Ciencias Físicas en la Oncología, «The Coding, Decoding, Transfer, and Translation of Information in Cancer», 29–31 de octubre, 2008, Arlington, VA.

217 **puede verse a las células como osciladores:** Donald Coffey, First Physical Sciences in Oncology Workshop, «Integrating and Leveraging the Physical Sciences».

217 **las ondas de radiofrecuencia para matar células cancerosas:** Mustafa Raoof y Steven A. Curley, «Non-Invasive Radiofrequency-Induced Targeted Hyperthermia for the Treatment of Hepatocellular Carcinoma», *International Journal of Hepatology* 2011 (2011): 1–6.

218 **un «equipo de herramientas genético ancestral»:** Paul Davies, «Cancer: The Beat of an Ancient Drum?» *The Guardian*, 25 de abril, 2011. Para una descripción más completa de la hipótesis, véase P. C. W. Davies y C. H. Lineweaver, «Cancer Tumors as Metazoa 1.0: Tapping Genes of Ancient Ancestors», *Physical Biology* 8, n. 1 (1 de febrero, 2011): 015001.

218 **por ordenador simulaciones detalladas:** El programa de la Universidad del Sur de California, como los otros, se describe en la página web de Ciencias Físicas de la Oncología del Instituto Nacional del Cáncer.

218 **con piezas de arquitectura Tinkertoy:** A. K. Dewdney, «A Tinkertoy Computer That Plays Tic-tac-toe», *Scientific American* 261, n. 4 (octubre, 1989): 120–23.

285

218 **un reloj gigantesco:** Descrito en la página web de la Fundación Long Now.

218 **dijo a un público formado por oncólogos:** Coffey, «Integrating and Leveraging the Physical Sciences».

219 **otra de sus ambiciosas máquinas:** Descrito en la página web de Applied Proteomics.

219 **se concentró en el proteoma:** Entrevistas con Daniel Hillis, el 26 de noviembre, 2010, y David Agus, el 29 de noviembre, 2010, Los Ángeles.

219 **llevan años trabajando en la elaboración del mapa del proteoma:** Véase, por ejemplo, Bonnie S. Watson *et al.*, «Mapping the Proteome of Barrel Medic (Medicago Truncatula)», *Plant Physiology* 131, n. 3 (marzo, 2003): 1104–23.

220 **anuncian continuamente nuevos descubrimientos:** Véase, por ejemplo, «Comprehensive Molecular Portraits of Human Breast Tumours», publicado online en *Nature* (23 de setiembre, 2012).

221 **«Diez ideas descabelladas sobre el cáncer»:** Seminario en la Universidad Estatal de Arizona, 8 de setiembre, 2011. Hay un resumen y un vídeo en la página web del Centro para Convergencia de la Ciencia Física y la Biología del Cáncer en dicha universidad.

221 **las mitocondrias... podrían haber sido en otro tiempo bacterias:** L. Margulis, «Archaealeubacterial Mergers in the Origin of Eukarya: Phylogenetic Classification of Life», *Proceedings of the National Academy of Sciences* 93, n. 3 (6 de febrero, 1996): 1071–76.

221 **Se sospecha asimismo desde hace tiempo que desempeñan un papel en el cáncer:** Jennifer S. Carew y Peng Huang, «Mitochondrial Defects in Cancer», *Molecular Cancer* 1, n. 1 (9 de diciembre, 2002): 9; y G. Kroemer, «Mitochondria in Cancer», *Oncogene* 25, n. 34 (7 de agosto, 2006): 4630–32.

221 **iniciar la apoptosis, el procedimiento del suicidio celular:** Douglas R. Reed and John C. Green, «Mitochondria and Apoptosis», *Science* 281, n. 5381 (28 de agosto, 1998): 1309–12.

221 **Madeleine L'Engle:** *A Wrinkle in Time* (Farrar, Straus and Giroux, Nueva York, 1962) and *A Wind in the Door* (Farrar, Straus and Giroux, Nueva York, 1973).

223 **una proteína empleada como biomarcador:** R. C. Bast Jr. *et al.*, «Reactivity of a Monoclonal Antibody with Human Ovarian Carcinoma», *Journal of Clinical Investigation* 68, n. 5 (noviembre 1981): 1331–37.

223 **una herramienta poco precisa:** Charlie Schmidt, «CA-125: A Biomarker Put to the Test», *Journal of theNational Cáncer Institute* 103, n. 17 (7 de setiembre, 2011): 1290–91.

223 **otra invasora procedente de las estepas rusas:** James A. Young, «Tumbleweed», *Scientifi c American* 264, n. 3 (marzo, 1991): 82–86.

224 **triclopir:** «Dow AgroSciences Garlon Family of Herbicides», página web de Dow AgroSciences.

225 **el demonio de Maxwell:** He descrito de una manera muy general el experimento mental concebido en el siglo XIX por James Clerk Maxwell, que consistió en separar moléculas de gas frías y calientes en una cámara cerrada. Para una recopilación de ensayos sobre el demonio y el debate que inspiró, véase Harvey S. Leff y Andrew F. Rex, *Maxwell's Demon: Entropy, Information, Computing* (Princeton University Press, Princeton, NJ, 1990).

EPÍLOGO. El cáncer de Joe

229 **se diagnosticaba anualmente a 52.000 personas:** «Head and Neck Cancers», página web del Instituto Nacional del Cáncer.

230 **«El melanoblastoma es un cerdo»:** Alexander Solzhenitsyn, *Pabellón de Cáncer*, Tusquets, 1993. Trad. de Julia Pericacho.

230 **un concepto llamado «cancerización de campo»:** D. P. Slaughter, H. W. Southwick y W. Smejkal, «Field Cancerization in Oral Stratified Squamous Epithelium: Clinical Implications of Multicentric Origin», *Cancer* 6, n. 5 (setiembre 1953): 963–68.

231 **«una bomba de relojería»:** Boudewijn J. M. Braakhuis *et al.*, «A Genetic Explanation of Slaughter's Concept of Field Cancerization Evidence and Clinical Implications», *Cancer Research* 63, n. 8 (15 de abril, 2003): 1727–30. Para más referencias sobre la cancerización de campo, véanse Gabriel D. Dakubo *et al.*, «Clinical Implications and Utility of Field Cancerization», *Cancer Cell International* 7 (2007): 2; y M. G. van Oijen y P. J. Slootweg, «Oral Field Cancerization: Carcinogen-induced Independent Events or Micrometastatic Deposits?» *Cancer Epidemiology, Biomarkers & Prevention* 9, n. 3 (marzo, 2000): 249–56.

233 **William Crookes, el inventor:** W. Crookes, «The Emanations of Radium», *Proceedings of the Royal Society of London* 71 (1 de enero, 1902): 405–8.

233 **lo mostró por primera vez en una gala:** Paul W. Frame, «William Crookes and the Turbulent Luminous Sea», página web de Oak Ridge Associated Universities. La pieza apareció originalmente en *Health Physics Society Newsletter*.

233 **espintariscopios con el mismo grabado:** En Robert Bud y Deborah Jean Warner, eds., *Instruments of Science: An Historical Encyclopedia* (Garland, Nueva York, 1998), 572–73, Helge Kragh explica que el espintariscopio de Crookes fue manufacturado en el verano de 1903 por varios fabricantes de instrumentos.

233 **«un mar turbulento y luminoso»:** W. Crookes, «Certain Properties of the Emanations of Radium», *Chemical News* 87, n. 241 (1903).

287

Índice onomástico

ESTE LIBRO UTILIZA EL TIPO ALDUS, QUE TOMA SU NOMBRE
DEL VANGUARDISTA IMPRESOR DEL RENACIMIENTO
ITALIANO ALDUS MANUTIUS. HERMANN ZAPF
DISEÑÓ EL TIPO ALDUS PARA LA IMPRENTA
STEMPEL EN 1954, COMO UNA RÉPLICA
MÁS LIGERA Y ELEGANTE DEL
POPULAR TIPO
PALATINO

* * *

* *

*

CRÓNICAS DEL CÁNCER
SE ACABÓ DE IMPRIMIR
UN DÍA DE OTOÑO DE 2014,
EN LOS TALLERES GRÁFICOS DE LIBERDÚPLEX, S.L.U.
CRTA. BV-2249, KM 7,4, POL. IND. TORRENTFONDO
SANT LLORENÇ D'HORTONS (BARCELONA)

* * *

* *

*